Richard Moss
Illusion der Getrenntheit

RICHARD MOSS

Illusion der Getrenntheit

Die unzähligen Spielmöglichkeiten unserer Seele

Aus dem Amerikanischen übertragen
von Jörg Wichmann

Goldmann Verlag

Originaltitel: The I That Is We
Originalverlag: Writers House, Inc., New York
Deutsche Erstausgabe

Der Goldmann Verlag
ist ein Unternehmen der Verlagsgruppe Bertelsmann

Made in Germany · 8/91 · 1. Auflage

Umschlaggestaltung: Design Team München
Umschlagfoto: Vierow, Andechs
Satz: Uhl + Massopust, Aalen
Druck: May + Co., Darmstadt
Redaktion: Ilse Fath-Engelhardt
Lektorat: Diane von Weltzien
Herstellung: Gisela Rudolph
ISBN 3-442-12132-9

Inhalt

Danksagungen

Mein herzlicher Dank an:

Judy Johnstone für die sachkundige Zusammenfassung und Klärung nichtlinearen Materials.

Cora Brownell, die half, das Titelthema zu finden.

Dixie Shipp, Phyllis Galanis, Joan Adair, Jill Morgan, Barbara Rifkin und besonders Elisabeth Harlow, die den Text immer wieder tippten.

Dixie Shipp, Ellen Margron und Gay Luce für ihre wertvollen Kommentare und ihre Unterstützung.

Mary Fischer, die für das Haus sorgte und mit ihren wunderbaren Mahlzeiten auch für meinen Körper.

Patricia Carney für ihre zuverlässige Liebe und Freundschaft.

William Brugh Joy für sein Dasein.

Des Menschen Neugier durchstreift Vergangenheit und Zukunft
Und hängt an dieser Dimension. Doch die Einsicht
In das Zusammentreffen des Zeitlosen
Mit der Zeit ist die Aufgabe des Heiligen –
Aber auch für ihn keine Arbeit, sondern gegeben und
Genommen durch das lebenslange Sterben in der Liebe,
der Leidenschaft, der Selbstlosigkeit und Hingabe.

T. S. ELIOT

Einleitung

Der reinste Ausdruck ist jener, der kein Gebiet findet, das ihm angemessen wäre, und sich eines schafft.

WALT WHITMAN

Mit der unwiderruflichen Endgültigkeit einer erdbebenbedingten Kontinentalverschiebung trat Anfang 1977 eine grundlegende Änderung in meinem Bewußtsein ein. Der alte Dr. Richard Moss verschwand auf immer.

Allmählich lernte ich, mit einer neuen Wahrnehmung meiner selbst zu leben. Für solch eine Wandlung gibt es in der westlichen Medizin und Psychologie kein passendes Modell. Damals erwog ich alle bekannten Modelle und verwarf sie, einschließlich der Psychose, den Nervenanfällen und der beliebten Erklärung für alles, dem Nervenzusammenbruch. Doch das neue Ich fühlte sich an wie ein hochgeladener Atomreaktor voller Kraft, die ich mir in dieser Stärke früher nie hätte vorstellen können. Eine Zeitlang zog ich sogar die Möglichkeit der Besessenheit in Betracht. Aber es gab auch die Liebe und unaussprechliche Freude, wenn mir klar wurde, daß ich ein Nichts war und nur durch Gottes Gnade existierte. Schließlich erkannte ich, daß sich in mir eine ganz grundlegende Wandlung vollzog.

Ein halbes Jahr lang war es mir nicht möglich, darüber nachzudenken oder den Vorgang einzuordnen. Jeder dahingehende Versuch endete in Auflösungsgefühlen. Zwischen diesen neuen

Kräften und dem Verstandesselbst war noch keine rechte Verbindung hergestellt. Ich konnte nicht mehr tun, als mich mit meinem veränderten Selbstgefühl von Augenblick zu Augenblick auseinanderzusetzen. Und in vieler Hinsicht ist das noch immer der Fall.

Ich mußte lernen, mit besonderen Wahrnehmungen zu leben, wie der Telepathie oder der Hellfühligkeit, der Fähigkeit, außerhalb der normalen Sinne Dinge zu spüren. Außerdem entstand ein mächtiger Kraftstrom, der sich mit unterschiedlicher Intensität innerhalb und außerhalb meines Körpers zu bewegen schien. Infolge dieser sich erweiternden Wahrnehmungsfähigkeiten (ein Prozeß, den ich jetzt als *Erwachen* bezeichne) begann ich eifrig philosophische und spirituelle Texte zu lesen, die früher mein Verständnisvermögen überfordert hätten. Eine neue Form der Intelligenz entwickelte sich in mir. Gleichzeitig verstärkten sich die Einsicht in die menschliche Natur und mein Mitgefühl so auffallend, daß ein neuer Mensch sich heranbildete.

Als dieser Wechsel in meinem Bewußtsein auftrat, war ich bereits seit fünf Jahren praktizierender Arzt und hatte während des letzten Jahres die allgemeine Praxis aufgegeben, um Schwerkranke zu beraten. Ich hatte auch mit Gruppenarbeit begonnen, die ich als »Erkundung des heilenden Bewußtseins« bezeichnete. Bei dieser Beratungsarbeit meditierte ich mit den Patienten und versuchte ihnen dabei zu helfen, sich von der Krank-oder-gesund-Fragestellung weg zu einer lernbereiten, offenen, selbstüberschreitenden Haltung zu entwickeln. Kraft meiner Lebensfreude und meines Charismas konnte ich den Menschen helfen, von der Angst, Verzweiflung und Verwirrung wegzukommen und Hoffnung auf einen neuen Anfang zu finden.

Zwar wußte ich theoretisch, daß es nicht richtig war, jemanden zu einem Bewußtseinszustand hinzuführen, den ich selbst noch nicht völlig verwirklicht hatte. Aber ich bemerkte, daß ich die Kraft, die aus der intensiven Verbindung zwischen Menschen entsteht, nutzen konnte, um derart mit dem Bewußtsein zu spielen, daß alle Perspektiven sich relativierten. Gemeinsam konnten wir Verzweiflung, Unzulänglichkeit oder Hoffnungslosigkeit in den Hintergrund der Aufmerksamkeit schieben und statt dessen spirituelle Kraft und tieferes Verständnis in den Mittelpunkt stellen. Das war mir ausgesprochen wichtig. Aber half es wirklich meinen Patienten? Wenn sie nicht mehr unter meinem Einfluß standen, kehrten sie meist wieder in ihren vorherigen Bewußtseinszustand zurück, oft sogar in stärkere Depressionen.

In der Begeisterung des Augenblicks und weil ich gerne helfen wollte, erkannte ich die eigentliche Tiefe des Phänomens nicht, sondern blieb innerhalb der Polaritäten von gut/böse, besser/schlechter, annehmen/zurückweisen, die zwar natürliche, aber dennoch unreife Ausdrucksformen des menschlichen Bewußtseins sind. Ich unterstützte besonders die »positiven« Eigenschaften und minderte die enorm herausfordernden »negativen« Kräfte, die die schweren Lebenskrisen zu umgeben pflegen, insbesondere solche Krankheiten wie den Krebs. In jenem Lebensabschnitt bedeutete »helfen« für mich, das Bewußtsein eines anderen so zu beeinflussen, daß er sich besser fühlt.

Nach meinem eigenen Bewußtseinswandel empfand ich alle Dimensionen und Facetten des menschlichen Wachzustandes als gleichermaßen wirklich. Sie konnten ganz enorm, manchmal überwältigend stark werden. Aber jeder Versuch, eine Facette zugunsten einer anderen zu unterdrücken, hatte eine ungeheure Verstärkung der unterdrückten Komponente zur Folge. Ich pendelte zwischen der Bewunderung der neuen Dimensionen und der Angst vor der Auslöschung, denn das schien mir die Wandlung zeitweise zu sein. Letztere schlug sich in unaussprechlichen Angstzuständen und Todesträumen nieder, die gewöhnlich von Krebs handelten.

Als ich an diesen Ängsten arbeitete, wurde mir bald klar, daß ich meinen Patienten keine wirkliche Lösung anbot. Es handelte sich nur um einen Verdrängungsprozeß, der unbewußt aus meiner unterdrückten Todesangst hervorging. Obwohl das für Menschen an bestimmten Entwicklungspunkten möglicherweise einen Schlüssel bieten kann, war es für mich nicht weiter tragbar, weil dadurch meine Psyche geteilt und die Entwicklung der Ganzheit vereitelt wurde.

Zeitweilig verringerte ich die Zahl der Sitzungen mit schwerkranken Patienten. Es gab nämlich einige, bei denen ich das Ausmaß, in welchem gewisse grundlegende Aspekte der Psyche aufgehoben wurden, nicht annehmen konnte. Die Arbeit mit ihnen schleuderte mich in Räume, die ich kaum integrieren konnte. Ich war gezwungen, in mich zu gehen und nach tieferen Antworten zu suchen.

Es gab zwei vorherrschende Kräfte. Erstens war da der radikale Wandel innerhalb meines eigenen Bewußtseins, den ich sowohl als Prozeß des Erwachens als auch als einen des Todes verstand und welcher großartige Gipfelerlebnisse wie auch Ängste erzeugte. Mit ihm konnten meine bisherigen Motive und Philosophien es nicht aufnehmen. Zweitens gab es ein Gefühl der Aufrichtigkeit, das von mir verlangte, ich müsse ein lebendes Beispiel meiner eigenen Lehre sein, oder ich könne nicht in Anspruch nehmen, Wahrheit oder wirkliche Heilung zu vermitteln. Daraus wurde eine Reise von fast brutaler Ehrlichkeit mir selbst gegenüber. Mein Herz öffnete sich, und ich entdeckte eine Form der Liebe, die nicht in den Träumen und Vorstellungen des persönlichen Ichs wohnt. Diese Liebe trat hervor, als das alte Ich verschwand. Diese Art der Liebe erfordert eine neue Form des Gewahrseins, welche nicht auf dem egozentrischen Auswahlprozeß beruht, der nur diejenigen Kräfte in den Vordergrund des Bewußtseins treten lassen möchte, die das Ich stützen.

Das Schreiben dieses Buches wurde für mich zu einer Meditation über die Tiefen, in denen Geist und Seele verschmelzen können. Es entstand daraus ein Akt der Liebe, zunächst in mir selbst, dann auch für uns alle. In der ersten Fassung im Juli/August 1977 hatte ich nur die Oberfläche angekratzt, hatte erst angefangen zu verstehen, daß meine eigene Wandlung die Tür zu kollektiven Ebenen des Bewußtseins öffnete. Mit *kollektivem Bewußtsein* meine ich eine höhere Harmonie der Erfahrung, aus welcher die einzelnen Erlebnisse unserer alltäglichen Wirklichkeit hervorzugehen scheinen. Es ist derjenige Teil des Bewußtseins, der offenbar wird, wenn die Begrenzungen der Persönlichkeit und des individuellen Selbstbewußtseins fortfallen und sich in den Weiten des höheren Selbstes auflösen. Das personale Ich wurde von einer Kraft gestützt, die so unglaublich und scheinbar fremd war, daß es sich jeder Beschreibung entzieht. Ich wurde dadurch mit einer ganz anderen Wirklichkeit konfrontiert, nicht theoretisch, sondern mit jeder Zelle und jedem Molekül meines körperlichen Daseins. Bald konnte ich mich selbst nicht mehr als einen von der größeren kollektiven Kraft gänzlich abgetrennten Vorgang ansehen.

Ich verließ mein Heim, die Konferenzen und Einzelarbeiten, die ich aufgebaut hatte, sowie meine Hauptbezugspersonen und machte mich auf eine Wanderschaft, um eine Lösung für die mächtige Schwankung bzw. Polarität in meinem Bewußtsein zu finden, die mit dem plötzlichen Erwachen begonnen hatte. Die Pilgerreise führte mich nach Europa, in den Nahen Osten, nach Indien und Nepal. Eines Tages kam die Lösung, als ich in Indien auf einem Dach saß. Sie bestand in einem einfachen, undramatischen, schlichten Gefühl des Daseins. Auf einfachste Weise wußte ich, daß ich nicht in meiner Erfahrung aufging. Von da an entwickelte sich eine gänzlich neue Form der Integration. Sie fand in einem wunderschönen Traum ihre Bestätigung, in welchem ich von Krebs und der Angst vor dem Tode geheilt wurde. Ich beendete noch die Reise und ging dann nach Amerika zurück, um meine Arbeit auf einer anderen Ebene wiederaufzunehmen.

In der ersten Phase schien die Diskussion über diese Dimensionen so gut wie unmöglich, weil die gewöhnliche Sprache nicht die Kluft zwischen den personalen Ebenen des Verständnisses, von denen unser Sprachverständnis programmiert wird, und den kollektiven Ebenen überwinden kann, die über den Verstand weit hinausgehen. Wie könnte auch ein linearer Fluß von Vorstellungen eine Wahrnehmung mitteilen, die nicht im Verlauf der linearen Zeit, sondern in Gleichzeitigkeit stattfindet? Dies ist der Bereich der Dichtung und der Mystik. Wenn sich eine Mitteilung dieser Dimensionen ereignen soll, dann muß mit den Worten eine Kraft mitfließen. Es ist eine gewaltige Herausforderung zu lernen, sowohl dieser Kraft als auch des sprachbildenden Verstandes innezusein. Aus diesem Grunde konnte ich in der ersten Zeit nicht einmal einen Versuch machen, über meine Erfahrung zu schreiben, ohne meinen Verstand einer zu hohen Belastung auszusetzen. Als ich jedoch im Umgang mit den Kräften reifer geworden war und meine Ausgeglichenheit gefunden hatte, begann ich, mich um die Mitteilung aus jenen Bereichen zu bemühen.

Dann stieß ich auf eine weitere Klippe, die ebenfalls mit der Übersetzung zu tun hatte. Es ist nämlich sehr schwer, sich mit einem Teil des Selbst, das unendlich, vollendet und gewissermaßen kompromißlos ist, in eine Welt der relativen Erfahrung hineinzubegeben, wo jeder von uns seine eigene Sichtweise hat. Nur allzuoft hörten sich meine Feststellungen absolut, bewiesen und endgültig an, wenn ich eigentlich nur meine eigenen Gedanken klären und den anderen eine Art Seil zurücklassen wollte, an dem entlang sie mir folgen könnten.

Es hat ein Jahr gedauert, all diese Gedanken zwischen den Konferenzen und der Vortragsarbeit aufzuschreiben, obwohl ich einiges davon schon seit Jahren vorbereitet hatte. Zum Teil bedeutete das Schreiben für mich ein tiefes Eindringen in den kollektiven Kern der Krankheiten und unsere Art und Weise, mit den schwierigsten Problemen des Lebens umzugehen. Manchmal protestierte ich auch: »Warum gerade ich?«, denn es ist unmöglich, tief in diese Räume einzudringen, ohne bis in den Kern des eigenen sterblichen Wesens erschüttert zu werden. Doch gerade die Mühe und Intensität meiner Hingabe, das auszudrücken, was von einem Ort jenseits der Sprache kam, enthüllte mir die Tiefe meiner eigenen Wandlung.

Mit dem tieferen Eindringen in diesen Aspekt meiner Arbeit ist ein starkes Gefühl der Leichtigkeit in mir entstanden. Der Versuch ist gemacht. Nun ist es an Ihnen, sich in den Gedankengang einzufühlen und an dem Seil hinaufzusteigen, um eine andere Weise zu finden, das menschliche Wesen und die Vorgänge zu betrachten, die wir als Gesundheit und Krankheit bezeichnen.

Ich bin kein Arzt mehr im gewöhnlichen Sinne des Wortes. Jetzt biete ich wachsende Stärke und wachsende Liebe an. Alle Sorgen um Gesundheit oder Krankheit, die vom größeren Zusammenhang der menschlichen Wandlung getrennt sind, halte ich für weniger wichtig. Die grundlegende Wandlung des Bewußtseins, die hinter diesen oberflächlichen Beschreibungen der menschlichen Natur verborgen liegt, regt mich an und treibt mich, sie mit anderen zu teilen. Das menschliche Wesen im einfachsten und tiefsten Sinne ist das heutige Wunder und Abenteuer.

Ohne die Liebe und Teilnahme vieler Menschen könnte ich diesen Gefühlen heute nicht Ausdruck verleihen. Ich hatte Lehrer, die durch die Liebe und die Weisheit ihres Daseins meine Seele heilten, aber ebenso wichtig waren für mich die vielen hundert Menschen, die an den Gruppensitzungen teilnahmen. Diese Personen breiteten vor mir das ganze weite Spektrum des Menschlichen aus und erwarteten volle Hingabe in Aufrichtigkeit, Liebe und Mut. Besonderen Dank schulde ich den Patienten, die an den hier besprochenen Gruppen teilnahmen und tapfer ihre innersten Geheimnisse enthüllten, um uns alle unmittelbar über die kollektiven Kräfte zu belehren, die in jeder einzelnen Krankheit eine Rolle spielen. Sie sind an der Entstehung dieser Arbeit ebenso beteiligt wie ich.

Ich gehe davon aus, daß die in diesem Buch ausgedrückten Ideen schon in wenigen Jahren für selbstverständlich gehalten werden. Doch das unmittelbare Erleben der Kräfte, aus denen diese Ideen geboren sind, wird niemals selbstverständlich sein können, wenn die Erfahrung im eigenen Leben auftritt. In den Worten liegt eine Kraft, die mehr als die Worte selbst eine Brücke über das übliche menschliche Verständnis hinaus schlägt.

Dieses Buch kehrt in spiralförmigen Bewegungen immer wieder zu den gleichen Gebieten zurück, aber jeweils von tieferer Perspektive und Kraft aus. Bestandteile, denen zunächst der Zusammenhang zu mangeln scheint, werden nach und nach in einen größeren Gedankengang gewoben, der zunächst mit Ideen auf einer niedereren Energiestufe vorbereitet werden muß. Würde er gleich direkt vorgestellt, hätte er nicht die Kraft, die Entwicklung und Veränderung zu fördern, die in Ihnen stattfinden kann. Wenn Sie diesem Fluß folgen, gelangen Sie in einen veränderten und umfassenderen Bewußtseinszustand. Die Poesie einer tieferen Weisheit und die rationale Welt Ihrer eigenen Erfahrung beginnen zu verschmelzen. Dort werden wir beisammen sein.

Richard Moss
Sky Hi Ranch
Lucerne Valley,
Kalifornien
Dezember 1980

1. »Heilen« – eine Bekräftigung

Vor einigen Jahren fragte mich jemand, warum ich mich so stark mit Wandlungsprozessen beschäftigen würde, nachdem ich doch eine so lange und harte Ausbildung zum Arzt hinter mir hätte. Die Antwort ist ganz einfach. Ich habe etwas erfahren, das für mich wirklicher ist als alles andere, und ich habe keine andere Wahl, als es anzuerkennen.

Als Schulmediziner steckte ich meine Hände in den von Brustbein bis Nabel offenen Leib eines Mannes. Als Folge eines Messerstiches rann ihm sein Lebensblut in die Eingeweide. Ich preßte die untere Vena cava (die große Körpervene) gegen die Wirbelsäule, um den Blutstrom zu stoppen. Er starb jedoch mit meinen Händen im Körper. Ich habe menschliches Gehirn unter den Operationslampen schimmern sehen, als der Neurochirurg dabei war, einen Tumor zu entfernen. Und ich bin auch Patient gewesen. Ich lag in einem ganz außergewöhnlichen Bewußtseinszustand auf dem Operationstisch und sah den Rauch vor meinen Augen aufsteigen. Er stammte von einer Gewebsverbindung, die den Blutfluß verhindern sollte, als zwei Augenchirurgen meine Augenmuskulatur versetzten, um das Wanderauge zu normalisieren, das mich mein Leben lang geplagt hatte. Jeder einzelne Augenblick war ein wahrhaft wunderbares Ereignis.

Eines Tages in der Notfallambulanz geschah es, daß ich mit Demerol- und Valiumspritzen auf einen verängstigten, von Schmerzen geschüttelten Mann zuging, als ich in meinem Kopf eine Stimme vernahm, die mir sagte: Du brauchst diesem Mann nichts zu geben als Liebe.

Ich gab die Spritzen der erstaunten Krankenschwester, ging zu dem Mann und legte meine linke Hand auf seinen Unterleib, meine rechte auf seinen Scheitel. Fast unmittelbar wurden der Raum und ich glühend heiß. Die verblüfften Familienangehörigen gingen unwillkürlich zum Fenster, um kühle Luft hereinzulassen. Der Patient verdrehte die Augen und fiel in einen tiefen Schlaf. Nach einer halben Stunde erhob er sich, frei von Schmerzen und nur noch etwas humpelnd. Er dankte mir mit Tränen in den Augen und verließ das Krankenhaus. Innerhalb von Sekunden waren ohne Worte und Medikamente seine Schmerzen und sein hysterischer Anfall verschwunden. Wo vorher nur Haß, Streitsucht und Angst in seinen Augen gewesen war, strahlten jetzt Ehrfurcht, Achtung und Mitgefühl.

In jenem Augenblick bestätigte sich in meinem Wesen eine Wahrheit, die ich irgendwie schon gewußt hatte. Schlicht gesagt: Wir sind vieldimensionale Wesen. Es gibt viele Dimensionen des Bewußtseins, die uns durchströmen und die wir für unser Leben in Anspruch nehmen können. Die Erforschung dieser Dimensionen kann so kreativ sein, daß sie das Leben selbst zu erneuern imstande ist. Dagegen erscheinen die Wunder der herkömmlichen Medizin vergleichsweise banal.

Was ist das Wesen der Kraft, die zwischen uns ausgetauscht wurde und die den Raum und die Personen erhitzte? Auf welche Art der Liebe bezog sich die innere Anweisung? Ich stand verwundert da und fragte mich: »Was sind wir eigentlich?«

Jetzt weiß ich, daß wir in unseren Annahmen über unser Wesen zutiefst erschüttert werden müssen, um nicht immer nur demselben Weg zu folgen und dieselben Argumente zu benutzen, die alle im Rahmen unserer Vorstellung liegen, was und wem etwas geschieht. Denn das Ich, der Bezugspunkt des Geschehens, kann sich durchaus als eine Täuschung erweisen, bestenfalls ist es ein Bruchstück unseres wahren Daseins.

Es war nicht nur das Wunder, das damals geschah, das mir dabei so wichtig war, sondern der weitere Hintergrund des Bewußtseins überhaupt. Das Wunder war eine Bestätigung: Es zeigte mir, daß mein Bemühen, offen und lernbereit zu sein, was lieben bedeutet, gute Früchte trug. Es war eine kosmische Bekräftigung, eine Taufe sozusagen, in eine neue Stufe des Dienens hinein, und eines der Schlüsselerlebnisse, die mich aus der Schulmedizin herausführten zur Untersuchung dessen, was es heißt, ein vollständiges menschliches Wesen zu sein.

Ich bin weitergegangen, aber ich lehne die Medizin und die Vorzüge der Wissenschaften keineswegs ab. Ich glaube, daß die größten Heilungschancen für die Menschheit in der Vereinigung eines erweiterten Bewußtseins, genauer einer tieferen Liebesfähigkeit, mit der tadellosen Anwendung moderner ärztlicher Fertigkeiten liegen.

Dieses Abenteuer ist nicht allein für den Arzt oder Heiler zu bestehen, sondern gilt für uns alle. Diese Liebe kann überall ihren Ausdruck finden. Wir werden nicht schon damit geboren und haben es lediglich vergessen, wie viele glauben möchten. Sie wird gefunden, wenn wir in jedem Augenblick des Lebens eine reife Einsicht in unsere Ganzheit finden und diese Einsicht schließlich hinter allen scheinbar unterschiedlichen Facetten den Kern göttlichen Wesens enthüllt.

Aber täuschen Sie sich nicht, es handelt sich dabei um keine triviale Untersuchung. Die Art der Kraft und der Liebe, die sich in dem Notfallraum in Form einer Heilung ausdrückten, sind der normalen Liebe nicht ähnlich, die wir aus unserem täglichen Leben und Umgang kennen. Es handelt sich dabei nicht um etwas, das wir mit einem Teil unseres Selbst wünschen können, wie ein Fahrrad oder Macht oder Genesung von einer Krankheit. Wenn diese Liebe auftritt, gehört sie der Ganzheit des Selbst an. Jene, die sich ihr naiv oder mit unbewußter Selbstbezogenheit nähern, werden schon bei der ersten Erfahrung mit ihr zurückschrecken; denn sie bringt zunächst alles Niedrige und Unterdrückte zum Vorschein, wie sie auch das Schöne und Edle offenbart. Vieles, was wir in uns nie für möglich gehalten hätten, wird im Lichte dieser tieferen Kräfte deutlich werden.

Als menschliche Wesen sind wir viel mehr als bloße Individuen. Es sind nicht nur unsere individuellen Eigenheiten, Ängste und Begrenzungen, denen wir uns schließlich ohne Vorurteile und Illusionen stellen müssen. Auch die kollektiven Bereiche der menschlichen Psyche enthüllen sich dem Erforscher des höheren Bewußtseins. Das kann sowohl erschreckend als auch wunderbar sein. Man kann in sich selbst jene Kräfte erkennen und spüren, die die Menschheit in allen ihren Kreisläufen, den schöpferischen wie den zerstörerischen, kollektiv antreiben.

Mit jedem von uns, der sich zu der Stufe aufschwingt, auf der solche Kräfte erkennbar werden, entstehen neue Möglichkeiten. Zum ersten Mal können wir diese Kräfte verwandeln, während sie uns durchströmen. So wie wir Salat und Möhren zu Sehzellen oder Knorpeln umwandeln, kann uns die gleiche Energie, die uns in der Jugend zu Wut oder Tränen trieb, jetzt einen Bereich unaussprechlichen Wohlgefühls offenbaren, indem wir lernen, sie harmonisch durch ein offenes Herz zu leiten. Das Öffnen des Herzens, das Erblühen der Lotusblume in unserer Brust, die vollendete Liebe, die alle Angst besiegt, die Suche nach dem heiligen Gral – das ist der Schlüssel.

Es geht dabei um mehr als nur eine metaphorische Reise, mit der sich Alchimisten und New-age-Philosophen theoretisch und symbolisch beschäftigen können. Wenn sich das Herz öffnet, ändern sich nämlich alle Werte. Die passende Welt von gestern hört auf zu bestehen. Unsere Beziehungen ändern sich. Wir weinen und kämpfen mit dem, was wir in unserem Leben nicht mehr anwenden können. Die Körperkräfte fließen in seltsamen Kanälen und erzeugen die unglaublichsten somatischen Erscheinungen. Herzanfälle? Schilddrüsenüberfunktion? Psychosen? Wahnvorstellungen? Besessenheit? Narzißmus? Tod? Diese Deutungen drängen sich auf. Wer aber soll diese Phänomene interpretieren? Der Schulmediziner weiß nichts über die Kräfte der anderen »Körper« jenseits des physischen und gestattet sich auch nicht, sie zu sehen. Und die populäre Bewußtseinserweiterungsbewegung ist fleißig damit beschäftigt, Methoden zu verkaufen, mit denen man sich wohler oder mächtiger fühlen kann.

Heute benutzen wir oft die Tricks des Yoga, die Kräfte, die einem erweiterten Bewußtsein erwachsen, und formen sie zu Verhaltens-Trainings-Methoden um. Bewußtsein wird zu einem

Maßstab für Geschäftserfolge, ein bloßes Mittel für Bereicherung, Ruhm und inneren Frieden. Doch allzuoft handelt es sich um die Ruhe eines seichten Tümpels. Das Königreich steht nicht zufällig offen. Die Gaben der Weisheit, der Gnade und des Mitgefühls kommen nicht zu uns, nur weil wir beschlossen haben, bessere Menschen zu sein. Sie wachsen in jenen, die sich der gesamten Vorstellung des Menschseins gestellt und sich geöffnet haben.

Vielleicht fragen Sie sich: »Bin ich einer von jenen Menschen, die an der Schwelle zum Erwachen neuer Möglichkeiten stehen, die sich der Herausforderung stellen können, ihre Selbstbilder aufzulösen?« Wer soll überhaupt dieses Buch lesen? Es ist in der Tat nicht für jeden geschrieben. Diejenigen, die noch nicht ins Leben hineingegangen sind und noch nicht den tieferen Fragen nachgespürt haben, werden sich damit nicht wohl fühlen. Diejenigen, die das Leben nicht anders als in der Vorstellung des *Ich, Ich, Ich* und *Jene da draußen* angehen können, sind nicht stark und reif genug, um diese Reise zu beginnen. Ihre Aufgabe ist es, den Aufbau des *Ich* zu kräftigen, so wie ein Baby zuerst lernen muß, den Körper zu beherrschen, bevor es die Kunst der Bewegung lernen kann. Für die reife Persönlichkeit, die zu dem weiteren Schritt bereit ist, bedeutet die Kunst des Lebens einen bewußten Verlust der Kontrolle, das Aufgeben der Selbstbezogenheit, die Hingabe ans Dasein, das Öffnen des Herzens.

Zu oft schon sind wir von den Entwürfen, wie wir zu sein hätten, verlockt worden – stärker sein, erfolgreicher sein, bewußter sein. Diese Bemühungen, der Sieger im Leben zu sein oder – was ebenso gefährlich ist – die Welt verändern zu wollen, sind aufregend wie eine frische Verliebtheit. Alte Liebschaften verlieren ihren Reiz: das Studium, die Ehe, die Familie, Reichtum, Karriere, die Pensionierung mit 55. Also entdecken wir neue Liebhaber: Wir können es »schaffen«, können lernen, ganz zu werden, bewußt zu werden, hellsehend zu werden, Sieger zu sein, im inneren Überfluß zu schwelgen. In der Tat sagt man uns, daß der Erfolg unserer Bemühungen sich an den Siegen bemißt. Vorher sagte man uns, daß wir mit einem guten Studium und der

Ehe mit unserer großen Liebe ganz vorne liegen könnten. Dieser alte Traum funktioniert nicht, jetzt ist der Traum der persönlichen Kraft die neue Liebe. In mancher Hinsicht ist er im Vergleich zum alten ja schon ein Fortschritt, denn das Gefühl für die persönliche Kraft entspringt der größeren Unmittelbarkeit im Hier und Jetzt. Das Motiv aber ist immer noch das *Ich, Ich, Ich* der kindischen Psyche geblieben, die glauben muß, daß es eine richtige Art zu leben gibt und daß sie gefunden werden kann. Der Reiz des alten Traumes ist zur Gewohnheit geworden und hat seine berauschende Wirkung verloren. Doch auf geht's zum nächsten Rausch...

Das Problem ist nur, daß man etwas dafür tun muß, um den Erfolg auf dieser neuen Rauschebene zu spüren. Man muß drängen und schubsen, wenn auch feiner, psychischer. Doch das Gefühl der Beherrschung und des Erfolgs, das man durch persönliche Kraftsteigerung schätzen lernen kann, folgt noch immer dem gleichen Muster wie bei den früheren Träumen. Der Augenblick ist offenbar nicht genug. Wir müssen irgendwie an der dem Universum innewohnenden Harmonie herumspielen, die wir noch nicht einmal empfinden.

Währenddessen zeigt der Spiegel des Lebens uns etwas, das dem Bild des triumphalen Ichs gänzlich entgegensteht. Je machtvoller und beherrschender wir uns geben, um so unpassendere und unkontrollierbarere Umstände führt unsere Lebenserfahrung uns vor. Wir dringen tiefer in die Erscheinungswelt ein und stellen dabei fest, daß das Universum gar nicht so funktioniert, wie wir es uns gedacht hatten. Ich brauche diese Behauptung wohl nicht weiter zu belegen, nachdem auch weltweit bekannte Physiker, Wissenschaftler, Sozialphilosophen und geistige Lehrer es bestätigt haben. Die Medizin wird immer ausgefeilter. Heiler und Therapeuten schießen wie die Pilze aus dem Boden, aber dennoch ist der Krebs epidemisch und spricht auf keine bestimmte Behandlungsweise an, während das menschliche Verhalten in der Gesellschaft immer gewaltsamer wird.

Noch folgen wir dem Duft einer neuen Blüte. Die Hoffnung auf ein besseres Dasein hat uns berührt und treibt uns an. Ob *holistisch, humanistisch* oder *spirituell:* Neue Etiketten für unsere Medizin, Psychologie oder Philosophie sollen auf die neue Möglichkeit, die neue Wirklichkeit hindeuten. Wenn das zugrundeliegende Bewußtsein sich aber nicht verändert, dann können zwar die begleitenden Kräfte, die *siddhas* (Mächte), die aus den tieferen Schichten der Wirklichkeit hervorgehen und die für unsere gewöhnliche Wahrnehmung eine Magie jenseits des Alltagslebens bedeuten, zu den Vorgängen beitragen, auf welche sie angewendet werden. Sie bleiben aber nichtsdestoweniger Sklaven der grundlegenden psychischen Struktur, nämlich der Illusion einer Persönlichkeit oder Individualität, die in Wirklichkeit den Schlüssel darstellt. Bevor wir einen aufrichtigen Blick darauf werfen können, was wir wirklich sind, müssen wir nach einem tieferen Selbst suchen und die Schichten der Einbildung abwerfen. Dann kann durch Gnade und allen Willen, den man aufbringen kann, vielleicht diese tiefere Stufe in all ihrer wesenhaften Reinheit und Liebe verwirklicht – und auch geteilt werden.

Ich bin der Meinung, daß wir uns darin täuschen, wenn wir glauben, diese Gnade durch rationale Kontrolle erlangen zu können. Wir laufen wohl oder übel jeder Technik und Lehre nach, die uns eine Reihe hierarchisch angeordneter Schritte, geplanter Übungen und insbesondere leicht lernbare Tricks anbietet. Wenn die Entwicklung in einer logisch aufgebauten Steigerung besteht und mittels Techniken zu erreichen ist, dann sind es meiner Erfahrung nach nur das Ich und die Vorstellungen, die dabei anwachsen, nicht aber wahrhafte Liebe, nicht wesenhaftes Dasein. Letztendlich muß immer der Augenblick des Sprunges, des Schrittes über die gewöhnlichen ichhaften Strukturen hinaus, das Erwachen der Kräfte außerhalb unserer Vorstellungsmöglichkeiten, der Fall in eine neue Wirklichkeit jenseits der Vernunft, in Betracht gezogen werden. Das führt zur Wandlung des Ichs, nicht zu Gewinn oder Erfolg. Was dabei herauskommt, ist ein neues Bewußtsein, nicht eine frischpolierte Version des alten.

Wer also sollte dieses Buch lesen? Wer weiß bereits, daß im

Gehenlassen mehr zu gewinnen ist als im Versuch zu kontrollieren und das Ich auszudehnen? Ich glaube, es sind viele von uns.

Da gibt es jene, die schon seit Jahren in Therapie sind. Vielleicht können sie sich bald von der Notwendigkeit lösen, sich selbst verstehen und ihre Lebensumstände beurteilen zu müssen, um über Urteile und Gefühle hinaus die energetische Ebene zu erreichen, die ihren eigenen Erfahrungen zugrunde liegt. Da gibt es jene, die in ihren Versuchen, Sinn und Ziel in ihrer Arbeit als Mediziner oder Therapeuten zu finden, blockiert und frustriert worden sind. Da gibt es jene, die durch die schweren Prüfungen des Lebens gereift sind, durch die Trauer um verlorene Verwandte oder schwere Krankheitsfälle, und die wissen, daß in all dem ein tieferer Sinn liegt.

Dieses Buch ist für jene, die schon immer ein Gefühl dafür hatten, daß es noch etwas darüber hinaus gibt, die von der bloß materiellen Welt nie zufriedengestellt wurden. Es ist für jene, die marschiert sind, die protestiert und gekämpft haben, um die Umstände zu verbessern, und denen dann aufgegangen ist, daß Macht im Dienst einer machtorientierten Psyche nur zu größeren Konflikten und Unterdrückung führen kann. Es ist für jene, die sich um sich selbst und die Welt sorgen, aber einsehen, daß es nie feststehende Antworten geben kann, keine absoluten Wahrheiten, keine Ziele, für die es sich zu kämpfen lohnt, bis wir gelernt haben, das Kämpfen als solches zu beenden. Es ist für jene, die bereit sind, tiefer zu gehen.

Definieren Sie das Leben, wie Sie wollen, es wird sich jeder Definition entziehen. Erfolg, Macht, erfüllende Beziehungen – all das ist wichtig und Teil der Schönheit des Lebens, aber zu dieser gehören auch Niederlagen, Versagen und Verletzlichkeit. Das Verschmelzen dieser scheinbaren Gegensätze bildet den Anfang des Buches. Es ist nicht geschrieben, um Sieger hervorzubringen. Es ist dazu da, Männer und Frauen heranzubilden, die sich auf jede Situation einlassen können und die, weil sie weniger ichbezogene Perspektiven zu verteidigen haben und weniger gewinnen wollen, ihre Erfahrungen um eine Atmosphäre bereichern können, die das ganze Leben in neuer Farbe und Freiheit erscheinen läßt. Sie können sich dem Unerkennbaren annähern, können ohne feste Ziele oder Programme handeln und zum ersten Male erfahren, was leuchtende Gegenwärtigkeit bedeutet und das Durchlässigwerden des Selbsts, aus welchem solches Leuchten geboren wird. Dann befinden wir uns im Herzen des Daseins. Dabei werden die Bewußtseinskräfte allmählich oder radikal umgewandelt, die unser Leben beseelen. Dieses Buch beschreibt, was geschieht, wenn wir uns auf eine solche Reise einlassen.

2.
Liebe und Energie

Menschliche Wesen besitzen die Wirklichkeit eines inneren Raumes, der von unserer völlig auf die Außenwelt fixierten westlichen Zivilisation fast ganz ignoriert worden ist. Obwohl wir eine Ahnung von den Kräften jenseits der Oberfläche unseres Ichs haben, sitzt die Angst vor der Reise der Selbsterkenntnis unglaublich tief. Wir verzagen der anscheinend grenzenlosen Freiheit gegenüber und entscheiden uns dann für einen sehr eingeschränkten Erfahrungsspielraum.

Weit davon entfernt, unsere menschlichen Möglichkeiten wirklich erkunden zu wollen, haben wir Angst, über ein gemäßigtes Hoch hinaus zu schauen, und weisen unsere Tiefs sofort zurück. Jede Verhaltensweise, die uns aus dem akzeptablen Bereich der gewohnten Gefühle herausbringt, ist undenkbar, und wir meiden sie sofort. Wenn unser inneres Wesen nach Ausdruck ruft, dann erklären wir uns wohl bereit, die annehmbaren Gefühle zu intensivieren: Wir provozieren eine kleinere Krise oder werden wütend, wir haben Sex, wir sind fröhlich. Ohne es zu bemerken, machen wir uns schnell von diesem Gefühlsspektrum abhängig. Wir müssen emotional sein, denn in dem Bereich der Energien, die wir uns selbst gestatten, gibt es keine anderen Möglichkeiten, Gegensätzlichkeiten und Intensität zu erleben.

Die Sucht nach Intensität, die wir in unserer Kultur entwickelt haben, ist fast immer an die gröberen Emotionen gebunden. Feinheiten und Nuancen liegen jenseits des Blickfeldes all derer, die den größten Teil ihrer psychischen Kraft darauf verwenden, wirkliche Erkenntnisse zu vermeiden. Sogar beim größten Ausmaß der uns selbst zugestandenen Intensität begrenzen wir die Energiemenge, durch die wir unser Bewußtsein ermächtigen. Wir nutzen unsere wahren Möglichkeiten nicht, über uns selbst hinauszugehen, weil wir uns einbilden, wir hätten uns unter Kontrolle und müßten sie behalten.

Nur wenn wir uns über diese selbstauferlegten Begrenzungen erheben können, indem wir in einen völlig unbedingten Zustand einer aus tiefem Herzen gefühlten Liebe eintauchen, beginnen wir die wirklichen Vorgänge in unseren Gefühlen und Verhaltensweisen zu verstehen. Daraus können wir lernen, wie sie unsere Wirklichkeit zusammensetzen, wie sie den seelischen Raum unserer Inkarnation bestimmen.

Lassen Sie mich ein Beispiel geben. Kürzlich zog ich mich mit meinen engsten und engagiertesten Schülern und Bekannten zu einer tiefen Besinnung zurück. An dem Ort, den wir gewählt hatten, gab es heiße Quellen. Eine Reihe von Kübeln enthielt Wasser mit Temperaturen zwischen 10° und 47,2° Celsius. Die mittleren Wassertemperaturen betrugen 37° bis 42° Celsius. Tagelang wollte niemand in den kältesten und den heißesten Kübel steigen. Ich hörte einige zueinander sagen: »Da drin wirst du mich nie erleben!« oder »Wer will sich denn selbst foltern?«

Der Geist ist äußerst trickreich. Er beschließt, daß solche Extreme Anstrengung oder Quälerei bedeuten, und verschließt uns damit ganze Erfahrungsbereiche, aus denen viele Vorzüge erwachsen könnten. Doch hatten meine Freunde in gewisser Weise auch wieder recht. Auf der Bewußtseinsebene, auf der sie sich bei ihrer Ankunft an den Quellen befanden, *waren* diese Extreme für sie zu bedrohlich, vielleicht ganz unangemessen.

Die Grenze lag aber allein in ihrem Geist und stand für das Maß an Kraft, das sie sich zugestehen würden zu erleben. Die Furcht vor extremen Temperaturen war für sie annehmbar, und sie hatten noch nicht in Erwägung gezogen, sie zu überschreiten. Während jedoch die Tage verstrichen, begannen die starken Bewußtseinskräfte, die aus dem Gruppenprozeß entstanden, ihre Wahrnehmungsspanne zu erweitern, und damit erweiterten sich auch die Möglichkeiten dessen, was durchführbar, angemessen und wohltuend erschien.

Schließlich kündete ich eines Abends ein Ritual zur Bestätigung unserer Hingabe an eine weise und reife Grenzüberschreitung an. Jeder von uns würde in alle Kübel hineinsteigen. Teil des Rituals sollten völlige Stille sein und unbewegter Gesichtsausdruck. Wir wollten mit der angenehmsten Temperatur beginnen, dann zu den 42° übergehen, von dort in den 24°-Kübel, dann in den heißesten und zuletzt in den kältesten. Gänzliches Entspannen und »Loslassen« sollte uns ermöglichen, uns völlig in die Wechsel einzufühlen, so daß aus einer bestimmten Bewußtseinsperspektive heraus, nämlich der des völligen Zulassens, die Erfahrung aller Kübel identisch geschähe.

Alle 35 Personen führten das Ritual mit Leichtigkeit durch. Sie alle erfuhren dabei die Freisetzung gewaltiger Kraft und große Freude. Am nächsten Tag fragten sich viele, weshalb sie sich bislang diesen großartigen Erfahrungsreichtum versagt hatten, wie auch die damit einhergehende Tiefe der Entspannung und das Gefühl der Selbstbeherrschung. Es gibt nur wenige Dinge, die einem Menschen ein Gefühl vermitteln, das großartiger ist als ein Erlebnis, das sein Lebensgefühl erweitert und ihm zeigt, daß er gewachsen ist.

Das Kübelritual war in keinster Weise eine Quälerei und bedurfte auch nicht der Beteiligung stoischer Selbstkontrolle. Eine höhere Stufe der Kraft, die wir auch als Liebe bezeichnen könnten, und ein ganz tiefgehendes Wohlbefinden war durch die gemeinsame Arbeit und Meditation in diesen Menschen entstanden. Diese Fülle machte es ihnen möglich, ohne jegliche Verdrängung an dem Ritual teilzunehmen. Sicher gab es die geschwätzigen Geister, die noch bis zur letzten Minute bezweifelten, ob es denn auch klug und sicher genug sei. Aber die Erfahrung war gut und richtig, und sie überschritt die Begrenzungen der verstandesmäßigen Einschätzung. Durch all die Wechselfälle auf dem Weg des Erwachens hindurch sind das Glücksgefühl, das Gefühl der Ganzheit und Ausstrahlung letztlich immer der Beweis, daß wir unsere Grenzen durch Liebe erweitert haben.

Das anfängliche Vermeiden des kältesten und heißesten Kübels ist eine Metapher für das nicht erwachte menschliche Leben. Die meisten von uns sind derart eingeengt und begrenzt, daß die Liebe in uns nicht frei fließen kann. Wir schränken unsere Liebeserfahrung auf Sex ein und unsere Wahrnehmungen auf eine schmale Spanne von Gefühlserlebnissen. In diesen mag wohl eine ganze Menge an Kraft liegen, trotzdem spielt sie sich aber auf einer ziemlich niedrigen Ebene ab. Auf einer höheren, *feineren* Stufe der Kraft nimmt das Bewußtsein an Gefühlszuständen teil wie Ehrfurcht, Dankbarkeit, Vertrauen, Staunen, Achtung und bedingungslose Liebe. Um solche Möglichkeiten zu erfüllen, müssen wir lernen, uns von den Energiezuständen, mit denen wir schon vertraut sind, zurückzuziehen und uns derart auszudehnen, daß wir auch Kräfte jenseits des gewohnten Bereichs umspannen. So werden wir zu strahlenden Wesen und haben als solche Anteil an einer Eigenschaft, die rings um uns her Kraft erweckt. Die innerseelische und zwischenmenschliche Erfahrung solcher Zustände ist von den sogenannten normalen Bewußtseinszuständen völlig verschieden. Bei der Erfahrung des Erwachens überschreitet die Liebe die Grenzen unserer selbstauferlegten oder antrainierten halbherzigen Lebensweise, indem sie die ganze Weite des Erlebens einschließt und zuläßt, anstatt Teile davon auszugrenzen.

Ich habe bemerkt, daß die Worte *Liebe* und *Energie** bei vielen Menschen Ängste und Gereiztheit hervorrufen. Das liegt daran, daß diese Wörter eine innere Dimension andeuten, die unserer bekannten Welt zugrunde liegt. Und diese Dimension hat keinen unmittelbaren Zusammenhang mit unserem derzeitigen Wissen. Sie bedeutet einen Quantensprung darüber hinaus, *sie bedeutet eine Wandlung.*

Innerhalb der Newtonschen Physik stellt das Wort *Energie* kein Problem dar. Ein Klotz rutscht über eine Platte, und wir können die Kraft messen, die zur Erzeugung dieser Bewegung

* Das englische Wort *energy* ist im deutschen Text je nach Zusammenhang mit *Kraft* oder *Energie* wiedergegeben. (Anm. d. Ü.)

erforderlich war. Niemals stellen wir die Energieform in Frage, die durch diese Bewegung dargestellt wird, obwohl wir sie nicht sehen können. Wir haben uns an die Vorstellung gewöhnt, daß innerhalb eines genau umschriebenen Systems, das uns normalerweise nicht bewußt ist, alle Kräfte nach ihren Wirkungen bemessen werden.

Wenn ich hier das Wort *Energie* benutze, beziehe ich mich damit auf die Kraft – oder Bewußtseinsqualität –, die es uns durch ihr Auftreten in einem bestimmten Augenblick ermöglicht, eine bestimmte Wirklichkeit wahrzunehmen. Auf einer bestimmten Stufe der Kraft haben wir zu bestimmten Stimmungen Zugang. Sind wir zum Beispiel erschöpft, also auf einer niedrigen Energieebene, werden wir leicht erregt und ungeduldig. Auf einer anderen Energieebene, wenn wir ausgeruht sind, mögen wir das Gefühl haben, die Welt läge uns zu Füßen; unsere Sinne vermitteln uns die Neuigkeit, daß Kaffee wunderbar schmeckt, und das Spiel der Sonnenstrahlen auf den Blättern erfüllt uns mit großer Freude und tiefem Frieden. Für das menschliche Normalbewußtsein bedeutet das lediglich, sich wohl zu fühlen, oder eben nicht; aber der zugrundeliegende Energiezustand wird nicht unmittelbar wahrgenommen. Wir bemerken ihn nur *durch* unser Verhalten und *durch* unser Gefühl des Lebendigseins.

So wie die Augen Licht wahrnehmen und es in Bilder übersetzen und wie die Ohren Töne wahrnehmen und sie in Signale übersetzen, gibt es eine weithin unbekannte menschliche Fähigkeit, Kraft unmittelbarer wahrzunehmen als durch Gefühle, Haltungen und Eindrücke. Für diese Dimension der menschlichen Wahrnehmung wird Kraft zu einem lebendigen Strom, der manchmal als die *Kundalini*-Kraft bezeichnet wird. Im Modell der Akupunktur fließt sie auf der Bahn bestimmter *Meridiane.* Man nennt sie auch die *Chi*-Kraft oder das Leben *im Einklang mit dem Tao.* Aber auch dabei wird auf die Kraft selbst oft nur rückgeschlossen, sie wird nicht in der gleichen Weise wahrgenommen, wie wir mit den Augen und Ohren wahrnehmen. Nur wenige Menschen, die darüber reden, sind in der Lage, diese Erfahrungsdimension auch in anderen Menschen zu erwecken. So bleibt die Sache dann eher intellektuell, als daß sie eine Wandlung anregt. Das Wichtige an meiner Arbeit ist, die Wahrnehmung des Selbst als Energie direkt zur Erfahrung werden zu lassen, so daß sie zum körperlichen Erlebnis einer Kraft wird, die über unser gewöhnliches Selbstbild hinausgeht. Sie ist lebendig und wirklich, und wenn sie in einem Menschen einmal geweckt ist, dann geht er nach und nach in ihr auf, wird von ihr verwandelt.

Diese Energie oder Kraft des Bewußtseins ist nicht leicht zu definieren, aber sie ändert von Grund auf die Art, wie man das Leben wahrnimmt. Das Wissen um diese Kraft stellt eine Art kulturellen Mythos dar, der in den Herzen und Seelen der Menschen lebendig ist und auf verschiedenen Ebenen in Tausenden von Menschen täglich als unmittelbare Erfahrung neu geboren wird. Das Erleben dieser Kraft ist die Offenbarung einer anderen Dimension, die dem Normalbewußtsein zugrunde liegt. Obwohl diese Ideen der Wissenschaft und »objektiven Vernunft« widerstreben, setzt sich die Anerkennung der verborgenen Wirklichkeit allgemein immer mehr durch. So kann im »Krieg der Sterne« zur Begeisterung von Millionen Menschen aller Altersgruppen von »der Macht« die Rede sein.

Der Gebrauch von Begriffen wie *Liebe, Energie, zugrundeliegende Wirklichkeit* und *mehrdimensional* jedoch stellt für manche Leute noch ein Problem dar. Wahrscheinlich glauben sie, daß diese Wörter auf etwas hinweisen, das ihnen unbekannt ist. Häufige Reaktionen sind »Ich kenne das schon« oder »Das ist sowieso bedeutungslos«. Menschen, die sehr linear und rational denken und über ihre Gefühle und ihren Alltag ein hohes Maß an Kontrolle ausüben, haben gegen die Begriffe den größten Widerstand. Sich den Begriffsinhalten und den Gefühlen zu stellen, aus welchen sie erwachsen sind, könnte nämlich ein Gefühl des Unlogischen, Irrationalen oder des Kontrollverlustes auslösen. Aber die rationalen, linearen Funktionen des Verstandes sind reichlich begrenzt. Sie sind nur wertvoll, solange man den zu untersuchenden Zusammenhang genau absteckt und definiert, und das ist im Verlauf des Erwachens nicht möglich. Sobald aber einmal ein Sinn für die zugrundeliegende Dimension aufzutreten beginnt, auf welche die Worte *Liebe* und *Energie* hinweisen, verschwindet jede absolute Wirklichkeit. In der Annahme dieser Begriffe liegt daher immer etwas Unsicherheit und Ungewißheit.

Ich habe kein Interesse daran, jemanden zu verunsichern oder Kontrolle über jemanden auszuüben. Die benutzten Worte sind aber für die Erkundung der inneren Räume unvermeidlich. Sie anzuerkennen bedeutet, daß die Welt vollständiger erfahren wird als durch die begrenzten physischen Sinne, Rationalisierungen oder Gefühle. Ein feinsinnigerer Körper wird benötigt. Wir müssen uns in diese Erfahrung einfühlen, den Worten nachspüren. Das feinsinnige Selbst, das auf die Kraftströme anspricht, ist unermeßlich größer als das Ich der Vorstellungen und Gefühle. Es antwortet und schwingt mit Kräften und Stufen der Erfahrung mit, die auf den weniger entwickelten Ebenen des Bewußtseins niemals direkt erkannt werden können.

Der Höhere Körper oder das Höhere Selbst ist das Wesen, welches zwischen den formlosen, unsichtbaren Wirklichkeiten und der äußeren Erfahrung, die wir für absolut und objektiv hielten, vermittelt. Die unmittelbare Erfahrung von Begriffen wie *Liebe* oder *Energie* umfaßt eine Wahrnehmung im ganzen Körper, die jede Schicht des Selbst einschließt. Die Wirklichkeit scheint zu einem Tanz der Energien zu werden, durch den wir alle miteinander und mit unserem Erleben verbunden sind. Die Dimension der Energie ist weitaus umfassender und ursprünglicher als Gefühle oder Gedanken, so daß deren gewohnte Formen, ganz gleich, wie kraftvoll sie waren, weggefegt werden, wenn die Kraft der Liebe uns durchzieht. Sich vom höheren Selbst ergreifen zu lassen bedeutet, daß wir für Gefühlsströmungen durchlässig werden, die gänzlich irrational sind. Sie können einen unfaßbaren Frieden hervorrufen, wenn wir die in ihnen enthaltene Harmonie schließlich zulassen, aber auch ungeheures Unwohlsein, bis diese Lösung erfolgt ist.

Ich benutze die Begriffe *Liebe* und *Energie* frei, aber nicht leichthin. Sie sind die Parameter meiner eigenen unmittelbaren

Erfahrung. Ein zu lässiger Gebrauch der Begriffe ist für jemanden ebenso schädlich, als ob er oder sie nicht willens wäre, sich der Ungewißheit und Neuheit auszusetzen, die den Inhalten entspricht. *Liebe* und *Energie* können für den Widerstand gegen die inneren Räume stehen oder für die Flucht in dieselben hinein. Es liegt viel Weisheit darin, über die Essenz dieser Worte zu meditieren und ihnen zu erlauben, mit jedem neuen Tag an Tiefe und Bedeutung zu gewinnen.

Über Energie oder Kraft haben wir bereits gesprochen. Lassen Sie uns nun einen Blick auf das Wort *Liebe* werfen. Es ist *das* Wort unserer heutigen Zeit, vielleicht *das* Wort aller Zeiten. Der Kern der Lehre Christi war die Nächstenliebe und die Liebe zu Gott. Man bezeichnet das Christusbewußtsein häufig als Liebe. Aber was ist das für eine Liebe? Christus sagte, er sei gekommen, das Schwert zu bringen. Er sagte auch, daß jene, die das Gebot achten, wie er es tat, seiner Familie angehören, wobei er klar zwischen der natürlichen Familie und der menschlichen Gemeinschaft unterschied, welche durch ein tiefer liegendes Prinzip geeint wird. Sicherlich würden die wenigsten von uns Liebe mit einem Schwert gleichsetzen wollen oder mit unpersönlichen Beziehungen außerhalb der Familie und der Freundschaften. Dennoch ist dieser Vergleich meinen Erfahrungen nach sehr passend gewählt.

Eine Liebe zuzulassen, die über die persönliche und sinnliche Liebe weit hinausgeht, bedeutete, sich auf eine Erfahrung von solchem Ausmaß einzulassen, daß das gesamte persönliche Ich darin aufgeht. An jedem Punkt in meinem Inneren, wo ich noch an einer Erinnerung oder einem Bedürfnis festhielt – den alten Möglichkeiten, mich zufriedenzustellen –, verwandelte die größere Kraft diese in Schmerz. Ich war zu eng für die Kraft. Ich mußte loslassen, mich hingeben, wachsen. Erst als ich mit der größeren Kraft in Einklang gekommen war, bemerkte ich, daß diese Energie Teil einer umfassenderen Wirklichkeit war. Der Gefühlszustand dieser Erkenntnis ist der einer allumfassenden Liebe, seine Existenz ist aber mit der starren Herrschaft des normalen Bewußtseins unvereinbar.

Wir reden hier nicht über das philosophische Verständnis von Liebe als der grundlegenden Daseinsweise, die über allen anderen Geboten des Lebens steht. Man muß das zwar tun, um den Wandlungsprozeß einzuleiten. Aber diese gedankliche Auseinandersetzung ist bloß der erste Schritt, obwohl seine Bewältigung schon geraume Zeit in Anspruch nehmen kann. Dabei entstehen oft alle möglichen Probleme, daß man etwa bestimmte Kontakte vermeidet oder Angst hat, sich mit bestimmten Gefühlen auseinanderzusetzen. Wir glauben lieber daran, daß Liebe etwas ist, was wir tun können, als etwas, das unser Tun als solches aufhebt und uns in eine andere Dimension führt.

Wenn man sich jedoch nicht mit der Idee der Liebe auseinandersetzt, dann bekommt man keinen Einblick in die Art und Weise, wie unsere Wirklichkeit von persönlichen Vorsätzen und emotionalen Reaktionen oder Bedürfnissen bestimmt wird. Wandlung beginnt mit dem Annehmen der Liebe und führt zum ersten wesentlichen Schritt, der Wandlung der Gefühle. Wenn Sie beginnen, sich klarzumachen, daß Ihre emotionale Prägung eine Verzerrung Ihrer Liebesfähigkeit bedeutet, dann haben Sie eine Flamme in Ihr Leben eingelassen, die Sie nach und nach zerstören und wandeln wird.

Aber wir sind dem Wort *Liebe* immer noch nicht wirklich nahegekommen. Was ist bei Kabir die Geliebte, bei Rumi oder Gibran? Wer ist die Geliebte, die zu Whitman kam? Alldem zum Trotz, was wir über ihr Leben zu wissen glauben, sprechen diese Dichter von transzendentaler Liebe. Romantiker glauben gerne, daß diese Liebeslieder eine Rechtfertigung für die persönliche Bindung an einen anderen Menschen darstellen, aber in Wirklichkeit feiern sie die Liebe als eine ekstatische Erfahrung des kosmischen Bewußtseins.

Ich benutze das Wort *Liebe* wie einen Koan. Der Koan ist ein Lehrmittel im Zen-Buddhismus. Er stellt den Verstand vor eine unlösbare Aufgabe, wie »Was ist der Ton *einer* klatschenden Hand?« Die Antwort besteht in einem absoluten Zustand des Gewahrseins, einer anderen Erfahrungsdimension. Es handelt sich also nicht um eine Antwort im gewöhnlichen Sinne. Ebenso benutze ich das Wort *Liebe* nicht, um damit irgend etwas Bestimmtes zu bezeichnen, sondern um ein umfassenderes Verhältnis zur Erfahrung anzusprechen. Ich benutze es als Symbol und Anregung, um die Erfahrung zu einer größeren, harmonischen Sichtweise herauszufordern.

Ich verbrachte mehrere Jahre damit, die Weltanschauung und Lebensweise des Lehrers zu imitieren, der in mir die erste Flamme dieser höheren Art der Liebe entfacht hatte. Ich tat so, als wüßte ich, was damit gemeint sei, ja, ich war mutig genug, über Liebe zu lehren. Ich bemühte mich um ein Gefühl der bedingungslosen Liebe – ein Gespür für die Kraft und darum, daß ich über meinen Urteilen und Vorstellungen von der Wirklichkeit stand. Ich suchte eine Stimmung, die in sich völlig friedvoll und harmonisch war, eine Auflösung aller Bewußtseinszustände, aller Gefühle und Bedürfnisse, die nicht in diese Harmonie paßten. Ich drängte mir selbst und anderen diese Harmonie auf. Obwohl das eine gewisse Vergewaltigung darstellt, einen Versuch, die Wirklichkeit in eine bestimmte Form zu pressen, findet gleichzeitig auf einer anderen Bewußtseinsebene eine allmähliche Vorbereitung statt. Als sich das »Tor« schließlich öffnete, umhüllte mich eine gewaltige Wahrnehmung der Kraft. Das jahrelange Ringen um mein inneres Gleichgewicht und eine Harmonie, deren Kern die Liebe war, erlaubte mir schließlich, mich schrittweise auf diese Kraft einzulassen, sie zu festigen und mit ihr zu überleben.

In diesem Buch benutze ich das Wort *Liebe* auf verschiedene Weisen, die manchmal anderen Verwendungen des Wortes zu widersprechen scheinen. Es hat keinen Zweck, die Liebe festlegen zu wollen oder von ihr ein Rezept für das Leben zu erwarten, damit das rationale Ich sich bequem und sicher fühlen kann. Das Wesen der Liebe ist, daß sie uns tiefer in unsere Erfahrungen hineinführt.

Ich benutze die Anrufung der unbedingten Liebe als eine Hinführung dazu, den Verstand beiseite lassen zu können und anzufangen, eine andere Dimension des Selbsts zu erspüren. Indem man anerkennt, daß die Liebe bedingungslos ist, bewegt man sich auf einen Zustand der inneren Harmonie und des liebevollen Wohlbefindens zu, der aber in keinem sonstigen Zusammenhang stehen muß. Wir benötigen, um lieben zu können, keine Person außerhalb von uns. Es ist dazu nicht erforderlich, daß jemand unser Wohlverhalten anerkennt oder die Welt so auf uns reagiert, wie wir es gerne möchten.

Als das Tor sich für mich geöffnet hatte und ich in Welten geworfen wurde, die ich mir niemals hätte vorstellen können, war die Flamme dieser Liebe in mir schon entzündet. Weil ich nach ihr suchte und sie ahnte, erkannte etwas in meinem Bewußtsein, daß das Zentrum, von dem alle Erfahrung ausgeht, die Liebe ist, ungeachtet jeder äußeren Bedingung. Daher wußte ich, daß wir uns diese Liebe nicht verdienen müssen, sondern daß das Leben selbst sie uns bedingungslos schenkt. Es fiel mir nicht leicht, in diesen tieferen Energiezuständen zu erwachen, wie es auch anderen nicht leichtfällt, die sich um andere Zustände des Bewußtseins bemühen. Mit der Annahme bedingungsloser Liebe aber ist die Bühne frei für eine Lösung und Harmonisierung.

Bedingungslose Liebe bedeutet das Annehmen aller Erfahrung, und die Verbindung aller unterschiedlichen Eindrücke mit der Herzebene. Auf der Herzebene nämlich ersetzt diese Liebe, die einen lebendigen, schwingenden, wertfreien Bewußtseinszustand bedeutet, die unterschiedlich starken Stimmungen und unkontrollierten Gefühle und erhebt die Kraft in einen feineren, höheren und leuchtenderen Zustand.

Zum Beispiel kann eine Erfahrung mit großer Gefühlsintensität im Bereich des Solarplexus empfunden werden. Der Solarplexus ist das Kraftzentrum des Körpers, von woher der »Körper« sich durch unsere Ideen, Vorstellungen und Pläne in die Wirklichkeit erstreckt. Hier sitzen die Adrenalindrüsen, die Flucht und Kampf regeln, wie auch die Gefühlsreaktionen, die durch das Interferenzmuster entstehen, das die Wirklichkeit mit unseren Vorstellungen von ihr bildet. Denken Sie daran, wie sich Eifersucht anfühlt oder wenn man von Besitzansprüchen geplagt wird. Und dann machen Sie sich klar, daß wir direkt mit der Kraft, der zugrundeliegenden Bewußtseinsenergie, die diese Gefühle hervorbringt, besser arbeiten können als mit den Inhalten und Themen, die wir dabei für wichtig halten. Wird diese Energie, die zunächst auf der emotionalen Ebene wirksam ist, auf die Herzebene gehoben, d. h. wird sie in eine ganz andere Form verwandelt, wie man die rohe Kraft eines Wasserfalls in Elektrizität umwandelt, dann macht man eine erstaunliche Entdeckung. Eben der Zustand, in dem wir bedroht sind, uns verletzt fühlen oder eifersüchtig sind, kann sich innerhalb eines Augenblicks in ein Gefühl des Friedens und der Einheit wenden. Wir können mit einer umfassenderen Wirklichkeit in Einklang kommen, die durch unsere vorhergehende innere Ausrichtung verstellt war. Dann wird es möglich, die persönlichen und zwischenmenschlichen Probleme wirklich zu lösen, ohne anzunehmen, daß die Gründe für die anfänglichen Gefühle absoluter Natur sind und nach ihren jeweiligen Maßstäben behandelt werden müßten.

Auf einer meiner Konferenzen teilte uns kürzlich eine Frau mit, was sie erlebt hatte, während sie mein Gespräch mit einer Patientin verfolgte. Die Patientin beschrieb den langwierigen und schmerzhaften Tod ihres Sohnes. Ich konnte spüren, wie eine Atmosphäre des Mitleids sich im Raum ausbreitete und erinnerte die Teilnehmer daran, die Mitte ihrer Aufmerksamkeit auf der unbedingten Stufe des Herzens zu halten und nicht in eine Gefühlsreaktion zu verfallen. Die zuhörende Frau war plötzlich in eine Phantasievorstellung vom Tode ihres eigenen Sohnes geraten und verfiel in Panik. Aber durch meine Anleitung konnte sie die furchtbare Phantasie loslassen. Als sie jedoch danach der Gruppe davon erzählte, konnte sie sich der Kraft dieser Vorstellung nicht mehr widersetzen und fing an zu weinen, ihre Stimme zitterte und brach, ihr Atem ging ungleichmäßig. Ich sagte zu ihr: »Erlauben Sie der Kraft aus Ihrem Leib in Ihre Brust zu steigen.« Sofort wurde wie durch einen Zauber ihre Stimme wieder stark, ihre Atmung ruhig, und sie rief: »Ich habe es getan!« und erklärte dann: »Als Sie mir gerade auftrugen, die Energie anzuheben, fiel mir wieder ein, was Sie während des

Gesprächs vorhin über das Zuhören von einer bedingungslosen Warte aus gesagt hatten. Im Augenblick dieser Erinnerung spürte ich die Kraft zum Herzen aufsteigen und war frei.« Das ist ein Beispiel einer Wandlung, in welchem die Bewußtheit des Lehrers (in diesem Falle von mir) nötig war, um den Vorgang einzuleiten.

Als ich so etwas das erste Mal erlebte, war ich tief bewegt. Einer meiner engsten Freunde war zu Besuch gekommen, und zwischen ihm und meiner Freundin bestand eine offensichtliche Anziehung. Ich fühlte mich abgelehnt, ärgerlich und verletzt. Als mir das klar wurde, verschob ich meine Aufmerksamkeit und veranlaßte gleichzeitig mein Bewußtsein, die Energie in bedingungslose Liebe umzuwandeln. Wunderbarerweise verschwanden plötzlich das verkrampfte Gefühl im Bauch, der Ärger und der Besitzanspruch. Ich wurde von strahlender Wärme überflutet, die von meiner Brust auszugehen schien. Eine Hitzewelle ging durch den Raum, und die anderen wurden davon ebenfalls angesteckt. Das Thema Eifersucht bestand für die restliche Zeit des Besuches nicht mehr und verschwand allmählich ganz aus meinem Leben.

Alle Gefühlszustände, wie überhaupt alle Erfahrungen, sind sehr relativ. Wird die zugrundeliegende Energie verändert, so ändert sich auch das Wesen der Erfahrung selbst. Der Schlüssel zu solch einer Beweglichkeit ist natürlich die Fähigkeit, absichtlich in eine höhere Ebene der Kraft einzutreten. Es bedarf eines höheren Prinzips, um die Wirklichkeit eines niedereren zu veredeln. Bedingungslose Liebe ist von so viel umfassenderer Größe und Feinheit als die Kraft, die sich im emotionalen Erleben ausdrückt, daß sie Gefühlskomplexe regelrecht lösen und auflösen kann.

Als die absichtliche Änderung des Bewußtseinszustandes und ähnliche Vorgänge mein Leben zu öffnen begannen, stieß ich bald auf die grundsätzliche Frage nach der Wirklichkeit. Ich habe auf diese Frage keine verstandesmäßige Antwort gefunden, aber ich fing an, Frage und Fragesteller in einem höheren Gewahrsein zur Ruhe kommen zu lassen. Wenn mich also jemand fragt, warum dieser Vorgang als ein zutiefst spiritueller anzusehen sei, antworte ich, daß es ohne Liebe, in ihrer tiefsten und mystischen Bedeutung, keine Möglichkeit gibt, mit den Kräften der Wirklichkeit umzugehen. Ohne Liebe gibt es nichts, wohinein man sich fallen lassen könnte. Entweder man bewegt sich absichtlich in die innere geistige Mitte hinein, oder man wird, wenn man Glück hat, durch die hervorgerufenen Erlebnisse geistig gewandelt. Wie wir sehen werden, sind die Alternativen dazu nicht besonders gut.

Der Vorfall der Umwandlung meiner Eifersucht, die vor Jahren geschah, war für mich bloß der Anfang einer Wandlung von Energien in meinem Bewußtsein, welche vom Herzen her gesteuert wurde. Ich entdeckte dabei, daß beim tieferen Erwachen des Bewußtseins die Bereitschaft entscheidend ist, alle widersprüchlichen Gefühlsintensitäten in einer inneren Harmonie verschmelzen zu lassen, die sowohl umfassend als auch erhebend ist. Das darf jedoch keinesfalls als Leugnung oder Verdrängung verstanden werden. Ich spreche nicht über den Versuch, eine nettere Wirklichkeit zu erschaffen.

Der erste Schritt einer echten Bewegung auf das Erwachen zu ist die Einsicht, daß alle Erfahrung relativ und eine direkte Folge des zugrundeliegenden Kraftschwungs ist. Eine äußere Analogie dazu ist die Beobachtung, daß Medizinstudenten, die bestimmte Dinge in betrunkenem Zustand gelernt hatten, das Material dann besser beherrschten, wenn sie wieder betrunken waren; wenn sie nüchtern waren, erzielten sie dagegen nur schlechte Ergebnisse. Sogar Intelligenz ist also nichts Absolutes, das auf der Ansammlung und Verarbeitung von Informationen beruht. Intelligenz und Verhalten sind Arbeitsweisen des Bewußtseins, die völlig vom zugrundeliegenden Energiezustand abhängig sind. In gewissem Sinne sind wir in unserem normalen Energiezustand ständig wie betrunken, merken es aber nicht. Man muß die Fähigkeit entwickeln, diesen Energiezustand zu erspüren und zu verändern.

Der zweite Schritt liegt darin, daß wir anerkennen, daß die Fähigkeit, die Energie zu läutern und nicht nur zu steigern, eine

Hingabe an und eine Erkenntnis der bedingungslosen Liebe erfordert. Liebe ist die große wandelnde Kraft, die jedes feste Energie- oder Daseinsmuster ergreifen und in einer viel höheren, umfassenderen Harmonie auflösen kann. *Ohne diese bedingungslose Liebe als Mitte und Weihe unseres Wesens kann die Fähigkeit, Kräfte zu bewegen und zu wandeln, zu einer bloßen Erweiterung der manipulativen Möglichkeiten des Ichs werden.* Es ist entscheidend, das zu verstehen. Erinnern Sie sich an das Beispiel meiner Arbeit mit Schwerkranken, deren Sichtwechsel nur zeitweilig stattfanden, weil sie nicht in bedingungsloser Liebe begründet waren, sondern eher in meiner Einflußnahme.

Wenn wir etwas als spirituell bezeichnen, heißt das noch nicht, daß es uns auch in einem unbedingten Sinne befreien muß. Denken Sie nur an die großen religiösen Kriege, die alle auf der Voraussetzung »richtig gegen falsch«, »der wahre Christus gegen den Antichristen« usw. beruhen. Solche Polaritäten erwuchsen stets dem Vorurteil und dem Machthunger. Wir müssen den Unterschied zwischen macht- und gefühlsabhängigem Bewußtsein und den Ebenen erkennen, die uns durch unbedingte Liebe zugänglich werden können.

Das Herz, anatomisch gesehen die Mitte des Brustkorbes, ist zunächst das metaphorische Zentrum des Lebenssinns und eröffnet nach und nach die unmittelbare Erfahrung einer anderen Dimension. Es ist das Zentrum für das direkte Erleben bedingungsloser Liebe. Und es ist zunächst nur metaphorischer Natur, weil wir diese Liebe nicht dadurch herbeiführen können, daß wir über sie nachdenken. Ich versuchte es immer wieder, mir einzureden, daß ich die Liebe wählen und ein anderes Muster loslassen könne, daß ich bestimmte Gefühle nicht zu haben brauche usw. Aber dadurch änderte sich nichts. Schließlich bemerkte ich, wo diese Kraft in und um meinen Körper herum *war,* wo sich die Wahrnehmung konzentrierte und welche Gedanken damit verbunden waren. Dann erinnerte ich mich daran, wie ich mich fühlte, wenn ich in einem Zustand tiefen Wohlbefindens und der Liebe war. Dabei ging die Kraft, wie ich bereits sagte, von der Brustmitte, vom Herzzentrum aus. So lernte ich schließlich, meine Aufmerksamkeit im Herzen zu sammeln und bewußt Kräfte zu wandeln.

Ich bezeichnete diesen frühen Prozeß als den »Niederschlagens- und Hinauszögerungs-Kampf«, weil ich bereit war, in meiner Erfahrung zu verweilen, bis sie umgewandelt war, auch wenn es eine Woche dauerte. Zunächst verschlimmerte sich der Zustand noch, an dem ich arbeitete, und mein ganzes Wesen brodelte wie ein Vulkan. Wenn ich dann aber dabei blieb, wurde ich ganz leer. Ich lenkte meine Aufmerksamkeit immer wieder auf mein Herz und wartete. Es war nicht genug damit, daß ich auf andere Gedanken kam oder mir die ganze Sache als unwesentlich vorkam, oder daß ich herrliche, schöpferische Einfälle hatte. Ich lernte schnell, daß diese Ablenkung der Aufmerksamkeit in annehmbare Bereiche keine Wandlung bedeutete. Ich wartete, bis ich von meinem Brustraum aus mit jenem tiefen Gefühl des Wohlseins überschwemmt wurde, und betrachtete dann die Annahmen über die Wirklichkeit, die ich mir vorher zurechtgelegt hatte, noch einmal von höherer Warte aus. Von diesem umfassenderen Zustand aus konnte ich widersprüchliche Punkte miteinander vermählen und die in ihrer Aktivierung enthaltenen Energieströme schätzen lernen.

Nach und nach wurde die Fähigkeit zu solchen Umwandlungen natürlicher und automatischer. Der Prozeß erstreckte sich nicht nur auf die Gefühlsbereiche, sondern erfaßte auch, was ich mangels eines besseren Ausdrucks als eigene Angelegenheiten der Seele bezeichnen würde. Eines Tages wurde mir klar, daß sogar die Existenzangst, die mich in den frühen Phasen meines Erwachens immer wieder packte, in Wirklichkeit die wunderbare Empfindung der Eingliederung in eine höhere Ebene meines Wesens war. Auf diese Weise wandelten sich sogar tieferliegende Muster und Weltanschauungen in ein immer unbedingteres und unbegrenzteres Bild des Selbsts um. Obwohl es schwer ist, genau zu sagen, worum es sich bei einem solchen Wandlungsvorgang handelt, scheint es doch um ein verfeinertes Gefühl des Zulassens zu gehen.

Das Herz ist der Punkt des Gleichgewichts im Bewußtsein,

durch das wir des gesamten Spektrums unserer Menschlichkeit innewerden – der gefürchteten und verhaßten ebenso wie der geliebten und geachteten. *Vom Herzen her zu leben ist ein ständiger Prozeß des Lernens, alles und jedes gehen zu lassen, was unser Herz gegenüber der Hingabe an das Jetzt verschließen kann.* Man reagiert nicht mehr im üblichen Sinne auf eine Situation, sondern erkennt, daß es noch eine andere Ebene gibt, auf welcher die Bestandteile dieser Situation ein neues Verhältnis zueinander finden können. Dieser Überblick enthüllt eine Kraft, die durch eine geschulte und wache Aufmerksamkeit verändert und gestaltet werden kann.

In dieser Dimension zu arbeiten bedeutet, einen Quantensprung von der Ebene der Analyse, Interpretation und Rationalisierung fort zu machen. Wir bewegen uns damit aus dem Bereich der Ideen und Verhaltensweisen heraus in formlose Zustände hinein, in denen das Leben sich als ständiges Ineinanderfließen von Kraftströmen ausdrückt. Es ist nahezu unmöglich, den unglaublichen Reichtum und die Frische zu beschreiben, von welcher das Leben erfüllt wird, wenn uns diese Erkenntnis aufgeht und wir anfangen, aus ihr heraus zu leben.

Dabei handelt es sich um eine Reise voller Fehler und Risiken. Doch wenn schließlich eine neue Kraftstufe erreicht werden soll, müssen wir einige unserer Lieblingsgefühle beiseite lassen. Wenige von uns erkennen, wie sehr wir von Gefühlen wie Erregung, Wut, Besitzansprüchen, Traurigkeit, Rechthaberei, Wichtigkeit und Erfolg abhängig sind, bis wir einer völlig neuen Erfahrung Platz schaffen müssen. Wenn aber einmal das tieferliegende Gefühl des Einklangs und des Gleichgewichts angenommen worden ist, werden die Kräfte, die unserem Bewußtsein zugänglich werden, allmählich so gewaltig, daß wir sie innerhalb unserer alten Begrenzungen und Gewohnheiten nie wieder sicher ausdrücken können. Die Dimension unkontrollierter, abhängig machender Gefühle und der Macht wird ersetzt durch eine leuchtende Ausstrahlung und ein tiefes Wohlbefinden.

In der Liebe, wie ich sie beschreibe, gibt es nichts Bedingtes oder Urteilendes. Der größte Fehler, den wir machen können und der von Neulingen in diesem Bereich auch oft gemacht wird, ist die Ansicht, daß Liebe besser sei als andere Erfahrungsmöglichkeiten. Nein, die Liebe ist nicht besser. Wenn Sie das glauben, dann treten Sie für eine persönliche, bedingte Liebe ein. Die Liebe dagegen, von welcher ich rede, schließt gleichermaßen und bedingungslos jede Erfahrung mit ein. Wenn sie in unserem Leben das erste Mal auftritt, läßt sie alle anderen Weisen, in denen wir jemals Liebe erlebt haben, als grob erscheinen.

Die bedingungslose Liebe, wenn sie herabgerufen wird, stellt bloß eine Art dar, Erfahrung zu verarbeiten, sowie ein Mittel der Wandlung. Sie bildet aber auch in sich selbst einen Zustand, und wenn ihre gewaltige Anwesenheit in Ihnen entfacht wird, dann sagen Sie nicht: »Das ist Liebe!« Sie sagen dann gar nichts mehr. Es stellt bereits eine Verzerrung dar, später über diese Gegenwart zu reden, denn man kann nicht richtig darüber sprechen. Bedingungslose Liebe liegt jenseits der Worte. Wo sie ist, sind wir nicht mehr.

In der Annahme der unbedingten Liebe opfern Sie alle Gefühle und Gedanken, die Sie von der Harmonie und dem Wohlbefinden trennen. Das bedeutet eine grundlegende Hingabe an den Wandlungsvorgang und muß jeden Tag von neuem bestätigt werden. Die Liebe ist eine tägliche Feier des Lebendigseins und die Erlaubnis, noch tiefer zu gehen.

3. Die Erfahrung der Wandlung

Alles, was ich hier schreibe, ist aus der Art und Weise entstanden, wie meine eigene Entwicklung geleitet worden ist. Das heißt nicht, daß ich schon sehr weit gekommen bin. In vieler Hinsicht bin ich selbst nämlich noch ein Kind auf dem Weg zum vollen Menschsein, und mit jedem Tag wird mir das deutlicher. Der Zustand der Kindlichkeit ist als ein Ort des Neubeginns in meinem Leben oft aufgetreten. Manchmal war das erschreckend. Wann immer ich auf meinem Wege Streit und Angst erfuhr, war es, weil ich das Gefühl der Kindlichkeit und des ständigen Neubeginns verloren hatte.

Inzwischen erscheint mir die Geschlossenheit meiner selbst und des Lebens als solchem wie eine Täuschung, die von einem kosmischen Wind durchweht wird. Wenn wir versuchen, uns absolut an uns selbst festzuhalten, während der Wind anfängt, die äußeren Bereiche unseres Wesens zu zerrütten, dann bringt der Wandel Angst mit sich. Es ist die Illusion des Ichs, die den Schmerz erzeugt. Ich bin der Meinung, daß alle Krankheiten und Leiden beginnen, wenn wir uns von der Ahnung der unfaßbaren Weite und Unendlichkeit des Selbst fortbewegen. Wenn wieder einmal Angst oder Zweifel auftauchen, geben sie uns damit ein Zeichen, daß wir loslassen müssen, um wieder unser Gleichgewicht und die bedingungslose Hingabe ans Leben zu finden.

Sofort entsteht dabei in uns die Frage: »Wie sollen wir das machen?« Diese Frage führt zu zweierlei: Einerseits bereitet sie einen Pfad für mehr Verständnis, gleichzeitig aber verhüllt sie dabei eine andere Erfahrungsebene. Wie wir etwas machen können, ist wichtig, wenn wir mit dem Verstand etwas lernen wollen, das wiederholbar sein soll. Wenn es aber um jene unsagbare Wesenhaftigkeit oder bedingungslose Liebe geht, dann stellt die Frage eher ein Hindernis dar. Es reicht uns nämlich nie, daß uns jemand durch bloße Anwesenheit oder Worte eine Kraft anbietet, die uns die Antwort unmittelbar geben würde, wenn wir bloß das rationale Fragen bleiben ließen. Es gibt immer einen Teil in uns, der meint, wir könnten die Liebe ebenso lernen wie das Zählen und Addieren.

Ich habe keinen Zweifel mehr daran, daß wir uns auf eine telepathische Verständnisweise zubewegen und daß die tieferen Lernprozesse zwischen Menschen durch telepathische Eindrücke zustande kommen. Trotzdem ist die Frage unvermeidlich, obwohl die meisten von uns wissen, daß wir das tiefere Lernen noch nicht wirklich verstehen. Tatsächlich jedoch wird Wandlung ausgestrahlt, nicht gelehrt, und es ist klug, die Verstandesvorgänge dabei beiseite zu lassen, um tiefere Eindrücke zu empfangen.

Die Antwort auf die Frage, wie etwas zu tun sei, ist immer eine unmittelbare Erfahrung. Im Unterschied zu den Absichten, die wir verfolgen, und den Erwartungen, die wir haben mögen, bedeutet direkte Erfahrung das Ausleben der Antwort. Dennoch ist es schwer, jemandem zu sagen, daß er oder sie sich bloß fallen zu lassen und ganz im Jetzt zu ruhen braucht, damit das Lernen von selbst geschieht. In einer Umgebung mit höherer Energie wird der Vorgang schneller verlaufen, aber auch eine größere Herausforderung mit sich bringen.

Dieses Buch soll keineswegs alle Fragen beantworten und die Sicherheit des Verstehens vermitteln. So etwas wie ein Handbuch des Daseins gibt es nicht. Die wirklich wichtigen Dinge lernen wir nicht dadurch, daß uns jemand unsere Fragen beantwortet. Wir lernen sie, indem unser gegenwärtiges Gleichgewicht umgestoßen wird, so daß wir für uns selbst einen Weg entdecken müssen, das Gleichgewicht wiederzufinden. Meine Absicht ist also die, Sie anzuregen, zu strapazieren, ja sogar zu enttäuschen, damit Sie das Leben auf neue Weise sehen können.

Wir kommen keinen Schritt weiter, wenn wir nicht anerkennen, daß es ein Kraftfeld oder einen organisierenden Vorgang gibt, den wir Bewußtsein nennen, der jenseits unserer gewohnten Wirklichkeit tätig ist. Wenn wir also aufgeben und unsere äußeren Vorstellungen fahren lassen, muß es etwas geben, in das wir hineinfallen. Sonst würde die Befreiung von unserer begrenzenden egozentrischen Realität ins bloße Chaos münden.

Man hat an sich entwickelnden Froschembryos Experimente durchgeführt, als sie gerade anfingen, die Knospen für die beiden Vordergliedmaßen zu entwickeln. Man vertauschte operativ die Beinansätze, und die Embryonen ersetzten nicht die entfernten Gliedmaßen, sondern entwickelten die vertauschten weiter. Der linke Beinansatz wuchs also zu einem rechten Bein weiter und der rechte Ansatz zu einem linken Vorderbein.

Im genetischen Material, soweit wir es kennen, gibt es nichts, was einer solchen experimentellen Unterbrechung der normalen Entwicklung gerecht werden könnte. Würde sich das Leben ausschließlich durch das genetische Muster entfalten, dann hätte diese Wiedereingliederung nicht geschehen können. Ich habe die Vermutung, daß die Materie, wie wir sie verstehen, aus einer anderen Dimension hervorgeht oder von ihr bestimmt wird. Dann ist es eine vernünftige Frage, ob der menschliche Geist in der Lage ist, durch eine andere Wahrnehmungsebene und eine andere Form der Erkenntnis über seine materielle Grundlage hinaus in diesen tieferen Steuerungsprozeß einzugreifen.

Mit diesem Sprung sind wir im Bereich der Formlosigkeit, der von Gefühlszuständen und intuitivem Wissen regiert wird, die auf unsere übliche Art des Lernens nicht ansprechen. Das Ich, mit dem wir in unserem Leben umgehen, unterscheidet ständig zwischen uns selbst und der sogenannten äußeren Wirklichkeit. Dieser Vorgang beruht auf dem Verhältnis zu unseren Eltern, an welchen wir den ursprünglichen Sinn für Unterschiedenheit und Getrenntheit entwickeln, nachdem wir zunächst nicht von ihnen verschieden waren. Dann tragen wir aber die trennende und ordnende Arbeitsweise des Bewußtseins, die das Wesen der Ichbildung darstellt, mit hinein in unser erwachsenes Leben.

In der Schulpsychologie wird der Zusammenbruch dieser Unterscheidungsfähigkeit als Ursache der Psychose angesehen. Und die traditionelle Pädagogik meint, daß die Ansammlung von Fakten, welche Trennungspunkte des Ichs von der Welt darstellen, die Grundlage der Intelligenz und der Umweltbeherrschung bildet. In der menschlichen Entwicklung kommen wir aber natürlicherweise an einen Punkt, wo dieser Vorgang umgekehrt werden muß, wo die Grenze zwischen dem Ich und dem Erleben wieder fließender werden sollte, um neue Wahrnehmungen möglich zu machen. Das ist dann keine Psychose, sondern ein mystisches oder spirituelles Erwachen.

Spirituelles Erwachen kann in vieler Hinsicht zu einem Gang über des Messers Schneide werden, dessen andere Seite Wahnvorstellungen selbst bis hin zur Psychose bilden. Sich über das Gedächtnis hinaus zu bewegen, welches das Jetzt stets durch den Vergleich mit dem aufbaut, was gewesen ist, sollte nicht zu leicht genommen werden. Es stellt eine grundsätzliche Rückkehr zum Anfängergeist dar, zu einem kindlichen Zustand, zum Dasein vor den erlernten und erinnerten Bildern über das Leben. Man ist aber voll mit Fakten ausgerüstet, mit der Fähigkeit zu unterscheiden und mit Vorurteilen über richtig und falsch. Für einen Narren ist es leicht, an Heilung zu glauben und Herz und Seele daran zu setzen. Wenn aber ein Wissenschaftler oder Arzt mit all dem Wissen, das er hat, in der Formlosigkeit ruhen und handeln kann, während ein Teil seiner Aufmerksamkeit mit der Leere vermählt ist, und wenn er das als Liebe zum Ausdruck bringen kann, dann ist es ein göttlicher Zustand. Das ist nicht leicht zu erreichen, denn wir müssen uns ganz einem höheren Prinzip in unserem Existenzgefühl unterwerfen.

Innerhalb dieses tieferen steuernden Bewußtseins sind der Teil der Aufmerksamkeit, der Wissen braucht, und derjenige, der bereits weiß, gleichermaßen verfügbar. Deshalb müssen wir eine Änderung in unserer Haltung herbeiführen, um den wissenden Teil des Selbsts ebenso zugänglich zu machen wie den fragenden. Ich nehme an, daß beide am Vorgang des wirklichen Lernens einen gleichen Anteil haben müssen. Das stellt eine ziemliche Aufgabe dar, denn wenn wir dem Neuen und Unbekannten gegenüberstehen, dann neigen wir dazu, sofort unsere gewohnten Etiketten darauf anzuwenden oder mit unserer üblichen Liste von Fragen darauf zuzugehen. Uns selbst zum Trotz übernimmt das Gedächtnis den Vorgang. Das unmittelbare Jetzt ist die Erfahrung, sich durch ein größeres Selbst zu bewegen – ein Selbst, das wir nur direkt erleben können, niemals durch Vorstellungen oder Erinnerungen.

Der Philosoph Alfred North Whitehead hat es als eine natürliche Tatsache dargestellt, daß die Zukunft an sich furchterregend bleiben muß und daß alle Strukturen, die eine Kultur aufbaut, um diese Befürchtung zu umgehen, die Kultur selbst zerstören werden. Das gilt auch für den einzelnen. Das, wodurch wir uns absichern wollen, wird schließlich die Situation herbeiführen, die unser Ende bringt. Es ist gerade der gute Charakter, der nicht viel Aufhebens machen möchte, in dessen Persönlichkeitsstruktur das höhere Krebsrisiko verankert liegt. Es ist das rationale, logische Selbst, das die Wandlung verhindert, sobald es sich für Geringeres als seine höchsten Entwicklungsmöglichkeiten einsetzt.

Wenn wir uns der Wandlungserfahrung mit der vorherrschenden Haltung annähern, alles schon zu kennen, dann wirkt das als eine Abwehr gegen die mit dem Lernen verbundene Offenheit. Andererseits preßt der Teil von uns, der zu verstehen versucht, jede Erfahrung durch einen engen Kanal. Wir müssen deshalb lernen, uns dem Erleben gleichzeitig von einem dritten Wahrnehmungstandpunkt aus zu nähern. Dieser dritte Standpunkt ist nicht nur einfach ein abgelöster, neutraler Beobachterstandpunkt, obwohl dieser eine wichtige Entwicklungsstufe darstellt. Der dritte Wahrnehmungsstandpunkt arbeitet von einer gänzlich anderen Bewußtseinsstufe aus. Wenn wir auf dieser Ebene lernen, dann wird uns klar, daß Worte wie *Vertrauen, Gleichgewicht, Hingabe, Zulassen* und *Liebe* mehr als nur Worte sind. Es handelt sich dabei um wirklichkeitsbestimmende Kräfte, die eine grundlegende Gegenwartsbeziehung zu dem ermöglichen, was jenseits von Form und Vernunft liegt.

Bis dahin aber ist der Teil von uns, der leitende Anweisungen braucht, sehr wertvoll und führt uns zu einer Tür. Er stellt eine Gabe unserer Natur dar, um höhere Möglichkeiten einzuleiten und nach dem größeren Selbst zu suchen. Aber es gibt auch die Mechanismen des Bewußtseins, die dafür sorgen, daß wir den Teil in uns stärken, mit welchem wir uns identifizieren. Er widersetzt sich dann dem Zurückfließen in die Weite der Aufmerksamkeit, welcher er entsprungen ist. Deshalb kann unser »Sucher« bzw. »Frager« niemals selbst durch die Tür treten, die er gefunden hat. Unser suchendes Selbst findet sein Dasein im Vorgang des Suchens und nicht in der gesuchten Lösung. Sowie wir uns dem Tor nähern, müssen der Sucher bzw. der Frager und auch der Wissende wieder in den unbestimmten Grund – den dritten Standpunkt – zurückkehren, so daß »alles« in uns neu ausgerichtet wird. Es hört sich paradox an, und das ist es wohl auch, aber wir können nicht nur einen Teil von uns verwandeln.

Ich glaube, das ist mit dem Satz gemeint: »Wenn ihr nicht werdet wie die Kinder, könnt ihr das Reich Gottes nicht erlangen.« Es ist der noch undifferenzierte Zustand des Bewußtseins, der dem Kind angehört, das den ganzen Umfang des Erlebens gleichzeitig wahrnehmen und auffassen kann. Als Erwachsener zu diesem Zustand zurückzukehren, darin besteht die Schönheit, der Schmerz und die Herausforderung der Wandlung. Es wird von uns gefordert, ständig das ganze Puzzle zu erahnen, anstatt uns blind von nur einem Stück fesseln zu lassen. Wir müssen präzise und reif handeln, sogar wenn wir unserer grundlegenden Unwissenheit gegenüberstehen.

An diesem Punkt ist es wichtig, die Idee des Hologramms zu verstehen. Eine gute Beschreibung der Holographie kann in der Zeitschrift *Scientific American* und in dem Buch *Auf der Spur des wilden Pendels** von Itzhak (Ben) Bentov gefunden werden. Ich werde mich hier mit der metaphorischen Bedeutung des Hologramms beschäftigen.

Kurz gesagt ist ein Hologramm ein dreidimensionales Bild,

* Erschienen im Rowohlt Verlag, Reinbek 1985. (Anm. d. Red.)

das durch das Interferenzmuster zweier Laserstrahlen erzeugt wird. Das aus der Bildvorlage – die den sich überlagernden Wellen zu vergleichen ist, die von mehreren ins Wasser geworfenen Steinen erzeugt werden – entstehende Bild hat ganz bestimmte Eigenschaften. Es ist dreidimensional, nicht flach wie ein Foto, und es ist nicht materiell. Wo wir das Bild sehen können, ist kein »Ding«. Eine weitere einzigartige Eigenschaft besteht darin, daß von jedem Stück der holographischen Platte das ganze Bild erzeugt werden kann. Jedes Teilstück enthält das Ganze. Das ist bei einem herkömmlichen Foto ja nicht der Fall. Oder können Sie sich vorstellen, das Gesicht eines Menschen von einer Abbildung seines Fußes zu rekonstruieren. Doch mit einem Hologramm kann das gemacht werden, obschon das Bild dann an Differenziertheit einbüßt, je nachdem wieviel vom Gesamtbild benutzt wird. Und das rekonstruierte Ganze wird in seinen Raum-Zeit-Eigenschaften ein wenig anders sein. Auch das Verhältnis der beiden benutzten Strahlen zueinander ist sehr interessant. Ein Strahl muß rein bleiben, während der andere von dem Objekt reflektiert wird, bevor ihre Überschneidung auf der holographischen Platte ein Bild hervorrufen kann.

Die Natur versteht ebenfalls mit dem holographischen Prinzip umzugehen, wie wir an der Gewebsnachbildung sehen können. Auch gehört es zur Grundlage des Cloning, daß aus einigen Zellen das ganze Wesen gebildet werden kann. Eine Art Kraft oder Bewußtsein wirkt hier wie ein holographisches Muster und steuert die Bildung eines Abbildes der Gesamtstruktur, auch wenn nur ein Teil zur Verfügung steht. Diese Idee wird auch von der Kirlian-Fotografie unterstützt, die eine auraartige Strahlung zeigt, welche die fehlende Hälfte eines Blattes nachzeichnet. Sogar wenn ein Teil eines Blattes fehlt, bleibt eine Eigenheit im Rest zurück, die eine kraftvolle Energieausstrahlung ermöglicht, welche in der Kirlian-Fotografie benutzt wird, um ein Abbild des fehlenden Teiles zu gestalten.

Beim Vorgang der Wandlung gehorcht das menschliche Bewußtsein Leitlinien, die den am Hologramm gezeigten sehr ähneln. So bin ich der festen Überzeugung, daß ein unterdrückter oder unterentwickelter Anteil der Psyche eine feine Minderung der Ganzheit zur Folge haben wird. Eine Auswirkung davon könnte zum Beispiel die Unfähigkeit sein, bestimmte Kräfte zu bewältigen, die zur Aufrechterhaltung der Gesundheit notwendig sind, wie etwa die Vitalität, die nötig ist, um entartetes Gewebe abzulehnen. Ähnlich werden diejenigen, die grundlegende oder ursprüngliche Lebenskräfte in sich unterdrückt haben, nicht in der Lage sein, mit den entfesselten und mächtigen Kräften des erwachenden Bewußtseins fertig zu werden. Die Kräfte des Bewußtseins, die sich schließlich als Ganzheit des Gewahrseins ausdrücken, sind untrennbar miteinander verwoben, und keine darf vernachlässigt werden. Darum wird der Vorgang des Erwachens alles herausbringen, was noch schlummerte, um die Ganzheit zu vervollständigen.

Andererseits wird eine Persönlichkeit durch die Hinzufügung neuer Verhaltensweisen ebensowenig umgewandelt wie ein Haus durch einen Anbau. Hinzufügung oder Fortlassung im linearen Sinne stellen keine Wandlung dar, denn eine solche tritt auf allen Ebenen der Struktur gleichzeitig auf. Wenn ein Haus umgewandelt werden sollte, dann müßte es plötzlich aus einem neuen Material bestehen, das alle Teile der Struktur durchzieht. *Eine Wandlung ist radikal. Wenn sie auftritt, wird unser Wesen auf allen Ebenen zugleich neu geordnet und verändert.* Die rationale und folgernde Vorstellung, ein wenig hier und ein wenig dort zu verändern, hat mit Wandlung nichts zu tun. Darauf spielt Erich Fromm an, wenn er schreibt, daß wir nicht nur eine einzelne Verhaltensweise ändern können. Jedes Verhalten hängt mit jedem anderen zusammen.

Wir gehen alle mit dem Gedanken auf den Wandlungsvorgang zu, daß wir ein bestimmtes Problem bearbeiten wollen, wie etwa den Bereich der Liebe und der Beziehungen. Unser Verstand sagt uns, daß wir glücklich sein werden, sobald nur die Frage der Beziehungen geklärt ist. Aber die Probleme der Liebe und des Teilens sind auch Teil des ganzen Selbst. Wenn sie sich ändern, dann ändert sich alles. Es geschieht oft, wenn Beziehungen sich lösen, daß der ganze Zusammenhang der Bedürfnisse, der dann im Hinblick auf die Unzulänglichkeit angesprochen wird, als das sichtbar wird, was er ist. Dabei wird dann der eigentliche Gegenstand der Suche unwesentlich, weil ein viel tieferer Prozeß in Gang gesetzt wurde. In einem ausgeglichenen Bewußtsein sind Beziehungen eine natürliche Gabe des Lebens, nicht etwas, woran man unabhängig von der Harmonie des Ganzen »arbeiten« muß. Wie ich schon sagte, sind wir ungeheuer abhängig von bestimmten Erfahrungsbereichen, und wenn wir uns auf eine Kraft zubewegen, die die ganze Grundlage unseres Erlebens verändern kann, dann ist der Impuls zu fliehen oder zu verleugnen sehr stark. Wir wollen nur einen bestimmten Teil geändert sehen, aber das ist nicht möglich, wenn die Änderung echt sein soll. Wenn wir erkennen, daß *alles* sich ändern wird, wenn eine wirkliche Wandlung stattfinden soll, dann ruft das in uns ein Gefühl der Hoffnung oder der Furcht hervor, und wir öffnen oder verkrampfen uns demzufolge.

Es reicht wohl, wenn ich sage, daß die Wandlung, wenn Sie sich ihr wirklich hingeben, alles ändern wird. Es kann ein feiner oder ein radikaler Wechsel sein, aber es ist naiv, sich einem einzelnen Problem anzunähern, ohne sich dem gesamten Dasein zuzuwenden und sich damit auseinanderzusetzen. Deswegen bin ich auch weniger an den Problemen der Menschen interessiert als am Vorgang der Inspiration und Erkenntnis.

Im Bild der Holographie ist noch eine weitere Schlüsselkomponente des Wandlungsprozesses enthalten. *Wandlung bedeutet, im radikalsten Sinne, die gesamte Kraft in unmittelbarer Anschauung zu erfahren.* Der einzelne, der versucht, eine Krankheit zu heilen, arbeitet oft von einer engen Perspektive aus, die ich als problemorientiertes Denken bezeichne. Wenn wir auf Einzelprobleme zugehen, befinden wir uns auf wackligen Füßen. Wenn wir aber unsere Haltung auf eine Ebene umfassenderer Wahrnehmung heben können, dann wird das Ergebnis ganzheitlich sein. Offenbar können wir nie das gesamte Bild auf einmal sehen, aber wir können versuchen, uns diesem Ziel anzunähern und in unserem Verhalten Eigenschaften entwikkeln, die dieser unerkennbaren Möglichkeit Rechnung tragen.

Worte wie *Achtung, Vertrauen* und *Liebe* beziehen sich auf einen menschlichen Zustand, der entsteht, wenn ein umfassenderes Empfindungsvermögen zugleich mit unserer Alltagserfahrung existiert.

Lassen Sie mich eine Geschichte erzählen, in der das holographische Bild auf andere Weise enthalten ist und eine neue Bedeutung hat. Ein Schüler, der nach der grundlegenden Wahrheit und der Harmonie des Daseins suchte, war durch die ganze Welt gereist. Er hatte seinen Körper beherrschen gelernt und war Zeuge seiner eigenen inneren physischen, emotionalen und gedanklichen Zustände geworden. Dennoch glaubte er, mehr lernen zu müssen. Er hatte auch den unbeschreiblichen Zustand der Einheit und den mächtigen Zustrom der Kraft kennengelernt, von denen er wußte, daß sie zum Erwachen gehören, aber immer wieder wurde er von großer Angst und Leere heimgesucht. Deswegen suchte er einen großen Meister auf. Der Meister begrüßte ihn, indem er ihn nach dem Ergehen des Gefährten fragte, mit dem er die Reise begonnen hatte. Der Schüler antwortete, er habe keinen Gefährten gehabt. Der Meister lachte und sprach: »Aber sicher, wenn du dich nicht erinnern kannst, wen du zurückgelassen hast, dann kann ich dir nicht helfen.« In diesem Augenblick erinnerte sich der Schüler daran, wen er hinter sich gelassen hatte, und wurde mit dem Meister eins.

Was lassen wir hinter uns, wenn wir uns dazu entscheiden, daß noch Tieferes im Leben zu erfahren sein muß? Ganz subtil haben wir damit ausgesagt, daß das, was wir jetzt erleben, uns nicht genug ist. Genau diese Einstellung ist es, die uns ständig weitertreibt auf der Suche nach tieferer Harmonie, während wir noch im Bereich der linearen, zerstückelten Erfahrung leben. Aber irgendwann bringt uns die Suche im Kreis zurück, und wir müssen uns der Gleichgültigkeit, Langeweile, Begrenzung und Angst, aber auch der Wut und Kraft stellen, die dem ursprünglichen Gefühl zugrunde lagen, aufgrund dessen wir nach etwas anderem suchten. Erst wenn wir durch all das hindurchgegangen sind, können wir schließlich die darin verborgene

Kraft – die Kraft unserer Verdrängungen – nutzen und in einen anderen Seinszustand eintreten.

Es gibt gewisse Dinge, die wir nicht mögen. Deshalb suchen wir nach etwas anderem, machen uns aber niemals klar, daß die eigentliche Kraft, nach der wir dürsten, aus der völligen Annahme hervorgeht sowohl dessen, wonach wir suchen, als auch dessen, was wir zurückweisen. Sogar wenn wir von einem Gefühl der Inspiration und Freude geleitet werden, führt uns letztlich das Erwachen nicht nur zur Erkenntnis dieser Anteile, sondern auch zur Erkenntnis des schlichten, weltlichen Selbst, das wir hinter uns lassen wollten. Darum verliert die Meditation auch ihre anfängliche Spannung und wird nach einer gewissen Zeit langweilig und unbequem. Dem gleichen Mechanismus begegnet man in Ehen oder Berufen, die ihren anfänglichen Zauber bald verlieren.

Eine zweite Anekdote wirft ein noch klareres Licht auf die Einheit des Daseins: Ein berühmter Filmemacher geht auf Reisen. Er will seinen endgültigen Stoff finden, denn obwohl er weltbekannt ist, hält er seine Arbeit noch immer für unvollständig. Er trifft auf einen alten Weisen, der ihn auf unaussprechliche Weise anzieht, und er lädt den Mann zu sich nach Hause ein. Eines Tages fragt er den Alten nach dem Geheimnis des seltsamen Gefühles, das er immer hat, wenn der Weise in der Nähe ist. Doch dieser schweigt. Eines Tages entdeckt der Regisseur den alten Mann mit einer Schere auf dem Fußboden des Filmlabors inmitten eines Knäuels zerschnittener Filme. Alle einzelnen Bilder liegen am Boden, während die Taschen des Alten mit den dünnen, durchsichtigen Zelluloidstreifen der Filmränder angefüllt sind.

Da versteht der Regisseur plötzlich das Wesen seines endgültigen Stoffes. Während er sein ganzes Leben lang von jeder einzelnen Geschichte besessen war und auf dieser Ebene nach einer letzten Wirklichkeit suchte, sieht er nun, daß der Raum, aus dem ein jedes Drama hervorgeht, von gleicher Bedeutung ist.

Ich glaube nicht daran, daß es jemals möglich ist, die Kraft aller unserer Dimensionen gleichzeitig zu umfassen und dennoch in dieser Welt physisch und materiell zu wirken. Aber wir können – und müssen vielleicht – lernen, uns über die abhängig machenden Begrenzungen der persönlichen Genüsse und Ziele auszudehnen, um eine Ahnung des tieferen Sinnes zu bekommen. Die Begrenztheit und wohl auch Gefahr, das Leben immer nur aus einer Sichtweise zu betrachten, ohne einen größeren Zusammenhang wahrzunehmen, ist die Arroganz unseres blinden Egoismus. Das wird mir jedesmal wieder beigebracht, wenn ich in eine enge Haltung zurückfalle. Eines der deutlichsten Erlebnisse hatte ich mit einem Kleinkind.

Der Junge, etwa 8 Monate alt, war regelmäßig bei mir zu Hause. Gewöhnlich ließ man ihn in einem Schlafzimmer schlafen, aber einmal bat ich darum, daß er bei mir bleiben sollte.

Ich hatte den Gedanken, daß ich mich mit ihm durch Kraftfelder verständigen könne. Ich war nämlich für Kraftströme sehr empfindsam geworden, wie später noch deutlicher beschrieben wird. Ich dachte, ich könne den gleichen Einleitungsvorgang für eine Energieübertragung anwenden wie in meiner Arbeit mit einzelnen und mit Gruppen. Da lagen wir also zusammen auf dem Bett, und das Kind beobachtete mich. Ich verlagerte meine innere Aufmerksamkeit und sendete ihm einen Energiestrom. Sofort begann es zu weinen. Das hatte ich überhaupt nicht erwartet. Ich versuchte es zu trösten, fühlte mich dabei aber unfähig und ungeschickt, und es schrie nur noch stärker.

Ich hörte dann auf, irgend etwas zu tun und bemerkte, daß es seine Hand vor das Gesicht hielt. Einen Augenblick lang schien für es nur noch diese Hand zu existieren. Ohne wirklich darüber nachzudenken, hob auch ich meine Hand vor mein Gesicht und nahm mich für einen Augenblick als nichts wahr, außer als eine Hand. Da begann das Baby zu lachen, hörte auf zu weinen, und ein faszinierendes Spiel begann.

Durch dieses Kind verstand ich, daß es *das, was es wahrnahm, war*. In dem Moment, als ich mich ebenfalls darauf einließ, hörte mein Bewußtsein auf einzuordnen und tauchte einfach in die Erfahrung ein. Ich folgte seinem Beispiel.

Wir begannen also herumzukrabbeln. Ich *war* alles, was dort war: Fußböden, Ecken, Teppiche usw. Er fand eine Türstoppfeder, die ein schnalzendes Geräusch abgab, wenn man dagegenschnippte. Von dem komischen Geräusch belustigt, schnippte er ein paarmal, jauchzte auf und kroch weiter. Auch ich schnippte daran und erlebte die Freude einer neuen Erfahrung. So waren wir etwa eine Stunde lang zusammen, und es schien, als wäre überhaupt keine Zeit vergangen. Wir waren die ganze Zeit in Kontakt, aber es gab keine Vorstellung von Kontrolle oder von persönlichem Austausch unter uns. Wir waren einfach zusammen gegenwärtig, und gleichzeitig waren wir ein Wesen, nicht wirklich zwei unterschiedene. Ich befand mich in einem veränderten Bewußtseinszustand, der seither normal für mich geworden ist.

Ich hatte geglaubt, daß ich mich mit dem Baby durch die Ausstrahlung einer angenehmen, offenen Energie verständigen könnte. Aber diese Vorstellung beruhte auf der Dualität von er/ich und erzeugte Getrenntheit und Unwohlsein. In der Tat entstand schließlich eine ganzheitlichere Erfahrung, aber meine anfängliche Vorstellung von der Welt und der Verständigung war verschwunden.

Denken Sie nur an all die Vorurteile, die wir darüber haben, die Welt und einander zu ändern. Vielleicht schaffen wir jedesmal stärkere Gegensätze und größeres Leid, wenn wir versuchen, unsere Vorsätze und Hoffnungen zur Verbesserung der Menschheit umzusetzen. (Bewirken diejenigen, die ihre Bewußtseinskraft erhöhen, indirekt eine Verstärkung des Armageddon?) Ich glaube, unsere wirkliche Aufgabe, so schwer sie auch ist, besteht darin, daß wir aufhören, die Welt anhand unserer Vorstellungen verbessern zu wollen, und statt dessen in unsere eigene Mitte zurückkehren, so daß wir die Wirklichkeit von neuem wahrnehmen können.

Indem ich mit der Welt eines Kindes eins wurde, entdeckte ich eine ganz andere Beziehungsart. Ich entdeckte, wie unglaublich konditioniert ich geworden war. Alles, was ich sah oder erlebte, war durch den Filter des einen oder anderen Ichs gegangen. Alles war definiert, eingeschlossen in die richtige Art, darüber Bescheid zu wissen, festgelegt. Diese Starre für nur einen Augenblick lösen zu können, führte zu unmittelbarer Harmonie und Einheit. Können Sie sich vorstellen, was mit den Argumenten in einer politischen Auseinandersetzung geschehen würde, wenn wir einfach die trennenden Filter zwischen den Menschen fortnähmen, die eine bloße Minderung der im Jetzt liegenden Möglichkeiten darstellen? Dazu müßten wir mit dem Erkennen und Lösen der Filter beginnen.

In all den Jahren der Zusammenarbeit mit Gruppen wird von meinen engsten Bekannten oft eine äußerst wichtige Frage aufgeworfen: »Wir können niemandem erklären, worum es eigentlich geht. Wie können wir anderen Menschen nahebringen, worum es sich handelt, so daß sie es verstehen können? Unser Leben verändert sich zutiefst, aber es ist schwer, anderen Menschen zu erklären, wie das geschieht oder warum sie sich uns anschließen sollten.«

Meine Antworten darauf sind unterschiedlich. Manchmal lache ich nur und sage, unsere Arbeit bestünde darin, unter Wasser atmen zu lernen. Eine Zeitlang war eine meiner liebsten Beschreibungen, daß meine Arbeit mit *Kundalinquenz* zu tun habe (von *Kundalini* und *Delinquenz*), weil es um die lustige und ernste Herausforderung gehe, erweiterte Bewußtseinszustände beherrschen zu lernen. Die meisten meiner Antworten lassen die anderen selbst welche finden. Warum müssen wir das wirklich wissen? Damit wir unsere Einzigartigkeit mit einem Etikett belegen können?

Erst allmählich bin ich dahintergekommen, wie weise es ist, keinen festen Griff zum Halten zu haben und kein festgelegtes System. Die Erfahrung des Austauschs muß jedesmal neu und echt sein können. Das Lernen des Seins kann nicht in einem Handbuch abgefaßt werden. Ich bin sehr mißtrauisch gegen jede feste Form, Technik oder Hilfe, die einem hilft, die höheren Bewußtseinsstufen zu definieren, sowohl was die Heilung als auch die Besserung der Welt angeht oder irgendein anderes Problem.

Für viele Menschen ist das Leben eine ständige Meditation, manchmal bewußt, meistens unbewußt. Aber diese bewußte Meditation des Lebens ist fließend – ein ewig wechselnder Wirbel, in welchem jeder Versuch, etwas fest und endgültig zu halten, schließlich zu Schmerz und Störungen führt. Es ist so, als ob wir bei dem Versuch, eine Erfahrung mittels bestimmter Hilfsmittel oder Vorgänge zu wiederholen, sagen würden: »He, gib mir einen Griff, das Leben festzuhalten ... Ich will es wissen, ich will es auf meine Weise haben.« Immer wieder werden wir von unserem Bedürfnis zu verstehen überrannt und legen uns auf eine bestimmte Haltung fest, während die Gezeiten des Wandels fortlaufen. Irgendwann schwingen wir über den Gleichgewichtszustand hinaus wie ein Pendel. Und sobald wir wieder losgekommen sind, schwingen wir wild mit in diesem immer wechselnden Gang. Aus dieser einzigartigen persönlichen Schwingungsart entsteht unsere persönliche Bandbreite der Lebenserfahrung.

Nun, das ist in Ordnung so; es ist unsere Art zu lernen. Vielleicht scheinen wir gerade dadurch hier zu sein, wo auch immer dieses Hier zunächst ist. Aber in meinem eigenen Leben und in meiner Vermittlungsarbeit versuche ich immer, die verschiedenen Anker zu lösen, die den fließenden Tanz unseres Daseins behindern. Das Leben kann nur im Augenblick stattfinden, spontan und verletzlich. Es gibt kein Gewinnen oder Verlieren. Das Leben selbst ist der Lohn, wie es blüht in aller Tiefe und Feinheit, und das ist nicht immer nur spaßig und leicht. Wir müssen lernen, daß die Frage des Glücks unwesentlich ist. Die wesentliche Suche gilt der Erweiterung des Bewußtseins.

Manche Menschen können sich für kurze Zeit eine Welt in ständigem Wandel vorstellen und sind so in der Lage, sich ins Dasein im Jetzt hineinfallen zu lassen. Schwierig wird es dann, wenn sie es später mit dem gleichen Trick versuchen, sich das tiefere Gefühl der Gegenwärtigkeit wiederzuverschaffen, und es nicht funktioniert. Natürlich kann es gar nicht gehen, denn *alles ist im Wandel.* Der Trick oder die Technik hatte an einem bestimmte Augenblick teil, der inzwischen nicht mehr besteht.

Was uns wandelt, liegt nicht in dem Hilfsmittel, sondern in der Kraft unseres Zusammenseins. Es ist mir nicht möglich, meine Arbeit festzulegen oder irgendwelche bestimmten Hilfsmittel anzuwenden. Sie wird aus jedem Augenblick heraus neu geboren. Sie ist eine lebendige Kraft.

Manchmal geraten die Leute darüber in große Angst. Ist die Freiheit nicht zu groß? Kann ich damit umgehen zu wissen, daß so vieles über mein geschätztes Ich hinausgeht? Wir neigen dazu, die Hinweise unserer Lehrer in elterliche Werte umzuwandeln und unsere Glaubenssätze in glückliche Familien. Diese Ängste sind sicher ganz natürlich. Das Wissen darum, daß wir unsere Grenzen erforschen sollen und daß an diesen Grenzen die Liebe darauf wartet, erkannt zu werden, und uns weit über unser Wissen und unsere Vorstellungen hinaus zu erhalten vermag, kann helfen, diese Befürchtungen zu zerstreuen. Das Bedürfnis, einen Namen für diese Arbeit zu haben oder bestimmte Hilfsmittel zur Vorgehensweise, zeigt eine Ecke dieser Furcht, die sich so ausdrückt: »Laß uns die unendliche Weite des Bewußtseins ein wenig faßbarer machen.« Ich bin dabei zu lernen, in der Weite selbst zu ruhen und so viel Raum zu finden, daß ich der Atem und das Leben selbst sein kann. Der grenzenlose, ewige Raum des Selbst betrifft mich weit über alle Worte hinaus. Ich liebe die Grenzen, und ein Teil dieser Liebe besteht darin, die Angst zu kennen.

Die Etiketten und Formen können nur dazu dienen, uns zu zeigen, wo wir gewesen sind, wie Tröpfchen in einer Nebelkammer, die den Weg durchfliegender kosmischer Partikel anzeigen. Die Hilfsmittel dienen dazu, uns einen Zusammenhang zu zeigen und unsere Grenzen achten zu lernen sowie die Natur des Neulandes, das wir betreten. Aber wir müssen begreifen, daß Hilfsmittel zu Hindernissen werden, wenn wir sie anwenden, ohne zu beachten, wie wir sie fanden und in welchem Zusammenhang sie sinnvoll sind.

Als ich Schulmediziner wurde, lernte ich derart viele Drogen und Testverfahren kennen, daß ich eines Tages reinen Tisch machen mußte, um herauszufinden, welche davon wirklich von Wert waren und in welchen Situationen sie wirkten. Ich merkte, wie oft ich eine Droge verschrieb oder einen Test machen ließ, weil ich nicht zugeben konnte, daß ich keine Ahnung hatte. Mir wurde klar, wie sehr ich vom Ausstellen eines Rezepts abhängig war, bis eine bestimmte Kraft in mir herangereift war, mit der ich aus echter Autorität und wirklichem Mitgefühl sagen konnte: »Es wird Ihnen bald bessergehen. Die Heilung wird so und so verlaufen. Sie brauchen keine Medikamente zu nehmen.« Ich lernte, daß ich einer bestimmten Person eine Droge verschreiben konnte im Wissen, daß sie weit über den bloßen chemischen Effekt hinaus wirksam sein würde. Aber andererseits konnte ich auch absichtlich auf eine Verschreibung verzichten, weil ich durch meine Anwesenheit und Bestärkung genügend Vertrauen in eine Heilung hervorrufen konnte. Die Anzahl der wirklich wertvollen und wirksamen Medikamente schrumpfte so auf ein knappes Dutzend.

Ähnlich ist es mit unserer Suche nach den Grenzen des Bewußtseins; es kommt dabei am meisten auf die Echtheit unserer Hingabe an. Oft halten wir es für männlich und direktiv, unseren Vorhaben Ausdruck zu verleihen; das ist es auch, aber in einem tieferen Sinn ist es auch weiblich. Auf unsere Absichten baut unsere zukünftige Entfaltung auf. Sie werden zur Matrix, anhand derer sich die nächste Entdeckung unseres Selbst abspielt. Wenn es unsere Absicht ist, uns selbst zu öffnen und die Tiefen der Liebe zu entdecken und danach zu leben, dann wird, wenn sich das Tor in eine neue Wirklichkeit hinein öffnet, diese Wirklichkeit eine innere Harmonie besitzen, die liebevoll ist. Wenn es unsere Absicht ist, Macht zu gewinnen und zu siegen, dann werden wir plötzlich entdecken, wenn sich das Tor zu einer neuen Kraft öffnet, daß unser Gott ein zorniger ist.

Es ist die Liebe zum Abenteuer und die ungeheure Nähe des Gebens und Nehmens an den äußersten Grenzen unseres Wesens, die mich belebt. Sie ist leidenschaftlich und auf eine Weise sinnlich, die ich nie für möglich gehalten hätte. Diese Eigenschaft ist es, nicht ein Hilfsmittel oder ein Rezept für Erfahrungen, die in die Beziehung zu einem jeden Augenblick hineinführt.

Diejenigen inspirierten Personen, denen ich begegnet bin, die mithelfen, ein neues Verständnis unseres Wesens hervorzubringen, nähern sich dem Leben nicht mechanisch. Sie haben eine Disziplin und eine Lebensweise, die durch die erhöhte Empfindsamkeit für die tieferen Kräfte erforderlich gemacht wird. Sie ist verbunden mit einer ungeheuren Achtung vor dem Lebendigen, ist aber nicht mechanisch. Warum sollte sich irgend jemand in Rituale einsperren, in Dogmen oder Techniken? Sogar wenn wir überhaupt nichts tun, wird sich schließlich jeder Bewußtseinszustand in einen anderen verwandeln. Es liegt an der Illusion unseres *Tuns*, daß wir uns den natürlichen Wandlungsvorgängen widersetzen. Wenn die Notwendigkeit, etwas zu tun, unseren Anteil am Leben charakterisiert, führt uns das zu einer Verengung und verminderten Empfindsamkeit für die Ganzheit des Lebens. Wie ich bereits sagte, ist dies die tiefere Wurzel der Depression. Was also müssen wir lernen? Und warum gibt es derartig viele Hilfsmittel zur Hebung des Bewußtseins und zur Heilung?

Ein Teil der Antwort ist, daß es eben sehr viele unterschiedliche Menschen gibt. Aus diesem Grund teilen wir unsere Wahrheiten auf verschiedene Weise mit. Ein anderer Grund, dem wir unbedingt Beachtung schenken sollten, ist der, daß wir auch Angst haben, Angst vor dem Abenteuer, Angst vor der Unsicherheit, Angst, nicht zu wissen, wie wir uns mit den neuentdeckten Kräften zurechtfinden sollen. Wir wollen äußere Veränderungen schaffen, die unsere neuen Einsichten wiedergeben, ohne uns jedoch innerlich wirklich zu ändern. Wir sind ängstlich damit, unser neues Selbstgefühl in der Welt auszudrücken. Wir würden uns aus unseren Ansichten und dergleichen Formen des Selbstausdrucks gern Sicherheiten schaffen, Eltern, an deren Anerkennung wir uns messen können. Aus diesem Bestreben erblühen dann immer mehr Techniken und Schulen der Transformation. Es gehört zu den Herausforderungen unserer Zeit, die an Erfahrungen und Wegen so reich ist, zu erkennen, daß das Ich unbegrenzt mit Perspektiven und Sensationen gefüttert werden kann, die nach Wachstum aussehen, aber nichts weiter sind als die Fortsetzung unseres Hungers nach Eindrücken. Dann kommt irgendwann der Punkt, an dem Sie bemerken, daß ein Weg ausreicht, wenn Sie dabei bleiben und sich von ihm öffnen lassen.

Eine grundsätzliche Schranke stellt die Täuschung »unserer selbst« dar. Wir vergessen, daß die Wandlung mit der Erweiterung des inneren Bereichs zu tun hat, innerhalb dessen die wirkliche Verständigung stattfindet. Wir werden empfindsamer gemacht, hellsichtig und telepathisch, unsere Wahrnehmungsfähigkeit erweitert sich und wird mit neuen Möglichkeiten versehen, damit wir die Grenzen zwischen uns überwinden können. Unsere Angst, vom Leben ganz ergriffen zu werden, ist die negative Wurzel unserer Identifikation mit den Grenzen – unserer Heimat, dem Volk, dem Glauben. Die positive Wurzel ist unsere innere Verbundenheit.

Der Schlüssel zur Überwindung all dieser Begrenzungen liegt in der bedingungslosen Liebe. Es ist das *Ja,* das uns in die Unendlichkeit führt, das uns über unsere persönliche Realität hinausbringt. Alle anderen Hilfsmittel und Techniken könnten fortgelassen werden, wenn wir nur dieses grundlegende Prinzip achten und uns ihm ganz hingeben würden.

4.
Leben am Rande der Formlosigkeit

Es ist unmöglich, sich zwischen zwei Ebenen zu verständigen; es würde überhaupt nicht funktionieren. Du mußt dich auf eine andere Seinsebene erheben, und dann plötzlich siehst du es. Wenn du die Einsicht und Erfahrung selbst hast, dann erfüllt sich das Vertrauen. Aber bevor du selbst es siehst, mußt du das Vertrauen durch den Glauben haben, einfach um die Wandlung zuzulassen.

Bhagwan Shree Rajneesh

Bei der Erweiterung des Bewußtseins wird eine höhere Ordnung der Energie Teil des eigenen Geistes und in den Körper und die persönliche Psyche hineingebracht. Das Ergebnis ist, daß neue Facetten und Wahrnehmungsfähigkeiten des Bewußtseins, die früher ruhten oder nicht vorhanden waren, sich nun entwickeln können. Wenn solch eine Erhöhung des Zustandes schnell zustande kommt, können die auftretenden Wirkungen sehr radikal sein und sowohl positive als auch negative Begleiterscheinungen mit sich bringen.

Auf der positiven Seite steht die Entwicklung außersinnlicher Fähigkeiten wie auch eine ungeheure Steigerung der persönlichen Ausstrahlung und Ethik sowie eine neue Art von Intelligenz. Auf der negativen Seite besteht die Möglichkeit einer krankhaften Weckung innerpsychischer Neigungen, die entweder dem einzelnen oder auch dem kollektiven Bewußtsein angehören und von dem Individuum zuvor nicht erkannt worden waren. Was das letztere betrifft, kann jede psychophysische Struktur im persönlichen Bewußtsein, die diesem gewaltigen, neuen Energiestrom nicht gewachsen ist, Anlaß für Störungen werden. Wenn das passiert, lernt man, daß jede Anhaftung an Menschen, jede festgelegte Lebensweise, alle starren Prinzipien oder Bedürfnisse zu mächtigen Anziehungspunkten für schmerzhafte Erfahrungen werden können. Jene Menschen, denen nicht bewußt ist, wie sehr sie ihr eigenes Leben und das ihrer Mitmenschen kontrollieren, werden sich gezwungen sehen, diese Muster auf immer tieferen Ebenen neu zu werten, und das kann recht schwerfallen.

Manches, was wir als seelische oder körperliche Krankheiten ansehen, könnte sinnvoller unter dem Gesichtspunkt gebremster oder zu schnell eingedrungener Energie einer höheren Stufe untersucht werden. Vielleicht beruhen alle menschlichen Erfahrungen auf dem Zusammenspiel zwischen Materie und Bewußtsein, wobei Energie die Mittlerrolle spielt. Auf unserem momentanen Entwicklungsstand ist es jedoch nur möglich zu sagen, daß einige seelische und körperliche Vorgänge mit solchen Energieverschiebungen zusammenhängen und aus der weiteren Perspektive der Evolution menschlichen Bewußtseins gesehen werden müssen.

Während auf den normalen Bewußtseinsebenen eine Erfahrung zunächst untersucht und benannt werden muß und wir herauszufinden haben, warum sie stattgefunden hat, bevor wir damit umgehen können, geht die Erfahrung der Wandlung von der Grundlage der Formlosigkeit aus. Wir nehmen das Selbst auf vielen Stufen der Entwicklung und des Ausdrucks von Bewußtsein wahr. Wir bemerken, daß unser persönliches Bewußtsein auf verborgene Kräfte reagiert und daß es die Wahl hat, seine Einstellung zu diesen Kräften und damit auch unsere Erlebnisweise zu verändern. Die mit der Perspektive der Wandlung verbundenen Vokabeln geben das ebenfalls wieder. Wir sprechen immer mehr in Begriffen der *Qualität, Intensität, Amplitude,* der *Feinheit* und *Grobheit* und des *Zyklus* oder *Rhythmus* der beteiligten Kräfte, im Gegensatz zu irgendwelchen festgelegten Äußerungen über ihr Wesen. Die Wortwahl muß die Art wiedergeben, wie die einzelne oder kollektive Psyche diese Kräfte übersetzt. Deshalb sprechen wir von *Offenheit, Durchlässigkeit, Fließen* oder *Starre, Gleichgewicht* und *Weisheit, Kraft* und *Hingabe.* All das bezieht sich auf die dem Individuum angeborene Fähigkeit, an den vieldimensionalen Kräften des Lebens teilzuhaben.

Die Psychologie der Formlosigkeit beschäftigt sich hauptsächlich mit Wechsel und Wandel. Sie bezieht sich auf die Durchlässigkeit oder Transparenz der Ichstruktur, durch die das Bewußtsein gefiltert wird, und regt eine vielschichtige Empfindungsfähigkeit an. Sie geht so weit, daß sie Kräfte anerkennt, die uns zunächst unverständlich erscheinen. Anstatt solche Vorgänge verstehen zu wollen, nimmt man in einem unbedingten Sinn direkt an ihrer Wirklichkeit teil und läßt das Verständnis als eine Folge entstehen, nicht als eine Vorbedingung. Diese Psychologie nimmt körperliche und seelische Vorgänge zur Kenntnis, die verschiedene Stufen der Beziehung zum höheren Bewußtsein spiegeln. Aber sie tut dies, ohne zu urteilen. Indem sie den Wirklichkeitsgehalt einer jeden Stufe anerkennt, lehrt sie gleichzeitig die Methoden zu einer weiteren Offenheit.

Für dieses Sichöffnen ist die Vorstellung der Durchlässigkeit wichtig, der Hingabe an Dimensionen, die umfassender sind, als der Inhalt unserer Erfahrung wiedergeben kann. *Die Durchlässigkeit beschreibt die Perspektive, aus welcher heraus die Wirkung eines Kraftflusses abhängt von der Fähigkeit, darin gegenwärtig zu sein.* Es ist diese Perspektive, aus welcher wir einsehen, daß *unser Verhalten nicht zeigt, wer wir sind, sondern worauf wir uns nicht einlassen können* und auf welche Weise wir uns vom umfassenderen Dasein abtrennen. Dadurch wird die Einzelperson auf die Erfahrung des Selbst als einer Gegenwart vorbereitet, denn die Ausstrahlung unseres Wesens nimmt weiterhin zu, wenn wir stärker am größeren Selbst teilhaben.

Ein Ich aufrechtzuerhalten, das abgetrennt ist und in seinem Gefühl von »meiner« Welt und »meinem« Leben gesondert bleiben muß, kostet Kraft. Was glauben Sie wohl, wieviel Kraftaufwand nötig ist, um Raum und Zeit in einer gewissen Ordnung und Abfolge zu halten (von 9 bis 17 Uhr und Montag bis Freitag)? Was ist mit der Kraft, die für die Definition des Ichs durch Beruf, Planungen und Bezeichnungen (männlich/weiblich, verheiratet/ledig, Protestant/Katholik) erforderlich ist? All das kann als Begrenzung betrachtet werden, die wir in unserem seelischen Haushalt aufgebaut haben. Was glauben Sie, wieviel Kraft jede dieser Festlegungen aus unserer Aufmerksamkeit herausfiltert? Ich glaube, daß es die Unnachgiebigkeit ist, mit der wir an diesen Strukturen hängen und uns damit identifizieren, welche die umfassende Bewußtseinsenergie einschränkt und uns für hochenergetische Krankheiten wie Krebs empfänglich macht.

Ich halte die Kräfte, die solche Festlegungen und Begrenzungen definieren, für sehr wesentlich, denn sie sind für die Zusammenhänge verantwortlich, innerhalb derer unser Selbstbewußtsein sich entwickelt. Indem ich diese Überlegungen aber einmal beiseite lasse, komme ich zu der Auffassung, daß der Prozeß der Selbstentfaltung oder Wandlung eine Rückkehr zu einem ungebundener wirksamen Dasein mit einschließt. Es gibt eine alte Spruchweisheit, die offenbar in einem erwachten Bewußtsein erwachsen ist, in der die Frage gestellt wird: »Wie hältst du etwas fest?« Gewöhnlich antworten wir darauf, daß wir einen Zaun errichten oder es in eine Art Gefäß stecken würden. Aber die wandlungsorientierte Antwort lautet: »Gib ihm allen Raum, den es braucht.« Wenn Sie sich das nächste Mal mit einem Problem herumschlagen, dann versuchen Sie es doch mit diesem Zugang. Öffnen Sie Ihr Bewußtsein und finden Sie den Raum heraus, innerhalb dessen der Vorgang ohne jede Einschränkung Ihrerseits ablaufen kann. Die dadurch gewonnene Kraft kann beträchtlich sein. Die Folge einer solchen Vorgehensweise ist jedoch, daß die alte Rolle, die durch unsere Reaktionen festgelegt wurde, auch aufgelöst wird. Unser Wesen weitet sich und erhält Kraft, aber etwas muß dafür geopfert werden.

Das Leben neigt dazu, dies natürlicherweise zu tun. Das ist

der Grund, warum jedesmal derartig viel Kraft freigesetzt wird, wenn ein grundlegendes Ordnungsmuster gestört wird, zum Beispiel, wenn ein Job ausläuft, eine Ehe auseinandergeht, ein Freund stirbt oder wir im Ausland einen Kulturschock erleiden. Normalerweise erkennen wir das nicht als einen Wechsel im Energiehaushalt oder als eine Chance, daran eine neue Einstellung der Aufmerksamkeit zu erarbeiten. Statt dessen erleben wir nur eine Anspannung im körperlichen, emotionalen und psychischen Bereich, die wir als *Streß* oder *Krise* bezeichnen. Dann versuchen wir diese Veränderungen zu erklären und uns gegen den Auslöser der Streßsituation zu wehren.

Könnten wir den Streß statt dessen als einen Wechsel in unserem Kräftehaushalt wahrnehmen und die resultierende Energie schöpferisch einsetzen, würden Dauer und Stärke der Belastung erheblich vermindert. Das wird am Beispiel der Trauer besonders deutlich. Das Bewußtsein ist durch die Beziehung und den Austausch mit dem geliebten Menschen so stark geprägt worden, daß das Fehlen dieser Person ein großes Loch in der Erfahrung und einen Kraftüberschuß hervorruft. Der Ablauf der Trauerphase und seine Dauer werden dadurch bestimmt, wie wir mit dieser überschüssigen Kraft umgehen. Die mit der Trauer einhergehende Niedergeschlagenheit ist keine Folge eines Energiemangels, sondern eine Folge des Konfliktes um die Umsetzung der Energie. Unter Berücksichtigung dessen können wir die Weisheit vieler Völker schätzenlernen, die den Tod feiern. Je eher ein Mensch die alte Rolle fallenlassen kann, die durch eine frühere Beziehung festgelegt wurde, und die Kraft, die durch den Verlust frei wird, schöpferisch einsetzen kann, um so eher wird sein Gleichmut wiederkehren. C. G. Jung schreibt in seiner Autobiographie, daß er erst nach dem Tode seiner Frau in der Lage war, die wachste Ebene seines Bewußtseins zu erreichen.

Ich gehe hier davon aus, daß es sich um einen Kompensationsprozeß handelt. Die Strukturen, die uns auf einer Ebene mit einer Identität ausstatten (Ehe, Familie, Beruf), binden nämlich, so natürlich sie auch in unserem Leben scheinen mögen, die Kraft, die für die Erkenntnis anderer Erfahrungsebenen nötig wäre. Ich schätze, daß es im Leben einen natürlichen Verlauf und Stellenwert für diese Strukturen gibt, durch welche ohne unsere Einmischung ein viel stärkerer Kraftfluß möglich wäre, als wir es zur Zeit zulassen. Im Prozeß der Wandlung wird die Veränderungsfähigkeit aller Bewußtseinsstrukturen angesprochen, und man bewegt sich langsam von solchen Begrenzungen fort.

Im Gegensatz dazu stellt unser gewöhnlicher analytischer Zugang zur Erfahrung uns vor eine festgelegte Wirklichkeit. Erst wenn wir wenigstens zeitweise diese Bewußtseinslage überschreiten und uns auf einen offeneren und formloseren Teil unseres Wesens einstimmen können, beginnen wir eine andere umfassende und feine Dimension wahrzunehmen. Durch die Erfahrung dieser Dimension werden alle Einstellungen, die wir aus dem normalen Bewußtsein gewonnen haben, in einen neuen Zusammenhang gestellt, und alle Erfahrungen werden einem mehr oder weniger starken Wandel unterworfen.

An dieser Stelle noch ein Wort zur Vorsicht. Bezüglich dieser verschiedenen Bewußtseinsebenen gibt es keine gut/schlecht-Gegensätze oder beurteilende Vergleiche. Es geht nicht darum, daß die erweiterten Zustände des Bewußtseins »besser« als die normalen seien. Wir wollen lieber den Ablauf untersuchen, durch welchen wir eine vielschichtige Aufmerksamkeit erlangen und nach und nach unsere Fähigkeit verfeinern lernen, höhere Kräfte zu bewältigen und zu integrieren.

Der Zugang zu höheren Kräften führt zu einer umfangreichen Wandlung, und es wäre lächerlich zu glauben, man könne sich vom dritten in den vierten Stock des Bewußtseins bewegen, ohne daß dabei starke körperliche und seelische Wirkungen auftreten. Selbst wenn wir gewandelte Menschen in philosophischer und spiritueller Hinsicht über ihre Erleuchtung reden hören oder ihnen begegnen und von ihrer Anwesenheit bewegt sind, so erfahren wir doch kaum etwas über die körperlichen und seelischen Komponenten des Wandlungsverlaufs. Krishnamurti zum Beispiel ging im Alter von 28 Jahren durch einen sehr kraftvollen und schmerzhaften Prozeß, der seine geistige Reife einleitete.

Mein eigenes Erlebnis dieser Art begann an meinem 30. Geburtstag. Das anfängliche Ereignis dauerte etwa zwei Wochen, spitzte sich kurz zu und setzte sich dann mehrere Monate lang ziemlich intensiv fort, wobei Zeiten mit bedeutenden körperlichen und seelischen Belastungen auftraten. Danach verlief das Erlebnis in weniger anstrengenden Wellen, zu Zeiten aber unter ziemlichen Unbequemlichkeiten. Dieses Erlebnis, das ich jetzt meinen »atomaren Zellstörer« nenne, sucht mich noch ab und zu heim. Wenn ich die Gaben bedenke, die zusammen mit ihm gekommen sind, halte ich es nun für einen wunderbaren Freund. Es handelt sich dabei nicht um einen Auflösungszustand, sondern eher um einen Bereich des psychospirituellen Übergangs, durch den das Bewußtsein sehr gekräftigt wird.

Ich unterscheide allgemein zwischen der Anregung von Tiefenschichten, die in der Gruppenarbeit stattfindet, und jener spontanen Öffnung, die ich als *Erwachen* bezeichnet habe. Dennoch sind sie zweifellos miteinander verbunden. Der erstere Vorgang stellt die Einleitung eines höheren Energiezustandes durch einen Gruppenprozeß dar, der die Aufmerksamkeit auf ganz neue Möglichkeiten lenkt. Das Erwachen bedeutet einen Kraftzustrom, der in keinem bekannten Zusammenhang steht und aus eigenem Wesen heraus wirksam ist. Beide Vorgänge sind Erscheinungsformen des gleichen Daseinsbereichs, und der erstere scheint oft dem letzteren vorherzugehen und die Möglichkeit für sein Auftreten zu erhöhen.

Die folgende Beschreibung beruht auf beiden Erfahrungsweisen. Versuchen Sie, sich darin einzufühlen und ein Vertrauen in ihren eigenen Wandlungsvorgang daraus zu gewinnen, auch wenn es schwer ist, den Weg dorthin zu erkennen. Ich beanspruche auch nicht, daß diese Beschreibung allgemein gültig ist. Menschen mit verschiedenen Temperamenten und Charakteren werden zu ganz verschiedenen Wandlungserfahrungen und -tiefen neigen. Ich bin zu der Überzeugung gekommen, daß für jene, die nach einer höheren Entwicklung streben, das Maß, nach dem die Kräfte ein neues Bewußtsein erzeugen können, ebenso durch die geistige und körperliche Gesundheit und Ausdauer bestimmt wird wie durch die Stärke der Absicht. Und es gibt noch einen wichtigen unbekannten Faktor dabei. Natürlich geht das Spektrum der verschiedenen psychophysischen Erscheinungen bei einer Wandlungserfahrung weit über die wenigen hier bemerkten hinaus. Ich kann hier nur von meinen eigenen Erfahrungen und meinem Entwicklungsstand aus sprechen.

Anfangs scheint eine mächtige Kraft im Körper zu erwachen, die ihren Mittelpunkt manchmal in der Brust, dem Kopf oder dem Unterleib hat, oft aber auch diffus wirkt. In diesem Zusammenhang ist das Wort *Körper* nicht mehr ganz richtig, denn es tritt dabei die Wahrnehmung auf, daß man sich über die körperlichen Grenzen hinaus ausdehnt, nicht nur durch die Kraft selbst, die innen und außen zu strahlen scheint, sondern auch durch die Gedanken. Innerhalb eines Augenblicks beginnt man die Worte der großen geistigen Lehrer zu begreifen. Die Erfahrung trägt unsere Vision des Lebens weit über den Bereich unserer früheren intellektuellen Spiritualität hinaus, von der wir jetzt erkennen, daß sie auf das eigentliche Wandlungserlebnis eher hinzielte, als darauf einzugehen.

Es ist interessant zu bemerken, daß Tiere auf die Gegenwart dieser Kraft tatsächlich reagieren können. Sie werden sehr aufgeregt oder sehr friedlich und sind im allgemeinen gern in der Nähe derselben. In manchen erzeugt die Energie Unruhe und Unwohlsein, in anderen Frieden oder Begeisterung. Ich glaube, daß diese Unterschiede jeweils in der individuellen Offenheit und Wandlungsfähigkeit begründet liegen. In Menschen, die mit dieser Kraft in enge Berührung kommen, ruft sie starke seelische Reaktionen hervor. Wer dafür empfänglich und offen ist, wird sich wohler fühlen und daran wachsen; wer sich unbewußt aber dagegen wehrt, wird sich eher unwohl und bedroht fühlen. Doch in beiden Fällen kann die nächste Begegnung schon eine ganz andere Wirkung hervorrufen.

Während dieser Vorgang des Erwachens fortschreitet, verändert sich die vertraute Wahrnehmung von Raum und Zeit sehr stark, und die scheinbaren Grenzen zwischen einem selbst und anderen brechen zusammen. Die Grundlagen des Selbstgefühls beginnen sich auf eine Weise zu verändern, die von der Schulpsychologie noch nicht richtig eingeschätzt wird. Beschäftigungen und Ereignisse, die für die betreffende Person vorher wichtig und motivierend waren, scheinen plötzlich unwichtig zu werden. Das gilt besonders für bestimmte persönliche Beziehungen, während andere tiefer und reicher werden. Persönliche Bezüge, die auf bloßer Gesellschaft und Unterhaltung beruhten, werden grundsätzlich nebensächlicher. Beziehungen, die bisher auf Abhängigkeit und Kontrolle beruht hatten, werden plötzlich fade. Stark emotional geprägte Zustände und besonders emotionale Abhängigkeiten hindern eine Person daran, ihre Mitte in der neuen Kraft zu behalten, und erzeugen beträchtliches Unwohlsein. Beziehungen aus Abhängigkeit oder aus Imagegründen werden der befreienden Kraft des erwachenden Bewußtseins zum Opfer fallen. Ereignisse und Situationen, die früher ganz bestimmte Gefühle erzeugten, können das jetzt nicht mehr.

Alles in allem wendet sich die Aufmerksamkeit von äußeren Ereignissen ab und mehr dem Wesen der Bewußtheit selbst zu. Das fühlt sich gewissermaßen an, als würde man umgekrempelt. Man muß die Energie, die an alte Muster, Beziehungen und Begebenheiten gebunden ist, freisetzen, so daß sich diese Muster auflösen und im Einklang mit den neuen Kräften neu ordnen können.

Es besteht kein Weg, die volle Macht des Erwachens und die neue Wirklichkeit, die in einem erscheint, vorwegzunehmen. Man kann zwar versuchen, den Vorgang als solchen abzuwenden, wird dann aber eine erstaunliche Entdeckung machen. Sich zu widersetzen, ist noch schlimmer: Es ist, als würde man einen wirklichen Liebhaber fortschicken. Sich abzuwenden und wieder an die alten spirituellen Ideen des Gutseins und Lichts zu halten, erfordert sehr große Willenskraft und bringt nur zeitweilige Ruhe. Sobald der Wille nachläßt, wird das Gegenteil wieder verstärkt. Wir müssen daher ein neues Gleichgewicht finden, das weder licht noch dunkel ist. Das Bewußtsein des vierten Stockwerks ist keines des Entweder-Oder.

Die neue Kraft ist unerbittlich, indem sie ein völlig verändertes Bewußtsein fordert. Alte Werte, sogar die höchst geschätzten, funktionieren bloß auf den niederen Ebenen; jetzt wird deutlich, daß ihre Aufgabe nur darin bestand, den Zusammenhalt des Ichs zu gewährleisten. Man muß nicht an eine liebevolle Wirklichkeit glauben. Man wird durch die Notwendigkeit eines Einklanges dahin geführt, oder besser dazu gezwungen, sie zu entdecken. Dann sehen wir zum ersten Mal, wie eng, selbstsüchtig und begrenzend die Art der Liebe ist, die wir vorher gekannt hatten.

Obwohl die philosophischen und ethischen Folgen dieses Erwachens ganz beträchtlich sind, dauert es doch einige Zeit, bis man sie wirklich schätzenlernt. Denn zunächst stehen die körperlichen und seelischen Begleiterscheinungen so sehr im Mittelpunkt der Aufmerksamkeit, daß man von ihrer Intensität fast überwältigt sein kann. Jede einzelne Zelle kann sich so lebendig und vibrierend anfühlen, als wäre sie elektrisch geladen oder atomisiert. Das kann ein furchtbares und unangenehmes oder auch unbeschreiblich seliges Gefühl sein, das aus eigenem Antrieb zu schwanken scheint, bis eine allmähliche Stabilisierung eintritt. Dafür ist ein inneres Gleichgewicht entscheidend, das wir nicht beschreiben können, sondern von Augenblick zu Augenblick erlernen müssen. Es können körperliche Symptome auftreten wie Zittern, Schwäche, extreme Empfindlichkeit gegen Hitze und Kälte, Muskelzuckungen und -krämpfe. Wenn man aber mit dem Strom in Einklang gekommen ist, kann das Gefühl der Kraft und Gesundheit fast übermenschlich sein. Doch selbst wenn innerer Friede herrscht, kann die Anfangsenergie für den Körper einfach zuviel sein – wie bei einem Draht, durch den zuviel Strom geleitet wird.

Meiner Erfahrung nach liegt in dem Vorgang eine eigene, innere Weisheit, die ihn bremst, bevor wesentliche körperliche Schäden auftreten können. Durch persönliche Neigungen kann diese jedoch ausgeschaltet werden. So gibt es manche, die aus unbewußter Gier die Energie noch durch Medikamente oder Drogen zu verstärken versuchen. Das kann äußerst gefährlich sein und ist auch grundsätzlich dumm. Andere bekommen

Schwierigkeiten, weil sie von der Intensität und Macht, die die höhere Energie begleiten, extrem angezogen oder davon abhängig sind. Wenn dann die Energie zur Ruhe kommt, nutzen sie den Vorteil einer Pause nicht, sondern versuchen sie gleich wieder zu erhöhen. Allgemeine körperliche und seelische Erschöpfung mit der entsprechenden Gefahr für die Gesundheit kann die Folge sein.

Ich glaube, daß Gefühlskonflikte einen großen Teil der Erschöpfung erzeugen. Diejenigen, die mit der Kraft versuchen, eine positive oder negative Gefühlsintensität zu verstärken, werden in ihrem Wandlungsprozeß nicht weit kommen, denn einen Gefühlsvorgang, besonders eine Rückzugsreaktion, in einem Zustand erhöhten Gewahrseins zu verstärken, erzeugt eine persönliche Hölle. Stellen Sie sich Ihre Augenblicke des Zweifels, der Angst und Gespaltenheit mit unermeßlich größerer Kraft geladen vor, nicht allein als Möglichkeit, sondern auch in der Fähigkeit, jede Facette der Seele zu einer Einheit zusammenzubringen, und ich brauche dazu wohl nicht mehr zu sagen. Sogar positive Erlebnisse oder Gefühlsekstasen, die oft einen religiösen Charakter annehmen, erschöpfen uns und gehen oft ins andere Extrem über. Solchen Zuständen nachzugeben, kann schwere körperliche oder/und seelische Störungen zur Folge haben.

Es ist nicht meine Absicht, jemanden zu erschrecken, sondern, die Aufmerksamkeit auf die richtigen Stellen zu lenken. Ich selbst verstärkte bei mir solche Zustände und lernte dann, daß ich über sie hinausgehen mußte, um überleben und mein Gleichgewicht finden zu können. Es gibt einen Druck in der Psyche, der die Versuchung dieser alten emotionalen Räume während der frühen Phasen des Wandlungsvorgangs aufrechterhält. Wenn aber das tiefere Bewußtsein entstanden ist, vernichtet seine Fülle und Feinheit schnell die alten Rollen, die das Drama unserer Gefühle gebildet hatte.

Die höheren Energieformen bringen auch die Fähigkeit mit sich, erheblich empfindsamer wahrzunehmen. Es ist, als wäre die Welt lebendig und glühte vor Leben und Licht. Dann wird es möglich, eins zu werden, wahrhaft das Bewußtsein mit Dingen zu teilen, die zuvor eindeutig als außerhalb erkannt worden wären, zum Beispiel mit einem Baum oder einer Kuh auf der Wiese. Man wird für die Gefühle anderer sehr empfänglich und oft auch für ihre Gedanken. Besonders wird die Verbindung zwischen Denken und Fühlen verstärkt, und es wird daraus klar, daß unser Denken und Fühlen einem ineinander verwobenen Erfahrungsbereich angehören. Sie können lachen, wenn jemand anderes lacht, oder weinen, wenn jemand anderes weint. Wo ein Durcheinander seelischer Wirklichkeiten herrscht, kann das innere Gefühl der Verwirrung und Unruhe überwältigend scheinen. Das ist zum Teil ein Grund dafür, daß eine harmonische, um das Thema der bedingungslosen Liebe aufgebaute Gruppenenergie solch eine sichere und deshalb stützende Umgebung für den Beginn dieser Öffnung ist. Das Durcheinander wird gering gehalten, und die Gefühle sind bereichernd und liebevoll. Eine seelische Überreizung ist sehr beunruhigend, bis man gelernt hat, tiefer im Gefühl des Daseins zu ruhen. Dann erkennen wir die unbeschreibliche Einheit allen Seins, und Liebe ist auf dieser Stufe ein Gefühl jenseits aller Worte. Die tatsächliche Getrenntheit zu beobachten, die von Menschen auf der normalen Bewußtseinsebene für Verständigung gehalten wird, ist oft schmerzhaft, bis man es versteht, einfach die Schönheit und Natürlichkeit einer jeden Ebene menschlicher Entwicklung zu schätzen.

Was wir nun von der Erfahrung des Erwachens halten, wird weitgehend durch den Zusammenhang bestimmt, in welchem es auftritt. In einer lebendigen spirituellen Gemeinschaft wird man es bald achten lernen und sich mit großer Dankbarkeit auf das Vertrauen in die weitere Entfaltung stützen. Doch irgendwie geht die wirkliche Erfahrung über alles hinaus, was sich vorhersehen läßt, selbst in spiritueller Umgebung, und man muß darauf gefaßt sein, den bestrickenden Einfluß der spirituellen Umgebung selbst zu überschreiten. Diese letzte Bemerkung bezieht sich auf Beobachtungen, die ich auf meiner Reise und seither bei meiner Arbeit machte.

Ich bin immer wieder erstaunt, wie wenige der sogenannten spirituellen Schulen fähig sind, die Verstärkungsmöglichkeit dieser Energie zu erkennen und dieses Potential im einzelnen zu unterstützen. Auf spirituelle Ideen und Rollen wird so viel Wert gelegt, daß die unmittelbare Erfahrung der stärkenden Gnade verlorengeht und damit auch die Schaffung eines vollkommener verwirklichten Menschen. Ich glaube, daß die meisten herkömmlichen religiösen Organisationen in Wahrheit vor diesen Möglichkeiten Angst haben, weil sie ihre Mitglieder weit von den Glaubensvorstellungen der Gruppe entfremden könnten.

Die negativen Reaktionen der bedrohten Ichstruktur werden viel zu häufig als ein Anzeichen für Besessenheit angesehen, als Einfluß dunkler Mächte oder zu speziell als Persönlichkeitsproblem behandelt. Nur mit einem umfangreichen Wissen über die Psychologie der Wandlung kann man verstehen, daß der Kraftstrom im Wesen neutral ist. Was er bewirkt und wie er eingeordnet wird, hängt einerseits von der inneren Natur (der körperlichen, emotionalen, psychologischen und spirituellen) der betreffenden Person und andererseits vom kollektiven Zusammenhang ab. Und die Fähigkeit des einzelnen spielt mit, den ganzen Vorgang einer neuen, unbekannten, zusammenfassenden Daseinsmitte weihen zu können. Die Kraft, die den ganzen Vorgang umfaßt und stützt, ist die bedingungslose Liebe.

Unsere Wahrnehmung dessen, was uns zustößt, wird gelenkt von unseren Gedanken über den Vorgang. Wir werden zu dem, was wir denken, oder zumindest nehmen wir starken Anteil daran. Da aber das Denken auf dem Gedächtnis basiert und mit dem Ich verbunden ist, welches sich der Wandlung unweigerlich widersetzt, führen die meisten rationalen Gedanken über die Wandlung zu Angstvorstellungen, wirklichkeitsfremder Ablehnung oder Überschätzung. Der Geist muß still werden und in einem neuen Arbeitsbereich ruhen. Das geschieht allmählich, durch gekonntes Meditieren in Verbindung mit einer Menge gesundem Menschenverstand und der Anwendung der Versuch-Irrtum-Methode. Wohl der beste Rat, den ich für den Durchgang durch die Phase, »in der die Gedanken Macht haben«, geben kann, ist, zu meditieren und das göttliche Selbst zu suchen. Die neue Erkenntnisebene beginnt dann in den Zeiten der Stille, wenn die Anstrengungen und Kämpfe beigelegt sind, allmählich zu erscheinen.

Gemeinsam mit der erhöhten Empfindsamkeit eröffnen sich auch andere erstaunliche Gebiete. Bestimmte elektrische Erscheinungen können interessante, manchmal auch unangenehme Empfindungen im Körper wachrufen. Wenn zuvor gedankenlos gegessen wurde, entdeckt man jetzt die hervorragende Kraft zur Änderung der Energiewahrnehmung, die in der Nahrung steckt. Manche Nahrungsmittel erzeugen ein kribbelndes und summendes Gefühl des Behagens, andere hingegen vulkanartige Ausbrüche des Unwohlseins. Manche Lebensmittel erleichtern das Bewußtsein eher und bringen Harmonie hervor, anderen merkt man an, daß sie die Aufmerksamkeit träger machen und uns auf den Boden holen. Es schält sich schließlich ein Muster heraus, wie man die Nahrung benutzen kann, um sich an der Steuerung des Energiestromes zu beteiligen. An manchen Tagen wird es nötig sein, oft und schwer zu essen, an anderen dagegen essen wir besser gar nichts oder nur sehr leicht. Dann wird uns auch verständlich, warum die meisten spirituellen Yogaschulen leichte oder vegetarische Kost bevorzugen. Die Kraft wird durch eine solche Diät geläutert, erleichtert und für höhere Bewußtseinszustände vorbereitet. Solche Ernährung kann für einen Menschen, der gerade lernt, einen kraftvoll erwachenden Energiestrom ins Gleichgewicht zu bringen, jedoch unzweckmäßig oder sogar gefährlich sein. In dieser Situation wird man eher zu kräftigerer Nahrung greifen, um den Vorgang zu beruhigen und Zeiten der Entspannung und Ruhe zu fördern.

Sowohl die Sexualität als auch körperliche Bewegung werden auf völlig neue Weise wahrgenommen. Sexualität kann, wenn man sich ihr nur aus Gewohnheit oder Darstellungsdrang nähert, zu einer unangenehm belastenden und auslaugenden Erfahrung werden. Das fühlt sich dann an, als würde Kraft abgeleitet und dadurch das Gleichgewicht gestört und die Bewußtheit beeinträchtigt. Das kann auch geschehen, wenn man sich nur um eines Partners willen auf Sex einläßt. Wenn der sexuelle Austausch sich jedoch in Einklang mit dem Kraftstrom befindet, kann er zu einem unglaublich erhebenden Akt der Vereinigung werden. Auf diese Weise wirkt er zutiefst heilsam und kräftigend auf den Körper und wird zum Mittler größerer Kreativität und tiefer persönlicher Liebe. Sex kann unter bestimmten seltenen Umständen auch zu einem Aufbau höheren Bewußtseins dienlich sein. Es wird schnell deutlich, daß die Sexualität unterstützend und harmonisierend oder zerstreuend und zerstörend wirken kann, je nachdem, welche Bewußtseinsqualität mit dem Geschlechtsakt verbunden wird. Allgemein gesagt erzeugt Sexualität mit wirklicher Vereinigung eine befreiende Liebe zwischen den Partnern, während zerstörerische Sexualität Bindung und Abhängigkeit hervorruft.

Jeder Teil unseres Wesens wird nach dem Erwachen unmittelbarer als eine lebende Dynamik im Zusammenhang eines größeren Selbst erfahren. Das energetische Erwachen verleiht diesem Selbst plötzlich ein fühlbares und faßbares Dasein. Im Gegensatz zu einem natürlich ausgeglichenen Bewußtsein, das in der tiefen Wahrheit des Jetzt ruht, wird nie wieder eine einzelne, enge Ausrichtung der Wahrnehmung oder eine einfache Festlegung einer Beziehung als angemessen empfunden. Intime Beziehungen, die sich in einem Moment völlig im Einklang befinden, können im nächsten schon auslaugend und störend sein. Bevor sie in eine höhere Dimension eingebettet sind, haben sie keine wirkliche Substanz. Für einen Vorgang, der auf energetischer Ebene stark aktiv ist, kann keine Situation eine Norm festlegen. Als Erwachte sehen wir deutlich, wie gestellt und hinderlich moralistische Sozialnormen sein können. Wenn sich kollektiv ein höheres Bewußtsein entwickeln soll, dann müßten diese Normen einer weit tieferen Integrität Platz machen. Das meint Christus, wenn er diejenigen, die Gottes Wort hören, als seine Familie bezeichnet (Lukas 8,21). Wenn höhere Energie und größere Liebe tatsächlich die Aufmerksamkeit verstärken, müssen die sexuellen und familiären Beziehungen sich verändern, um ein größeres Gleichgewicht unter geringerer Abhängigkeit und Eifersucht möglich zu machen. Die Aussaat des Neuen und der Niedergang des Erstarrten sind die Marksteine des Eindringens höherer Kräfte. Für die starren Strukturen unserer Psyche kann das jedoch als das größte Übel erscheinen.

Ebenso wie die Sexualität auf eine neue Art als Dimension entdeckt wird, Energie zum Ausdruck zu bringen, nehmen wir auch bald die körperliche Bewegung als eine Möglichkeit wahr, Kraft zu fördern oder zu zerstreuen. Wir trainieren den Körper nicht mehr, um die Figur zu erhalten oder weil es gesund ist, sondern als ein feines und ansprechbares Mittel zur Änderung und Harmonisierung des Bewußtseins. Er wird zu einer Klappe, die geöffnet und geschlossen werden kann, um gespeicherte Kraft freizusetzen und dosiert über Körper und Bewußtsein zu verteilen. Das ist etwa beim Laufen der Fall, das, wie jede rhythmische körperliche Tätigkeit, zu einer herrlichen Meditation werden kann. Es kann jedoch zu Unbehagen, Launenhaftigkeit oder Reizbarkeit führen, wenn wir regelmäßig laufen und plötzlich damit aufhören, ohne die Energie so umzuwandeln, daß sie sich in einer umfassenden Weise, das heißt als *Gegenwart* über unser ganzes Wesen ausbreiten kann. *Jede regelmäßige Nutzung von Kraft auf immer gleiche Weise macht uns davon abhängig.* Wir müssen erkennen, daß wir vieldimensionale Energieumwandler sind, deren Wesensausdruck nicht nur von einem bestimmten Bereich festgelegt werden sollte. Ist das doch der Fall, bauen wir unbewußt eine unausgewogene Wirklichkeit auf. Wenn diese Ausdrucksform dann eingeschränkt wird, wie im Beispiel des Joggers, verlieren wir mehr oder weniger unser Gleichgewicht, je nach der erreichten Flüssigkeit unseres Bewußtseins.

Mit wachsender Empfindsamkeit nimmt unsere Fähigkeit zu, körperliche Bewegung subtil und wirksam einzusetzen und aus ihr hinsichtlich einer Ausgeglichenheit des gesamten Bewußtseins einen Nutzen zu ziehen, ohne in stürmisches Training zu verfallen. Man muß sich nicht mehr selbst bestrafen, wird sanfter, fließender. Das erreichen wir, indem wir der Kraft selbst folgen und unsere Vorstellungen über den Verlauf der Bewegung beiseite lassen. Meine körperliche Kraft und Ausdauer ist auf einem unerwartet hohen Stand geblieben, obwohl ich das Ausmaß und die Art der Übungen, die ich früher für wichtig hielt, stark reduziert habe. Was wir als Stärke bezeichnen, beruht zu einem großen Teil auf dem Grad, in dem ein tieferer Kraftstrom in unsere Handlungen einfließen kann. In den ersten Phasen des Erwachens ist körperliche Bewegung eine sehr wirksame Methode, die Energie zu erden oder zu aktivieren. In fast jedem medizinischen Bereich stellen Körperübungen ein kraftvolles Hilfsmittel dar, weil sie grundlegende Kanäle für die Kraft des Bewußtseins bilden.

Zu den weiteren interessanten Begleiterscheinungen der sich vertiefenden Wandlung gehört eine Veränderung des Gedächtnisses. Die Erinnerung an kürzlich stattgefundene Ereignisse scheint zu schwinden oder an Wichtigkeit zu verlieren, weil das Empfinden der Gegenwart so mächtig ist. Im Verlauf der Wandlung gibt es Phasen, die unbequem und unpraktisch sind, besonders wenn das tägliche Leben geradlinig und effektiv organisiert ist und man darauf besteht, daß es so bleiben soll. Es scheint so, als hätte man die Fähigkeit verloren, den Geist dazu zu bringen, daß er sich selbst klar und linear organisiert. Das Leben findet mehr im Augenblick statt, ist fließender, und die Nichtlinearität des Geistes ist eine bloße Facette eines größeren Zusammenhangs. Tritt aber eine echte Notwendigkeit auf, den Verstand auf lineare Weise arbeiten zu lassen, kann man den Wechsel vollziehen. Das Gedächtnis ist nicht verlorengegangen, die Informationen müssen nur auf andere Weise abgefragt werden. Wenn der Verstand tatsächlich aus dem Gedächtnis heraus arbeitet und nur Erinnertes hervorbringt, erscheint er leblos und tot, wenn er nicht in der Lage ist, für den Augenblick wichtige und lebensnahe Inhalte zu vermitteln. Wenn wir die Fähigkeit erlangen, Gedanken und Worte auf diese Weise zu kanalisieren, treten Informationen und Verständnis aus tieferen Schichten des Bewußtseins hervor. Es entstehen eine neue Intelligenz und ein neues Wissen.

Wenn wir lernen, uns auf dieser neuen Ebene zu verständigen, wird deutlich, das unsere Stimme eine Kraft trägt. Der Fluß der Worte, die von der Stimmqualität des Sprechenden moduliert werden, schafft für die Zuhörenden eine Erfahrung von Energie. Man beginnt dann zu verstehen, daß das ständig geschieht. Die meiste Zeit über werden normale Gespräche von so profanen Ebenen des Bewußtseins aus geführt, daß wenig Kraft darin übermittelt wird. Individuen mit geringer Entwicklung des Bewußtseins vergeuden wahrscheinlich aufgrund dieser mangelnden inneren Beteiligung ihre Kraft und vertun damit ihr angeborenes Recht auf den Aufstieg zu höherem Bewußtsein.

Es gibt Menschen, deren Worte sehr viel Energie tragen. Empfindsame Personen spüren diese Kraft als ein inneres Schwingen und achten wachsam darauf, was die von den Worten vermittelte Kraft hervorruft. Weniger wache Menschen können von dieser Energie gefangen werden, und sie schreiben den Sprechern und ihren Gedanken einen Wahrheitsgehalt zu, der keine echte Grundlage hat. Ist diese Kraft groß genug – wir nennen sie dann *Charisma* –, so steht die Wirkung der Worte oft in keinem Verhältnis mehr zur Genauigkeit der in ihnen enthaltenen Information. Wo solch eine Macht auftaucht, ist man zu Recht besorgt in bezug auf die Absichten und die Aufrichtigkeit des Sprechers. Man lernt jene schätzen, die ihre außerordentliche Kraft mit Klarheit und Ehrlichkeit benutzen. Es handelt sich um die gleiche Erscheinung, die bei einem Künstler eine große Aufführung ausmacht. Wenn das Bewußtsein sich bei einer Handlung über die zur Verständigung angewandte Form hinaus ausdehnt, schafft es eine energetische Anwesenheit, die die Aufmerksamkeit des Beobachters fesselt. Diese soeben besprochenen Phänomene zeigen, wie das gerade erwachte Bewußtsein die Wirklichkeit wahrzunehmen beginnt, und unterstreichen die Verantwortung, mit der wir auf diese Möglichkeiten eingehen müssen.

Eine beunruhigende Neuheit für viele, besonders für Männer,

ist der sinkende Ehrgeiz, den sie zuvor durch Konkurrenz zum Ausdruck brachten. Wettkampf ist mit der Empfänglichkeit und Bezogenheit auf den Augenblick, die durch die Wandlung des Bewußtseins gefördert werden, nicht in Einklang zu bringen. Auch körperliche Veränderungen gehen damit einher, die den Muskelpanzer abbauen. Man kann sich wirklich sehr verloren vorkommen, wenn die alten Motivationen ihren Gehalt verlieren und wir neue Wege finden müssen, um unsere Handlungen hervorzubringen und mit Kraft zu versehen.

Das erwachende Bewußtsein mit seiner enorm erhöhten Empfänglichkeit für Energie entwickelt sich auf eigene Weise und erfordert eine besondere Psychologie. Während wir auf den normalen Bewußtseinsstufen mit dem Inhalt von Erfahrungen beschäftigt sind und uns selbst durch Meinungen und alle möglichen Etikettierungen definieren, hat die weiter verwirklichte Person direkten Zugang zu einem Gefühl der Gegenwärtigkeit. Das Verhältnis von Harmonie und Balance in dieser neuen Daseinsweise ermöglicht großartige, höchst sensible Reaktionen auf die kleinsten Behinderungen und Widerstände, die von persönlichen Vorurteilen oder von entwicklungsberechtigten, aber weniger entwickelten Persönlichkeitsanteilen immer wieder erzeugt werden. Wir beachten nur selten, wie jeder Aspekt unseres facettenreichen Wesens mit verschiedenen Meinungen, Werten und psychologischen Strukturen (Stärken, Abwehr etc.) arbeitet und in der ihm eigenen Qualität innerhalb der tieferen Energie schwingt. Wenn wir zum Beispiel zu unpassender Zeit in bedürfnisorientierte oder lebenserhaltende Energiezustände eintreten, schlagen sich diese im Verhältnis zu den stärker ausgeweiteten Kräften als Minderungen und Mißklänge des Gegenwärtigkeitsgefühls nieder. Alte psychische Muster oder starre Glaubenssätze, die unsere Energiestufe behindern oder auf ihrem früheren Zustand festhalten wollen, treten klar hervor. Man kann nun sehen, daß diese nicht an sich verkehrt sind, sondern die Art und Weise anzeigen, wie das Bewußtsein sich verengt und ausdehnt, wenn wir verschiedene Schichten des Selbst berühren. Ich bin der Meinung, daß offensichtliche Minderungen der Kraft im Verhältnis zum umfassenden Daseinsgefühl Entwicklungsfolgen der Persönlichkeitsformung darstellen, das heißt also, daß zur Erlangung eines brauchbaren Selbstbewußtseins innerhalb der größeren Wirklichkeit Grenzen errichtet wurden. Die Einsicht, daß diese Muster nicht bewertet werden müssen, befreit und erhebt uns unmittelbar. Wir können statt dessen an der Herausforderung weiterarbeiten, uns bis zu den vollen Potentialen zu öffnen, wobei wir davon ausgehen, daß diese Muster sich allmählich in der großen Kraft des Seins auflösen werden. Dadurch verändert sich tatsächlich unsere ganze Auffassung von unserer Herkunft und Konditionierung. Zum ersten Male können wir die Kräfte, die uns zu dem gemacht haben, was wir sind, mit Liebe anschauen. Es ist jetzt klar, daß unser derzeitiges Bewußtsein ohne sie nicht hätte entstehen können. Im Hinblick auf die Harmonie ist alles, was mit uns zu tun hat oder hatte, für unser Dasein wichtig. Die große Weisheit des »Du sollst deinen Vater und deine Mutter ehren!« nimmt als ein Wegweiser zu einer höheren Achtsamkeit seine wirkliche Bedeutung an, anstatt als moralische Anordnung Schuldgefühle zu erzeugen.

Im allgemeinen beginnt man mit dem Erwachen der tieferen Energien die Gegenwart zu erkennen. Die Intensität des anfänglichen Erlebens mag nur kurz andauern, Tage, Wochen oder Monate, aber man ist nie wieder derselbe Mensch. Die besondere Bedeutung und Identität, die man mit bestimmten Meinungen, Lebenshaltungen und auch dem eigenen Körper verbunden hatte, werden gelöst, so daß neue Ausrichtungen zustande kommen können. In diesem Sinne handelt es sich um einen Sterbeprozeß, denn das alte Selbst beginnt zu schwinden, und nicht immer sehr anmutig. Doch es gibt kein Zurück zu den alten Lebenshaltungen, und so ist es der Prozeß des Erwachens, der zeigt, wo nach einer tieferen, inneren Wahrheit gesucht werden muß. Dieser unmittelbar erfahrene Kraftstrom fördert spontan und nicht immer sanft eine ganz neue Spiritualität, eine neue Arbeitseinstellung und eine neue Beziehung zu uns selbst und anderen. Wenn eine Glaubensstruktur nicht zu dieser Strömung paßt und günstig auf sie wirkt, wird sie zu einem Hindernis für das Wohlbefinden und muß aufgelöst oder umgewertet werden, auch wenn sie von der Gesellschaft, der Religion oder Wissenschaft anerkannt ist. Alle äußeren Ereignisse und alle Interpretationen unserer selbst werden unwesentlich, sofern sie nicht auf ein Energiemuster weisen, das Unruhe und Disharmonie erzeugt. Wir müssen die Feinabstimmung dieser Kräfte lernen, ganz gleich, welche persönlichen Vorlieben wir in der Vergangenheit hatten. Die Feinabstimmung kommt zustande, wenn wir bemerken, daß die Störungszonen, vom tieferen Selbst aus betrachtet, oberflächlich sind, und auf diese Weise einen Erkenntnisprozeß in Gang setzen, der die Randbereiche verwandelt. Je nach der Tiefe der störenden psychischen Muster kann die Auflösung Momente oder Jahre dauern, aber *es gibt nicht mehr das Gefühl, daß die Störung eine absolute Wirklichkeit oder Ursache besitzt.*

Erhöhte Bewußtheit, die mit dem Prozeß des Erwachens beschäftigt ist, sorgt nicht für sofortige Reinheit des Wesens, sondern für eine neue Dimension des Selbst, die die Muster des niederen Daseins verstärkt und somit enthüllt. Wenn einmal der Kontrast zu einer höheren Kraft geschaffen ist, geschieht die Umwandlung scheinbar automatisch. Das Tempo, mit dem das geschieht, hängt von der Fähigkeit ab, diesen unangenehmen Vorgang zu beobachten, ohne ihn zu unterdrücken, und gleichzeitig die tiefere Energie zu spüren. In die Muster einzutauchen, ohne die Beobachterposition aufrechtzuerhalten und ohne wenigstens eine winzige Menge der Aufmerksamkeit auf die tiefere Energie gerichtet zu lassen oder sie direkt wahrzunehmen, führt zu einem völligen Versinken in den niederen Prozessen.

Das Selbst wird allmählich zu einem Brennpunkt sich überlagernder Kräfte (oder Wellenlängen oder Schwingungsfrequenzen), die aus verschiedenen Dimensionen zu stammen scheinen. Das Selbstgefühl befindet sich in ständigem Fluß, wechselt mit den Umgebungen und Menschen. Die sogenannte Ichgrenze ist nicht mehr der Hauptgegenstand der Selbstwahrnehmung. Sie wird zu einer halbdurchlässigen Membran, die auf feineren Ebenen aus zuvor verborgenen Dimensionen Erfahrungen empfängt. Wo Verständigung vorher durch die Persönlichkeit zustande kam, strahlt sie nun als eine Gegenwart aus. Nach dem anfänglichen Schock dieser vergrößerten Empfindsamkeit kann die Läuterung der Kräfte bewußt gehandhabt werden. Nach und nach findet ein Übergang in einen Zustand des Wohlbefindens und Gleichgewichts statt, der weniger mit dem Streß des äußeren Lebens identifiziert ist und darauf nicht mehr reagiert. Man bewegt sich von einer Haltung der grundsätzlichen Urteile, die feste und programmgemäße Antworten verlangt, dahin, die Qualität der Antworten abzuwägen, während man die Intensität oder Feinheit des Stromes erspürt, der das Bewußtsein durchzieht. Das ist ein wunderbarer Wechsel, denn man ist nicht mehr vorrangig um die äußere Erfahrung besorgt. Statt dessen wird eine Störung oder eine Belastung zu einem Bezugspunkt, der auf die Eigenschaften unseres Bewußtseins hinweist (Gleichgewicht, Flüssigkeit, Starre oder Bedingungslosigkeit, mit denen man den Kräften begegnet).

Die meisten Menschen lernen diese Ebene der Erfahrung nie kennen, weil sie zu festgelegt sind. Die Dinge sind richtig, und die Dinge sind verkehrt; Dinge sollen eine bestimmte Art haben. Hat der einzelne aber einmal die Bandbreite der zugrundeliegenden Kräfte erkannt, die die vieldimensionalen Zustände des Lebens hervorgebracht haben, und sie als transzendentale Kraft erfahren, kann er sich an diese Strömung anpassen, sie integrieren und wieder ins Gleichgewicht bringen. Diese Bewußtseinsqualität ist offener und auf sehr reale Weise liebevoller. Wenn Menschen davon berührt werden, sprechen sie oft davon, daß sich »ihr Herz geöffnet« habe. Ein Gefühl der Inspiration und Einheit tritt auf, in dem man sich selbst und die Welt betrachtet. Zum ersten Male wird Freiheit erfahren. Erfahrungen, die das Bewußtsein früher in Polarisierungen und Kämpfe verwickelten, können jetzt angenommen und harmonisiert werden. Wir können auf dieser neuen Ebene zu einem Gleichgewicht kommen und schließlich bei allen unseren Handlungen immer feinere Bewußtseinsqualitäten ausstrahlen.

Mit dem Wandlungsprozeß gehen gewöhnlich Herausforderungen einher, die an bestimmten Punkten auftreten. Ich erwähnte bereits meine eigenen Befürchtungen, Krebs hervorzurufen. Aber dieses Elend war keinesfalls eine überwiegende Eigenschaft des Wandlungsvorganges. Im Gegenteil, der Vorgang vermittelte (und tut es noch) das Gefühl, als würde man in ein neues Leben geboren. Es ist einfach wunderbar und begeisternd. Aber es gibt auch schmerzhafte und unruhige Bereiche, die als mächtige Lehrer für uns notwendig sind. Es kommt oft vor, daß Menschen im Wandlungsprozeß existentielle Ängste oder die Angst, eine Krankheit zu erzeugen, durchstehen müssen. Ich glaube, daß die letztere Angst meist bei Menschen aus biologischen oder medizinischen Berufen auftritt, weil ihre Phantasie voll von den grauenhaftesten Möglichkeiten steckt. Ich nehme an, daß Persönlichkeitstypen, die zur Ausübung von Kontrolle neigen, es schwerer haben. Jene, die offen sind und sich leicht verändern, haben eine intensivere Empfindung davon, in neue Dimensionen getragen zu werden.

Die Herausforderungen sollten nicht unterschätzt werden. Das körperliche Unwohlsein gegenüber neuen energetischen Wahrnehmungen und das ständige krankhafte Grübeln, das daraus entstehen kann (wie auch echte Fragen in bezug auf die eigene Gesundheit), können das Bewußtsein mancher Personen so sehr einnehmen, daß diese nicht mehr in der Lage sind, in den tiefsten Energiestufen zu ruhen oder ihre Wandlungserfahrung zu schätzen und zu genießen. Wie soll etwa ein Geschäftsmann nach einer 10tägigen Rückzugszeit die Unmenge neuer Eindrücke und Gefühlswellen interpretieren, die ihm begegnet, wenn er nach Hause kommt? Wie soll ein Arzt, der ein emphatisches Mitschwingen mit seinen Patienten entwickelt und ihre Symptome übernimmt, wissen, ob er nicht wirklich krank ist? Im Kontext der Wandlung gesehen, beginnen sie zu erwachen. Im Zusammenhang ihrer Arbeit aber entdecken sie eine tiefe psychische Abwehr, eine Zerreißprobe auf der lebenserhaltenden Ebene. Die Angst vor dem Tode oder dem Kontrollverlust wird zum bindenden Mittelpunkt. Wir müssen mit unbestechlicher Aufrichtigkeit, und indem wir wirkliches Vertrauen und wirkliche Hingabe entwickeln, den Wandlungsvorgang auf einer neuen Ebene handhaben lernen.

Allein die Vorstellung von Vertrauen und Hingabe widerstrebt dem linearen Geist in vieler Hinsicht. Darin liegt die Herausforderung. Wir gehen hier im Westen oft naiv mit Techniken und Mitteln um, die das Bewußtsein verändern können. Dabei verhalten wir uns wie Mechaniker gegenüber einem Auto oder Ärzte gegenüber Patienten. Wir gehen von der unausgesprochenen Forderung aus: Diese Kräfte sollen uns geben, was wir uns wünschen.

Wir nähern uns also unserem eigenen Bewußtsein, als wäre es eine Krankheit, an der wir etwas ändern wollten, damit wir mehr vom Gewünschten erhalten. Oft wird weder der Gegenstand unseres Wunsches verstanden noch die Quelle, von der die Suche ausgeht. Unsere Absicht ist egoistisch und selbstbezogen: »Ich will das tun...« In solchen Fällen ist das Bewußtsein, das die Schleuse zur Wandlung und zum menschlichen Potential geöffnet hat, oft nicht auf das vorbereitet, was es findet. Für einige kann der Vorgang selbst wie eine Krankheit aussehen und auch dazu werden.

Die Wandlung des Bewußtseins ist an sich ein störanfälliger Vorgang. Zu Beginn unserer Suche ist unser Selbstgefühl nämlich in sich begrenzt und unausgewogen im Vergleich zu dem psychischen System, das nötig ist, um die höheren Energien halten zu können. Wir gehen in der Meinung los, uns von A nach B zu bewegen; aber in Wirklichkeit gehen wir nach A′. Wenn wir zu einem größeren Bewußtsein erwachen, werden unsere Vorurteile und Unausgeglichenheiten, aber auch unsere außergewöhnlich verstärkten, latenten Gaben und Vorzüge auf uns zurückgeworfen. Auf den normalen Ebenen werden diese hinreichend ausgeglichen oder lassen sich sogar funktional anpassen (wie zum Beispiel Konkurrenz oder Gier), so daß sie nur in äußerst kritischen Zeiten problematisch werden. Deswegen lernen wir durch Krisen so viel. Während einer Krise ist unser Energiezustand zeitweilig erhöht, wir sind sehr wach und sensibel; und wir sehen und beachten Dinge auf völlig neue Weise. Beim Erwachen der Energie aber ist alles äußerst verstärkt, und ein kleines Ungleichgewicht kann zu einer ernsthaften Störung werden.

Im Bereich höherer Energien erfordert das Gleichgewicht eine viel umfangreichere Beachtung der menschlichen Natur. Was auf den normalen Ebenen verdrängt werden kann, können wir hier nicht mehr leugnen. Wenn unsere Motivation zur Erreichung der höheren Dimension naiv ist, wenn wir zu stark in die selbstbezogenen Egostrukturen verwickelt sind oder wenn wir zum schnellen Urteilen neigen, kann das, was wir finden, wie eine Bestrafung aussehen. Als meine Kraft erwachte, konnte ich mich daran erinnern, an Hunderten von Patienten vorbei durch die Krankenhausflure gelaufen zu sein, ohne mich um sie zu kümmern. Ich hoffte meist sogar, nicht zu einem gerufen zu werden. Von der höheren Energie wurde diese alte Selbstsüchtigkeit und Unempfindlichkeit zerschmettert. Deswegen muß immer wieder betont werden, daß das zugrundeliegende Prinzip, die Basis der Suche, mit *Liebe* entwickelt werden muß und mit einem Verständnis für *Bedingungslosigkeit.* Darum bedeutet Bewußtseinserweiterung und Spiritualität praktisch das gleiche.

Die meisten Prozesse, die in der Lage sind, eine höhere Energie herabzurufen, erwachsen aus der Einsicht des nichtrationalen, spirituellen oder mystischen Geistes. Aber wir verstehen die Dimensionen, die ein solcher Geist umfaßt, kaum und können sie nur kennenlernen, indem wir diese Räume selbst betreten. Es gibt religiöse und spirituelle Schulen, besonders im Osten, die mit den Phänomenen vertrauter sind, die die Bewußtseinswandlung begleiten. Aber man begegnet ihnen dort auf ganz andere Weise. Für uns Westler, die traditionell auf Aktivität und Handeln ausgerichtet sind, ist die entscheidende Notwendigkeit eines abgelösten, unbedingten Zustandes des Bewußtseins schwer einsehbar. Meiner Erfahrung nach ist solch ein Bewußtseinszustand jedoch zur Integration aller tieferen Erfahrungen unserer vielschichtigen Natur unerläßlich. Die weitgehende Erreichung dieses Gewahrseins wird zur Notwendigkeit und steht über der Verpflichtung gegenüber Familie, Beruf und jeder Vorstellung oder analytischen Systematik, die im Hinblick auf die Ganzheit künstlich oder abträglich sind.

Wenn sich jemand auf die Reise des inneren Wachstums macht, kann er weder wissen, wieviel er wirklich von seiner Persönlichkeit in den Prozeß mit einbringt, noch wie tief dieser ihn betreffen wird und wie radikal die zustande kommenden Veränderungen sein werden. Sobald die inneren Prozesse tätig zu werden beginnen und bevor das eigentliche Bewußtsein darüber auftritt, daß sich eine grundlegende Wandlung vollzieht, kann ein ungewohntes Furchtgefühl einen tiefgreifenderen Vorgang ankündigen. Offenbar können zwar auch Wohlgefühl, ja sogar Verzückung auftreten, weshalb wir die Reise fortsetzen, aber wenn wir uns tiefliegenden Änderungen nähern, überwiegt oft die Furcht. Nur sehr wenige können dem Unbekannten furchtlos entgegentreten.

Wir müssen erkennen, daß für den unbedingten Zustand Vertrauen und Hingabe entscheidend sind. Der Verstand nimmt jedoch die Forderung nach Vertrauen allzuoft als einen Hinweis auf unaufrichtige Machenschaften. Aber warum sollten rationale Skepsis und Vertrauen nicht zusammenpassen? Bis zu einem gewissen Grade können sie das. Dann kommen wir aber in einen Bereich, wo Integration und Wachstum keine rationalen Vorgänge mehr sind, die durch Wohlsein, logische Antworten oder ähnliche Sicherheiten bewiesen werden können. Ab hier ist Vertrauen mehr als nur ein Wort. Es wird zu einer gestaltenden Kraft des Energiefeldes und bildet für das Selbst in kritischen Zeiten der Unsicherheit, wenn keine Größe des rationalen Bewußtseins mehr arbeiten kann, eine Art formlosen Gallertboden als Grundlage. Vertrauen und seine Schwester, die Hingabe, sind wie der Mutterleib, in dem alles Bewußtsein mit sich trächtig gehen und reifen kann. In diesem Mutterleib gehen die rationalen Fähigkeiten nicht verloren, sondern sie verschmelzen mit der numinosen Formlosigkeit des Selbst. An Vertrauen und Hingabe gibt es nichts Logisches oder Rationales. Ist das dennoch der Fall, dann handelt es sich nicht um die Art des Vertrauens, die für das Durchlaufen der Wandlung erforderlich ist. Wenn wir dann wieder zum Vorschein kommen und die rationalen Fähigkeiten wieder auf das Leben angewendet werden, dann haben sie einen anderen Unterton bekommen.

Obwohl es kein Rezept für die Auslösung dieser erwachenden Kräfte gibt, da der Vorgang selbst uns belehrt, gibt es doch bestimmte Leitlinien.

Zunächst einmal wird jene psychische Struktur, die man nicht annehmen will oder deren tiefere Untersuchung man fürchtet, eine Quelle des Schmerzes oder des Wahnsinns werden. Während einer Konferenz erwachte ich beispielsweise eines Morgens sehr früh, und gerade in dem empfindlichen Augenblick zwischen Schlaf und Wachen dröhnte eine Stimme in meinem Kopf: »Deine Arbeit ist oberflächlich und unangemessen.« Ich erkannte sofort den Teil meiner Seele, der so empfand, und die Perspektive, aus der die Aussage richtig war. Ich antwortete: »Du hast recht.« Es entstand keine Blockade, kein Grund, weiter darauf einzugehen. Natürlich fuhr ich so ernsthaft wie möglich mit meiner Arbeit fort. Menschen, die keine Kritik vertragen können und sich selbst gegenüber nicht ehrlich sind, die einen Teil von sich vor genauer Beleuchtung verstecken oder abschirmen müssen, werden unweigerlich leiden müssen, wenn dieser Bereich sichtbar wird. Da ist die Fähigkeit, über sich selbst lachen zu können, sehr hilfreich.

Wenn wirklich erwachende Kraft einmal aktiviert ist, werden alle festen Glaubenssätze ausgemerzt. Vermutlich sind es die Gedankenformen über Gott und den Teufel, die die meisten Menschen an ihrer Entwicklung behindern. Ein Beweis dafür ist, daß Gott von einem Volk gegen ein anderes beschworen werden kann. Das hat mit der Erfahrung des Erwachens nichts zu tun. Mir wurde während meiner Wandlung die Einheit allen Lebens bewußt. Aber es gibt verschiedene Stufen der menschlichen Entwicklung, die alle beachtet werden müssen. Ich bin sicher, daß die Vertreter der gerichtsfreudigen Konfessionen und der gewaltsamen politischen Richtungen den höheren Zustand niemals selbst gekostet haben. Wenn sie das tun, werden diese

Strukturen von ihnen abfallen. Die Liebe gehört keiner Religion oder politischen Ideologie an.

Viele Menschen benutzen den Teufel als eine Entschuldigung, um Teile ihres eigenen Wesens abzulehnen, indem sie die Macht darüber einem übernatürlichen Wesen zusprechen. Als wäre es nicht übernatürlich genug, ein Mensch zu sein. Allzuoft dient der Teufel als Etikett für alles, womit das kleinere Bewußtsein nicht fertig werden kann. Ich behaupte nicht, daß es keine Kräfte gibt, die sich, wenn sie auf bestimmten Ebenen des Selbst erfahren werden, bösartig verhalten. Diese Kräfte müssen schließlich bemeistert werden, und zwar nicht, indem sie auf der Ebene zurückgewiesen werden, auf der wir sie zunächst erfahren, und auch nicht, indem wir unterdrückte menschliche Eigenschaften auf sie projizieren. Das gibt ihnen nur weitere Kraft. Wenn das Licht der höheren Kraft in einem Menschen sich ausbreitet, wird ihm oder ihr auf jeweils eigene Weise der Teufel im Inneren begegnen, und die Lösung für diese Erfahrung kann nicht in der Verdrängung bestehen. Solange wir nicht erkannt haben, wie diese Kraft in unserem eigenen Bewußtsein arbeitet, um eine tiefere Einheit vorzubereiten, leben wir weiterhin mit einer gespaltenen Seele, und die tiefere Liebe kann sich nicht ausdrücken.

Gottesfurcht kann sich auf die überwältigende, verwirrende Neuheit und Weite des Erlebens beziehen. Als solche hilft sie im Prozeß der Wandlung die Demut und Weisheit hervorzubringen, durch die wir ausgewogen fortschreiten können. Wir dürfen die Mächte, denen wir auf dem Wege begegnen, zwar nicht unterschätzen. Ein grundlegender Wandel kann aber nur eintreten, wenn wir anerkennen, daß unsere Vorstellungen von Gott und Teufel künstlich und anerzogen sind. Im Laufe der Transformation schaffen diese Ideen begrenzende und zeitweise auch erschreckende Augenblicke, in denen man die Wahl hat, sich in eine erahnte Ganzheit fallen zu lassen oder im Ego gefangen zu bleiben. Die Gedanken selbst stellen die Falle dar, und das Ich hinter ihnen ist das Hindernis. Anhaftungen, sogar an unsere Gottesvorstellung, können im Verlauf des Erwachens das größte Durcheinander erzeugen.

Obwohl das persönliche Bewußtsein versucht, auch während der Wandlung seine eigene Situation einzuschätzen, gelingt ihm das nicht direkt. Eine solche Einschätzung beruht auf Gedächtnisinhalten, die die einzigen rationalen Vergleichsdaten bilden. Das Bewußtsein wird auf dieser Stufe immer versuchen, eine Lösung zu finden, indem es auf frühere Lebensmuster und Energiestufen zurückgreift, um seine Erlebnisse zu erklären. Es wird versuchen, die Vergangenheit in den Blick zu bekommen und in die Zukunft zu projizieren, um durch die Phantasie eines »sicheren« Lebens die Gefühle der Angst und Verwirrung aufzulösen, die den Wechsel der Kräfte begleiten. Auf diese Weise kommt jedoch keine Lösung zustande. Wir haben es nur mit einem wiederkehrenden Bewußtseinsmuster zu tun, das endlos hervorgebracht werden kann, um den Fall in einen neuen Bereich zu verhindern. Wir müssen immer wieder in die Qualitäten von Vertrauen und Hingabe eintauchen, bevor die neue Wirklichkeit in unserem Bewußtsein erscheinen und aufblühen kann.

Bei manchen Menschen kann es auch zu einer völligen Willenslähmung kommen, sobald sie sich an einem bestimmten Punkt der Wandlung völlig fallenlassen. An diesem Punkt beginnen ausgleichende Kräfte sich einzuschalten und die Person wieder in eine schöpferische Beteiligung am äußeren Leben zu drängen. Oft zeigt sich das zunächst im persönlichen oder gesundheitlichen Bereich, aber der Prozeß zielt in seiner Tiefe nicht auf das gesundheitliche, emotionale oder sexuelle Ungleichgewicht, sondern fordert eine tiefere Einbindung ins Leben. Diese Wiedereinbindung ist nötig, um die bereits erlangte Ausweitung zu festigen und zu integrieren. Wenn jemand aber versucht, einen bestimmten Schritt zu machen, begegnet er der erwachenden Kraft, die ihn zur Formlosigkeit hin ausdehnt. Man kann auf diese Weise leicht gefangen sein zwischen der Sehnsucht nach Aktivität und schöpferischem Selbstausdruck und der formlosen Ausdehnung, die sich nicht in materielle Aktivitäten binden läßt. Wenn die innere Weisheit uns in äußere Aktivitäten drängt (Arbeit, Lehre, oder irgend etwas), dann sollten wir an diesem Punkt trotz der ungeheuren Unsicherheit unseren Willen zusammennehmen und die Verpflichtung zur äußeren Form eingehen. Für einen Menschen, der tief in das neue Bewußtsein getaucht worden ist, stellt es eine gewaltige Herausforderung dar, eine kreative Ausdrucksform zu finden, aber es bietet auch Erfüllung und schenkt Lebendigkeit.

Wenn sie auf der Reise entlang dieses Pfades neuen Wahrnehmungen und neuen Aspekten des Bewußtseins begegnen, ziehen viele Menschen auch herkömmliche medizinische und psychologische Erklärungen in Erwägung, um Antworten zu finden, die sie von ihren Ängsten befreien. Die Verstandesfunktionen werden natürlich alle Möglichkeiten in Betracht ziehen, bevor das Loslassen als logischer Schritt erscheint. Doch ist es ironischerweise selten die Logik, die den letzten Lösungsschritt ermöglicht. Statt dessen scheinen wir dazu nicht in der Lage zu sein, bis die Suche selbst uns den Ängsten gegenüberstellt, die wir wegerklären wollten. Wenn außer einer medizinischen oder psychologischen Interpretation des neuen Kräftesystems keine weitere rationale Alternative bleibt, ergreift uns große Sorge. Handelt es sich um eine körperliche Krankheit? Werde ich verrückt? Was wird aus mir werden? Aus diesem Zusammenfluß der persönlichen und kollektiven Rationalität mit einem Vorgang, der unser derzeitiges Verstehen übersteigt, kann eine gänzlich neue Erkenntnisform erlernt werden.

Im Herzen des persönlichen Erlebens liegt die Frage: Bis zu welchem Punkt vertraue ich darauf, daß ich nicht genau das erschaffe oder Opfer von dem werde, was ich am meisten fürchte? Ist dies Wandlung, oder ist es Krankheit, Versagen und Verlust der Ganzheit? Es ging mir doch so gut, was also stößt mir jetzt zu? Wann gehe ich sicher darin, inmitten aller ungewohnten, neuartigen Wahrnehmungen den transzendenten Prozeß zu erkennen und anzunehmen? Wann höre ich auf, Ängste aufzubauen?

An welchem Punkt bezeichnen wir etwas als physisch oder mental oder energetisch? Wir sind noch nicht weit genug entwickelt, diese Unterscheidungen genau treffen zu können. Es gibt außerdem keine Garantien für ein Happy-End. Wäre es uns lieber, uns den Vorgang bloß auf einer energetischen Ebene vorzustellen, als ehrlich nach einer möglichen körperlichen Komponente zu suchen, die ebenfalls beteiligt ist und medizinischer Betreuung bedarf? Wir wissen, daß sich in uns eine psychoaktive Wandlung vollzieht. Aber ist das schon eine Krankheit? Beklommen wenden wir uns mit unseren Symptomen an die herkömmliche Medizin, nur um an einen Psychiater verwiesen zu werden, weil der Befund negativ ist. Wir versuchen mittels eines rationalen Vorgehens eine Facette unserer Angst auszumerzen. Das beseitigt aber die Angst und den Zweifel keineswegs! Sie können eine Zeitlang beiseite geschoben werden, treten aber wieder hervor, sobald die Energie sich auf eine neue Stufe verlagert oder eine Situation die Angst auslöst.

Eine solche rational nicht überwindbare Angst ist eine der großen Gaben des Lebens, wenn wir sie benutzen, um damit die Wandlung zu unterstützen. Wenn das gleiche Muster jedoch nach außen projiziert und nicht aufgelöst wird, folgt daraus ein immer stärkeres Bedürfnis, sich abzusichern gegen immer häufiger angenommene Bedrohungen. In der Medizin sehen wir eine ständig wachsende Zahl an Befunden und Ausgaben. Wir müssen von anderen bestätigt bekommen, daß unsere Ängst keine rationale, definierbare und behandelbare Grundlage besitzen. Wir wollen gesagt bekommen, was wir tun sollen. Wir wollen die Sicherheit erhalten, daß unsere Erfahrung nicht unser Leben bedroht, daß wir bleiben können, wie wir sind. Die Alternative dazu ist, uns bedingungslos in die Ganzheit unserer selbst gehen zu lassen, in einen neuen Raum, in dem Leben und Tod den gleichen Vorgang darstellen. Wir begegnen wieder dem grundlegenden Riß in der menschlichen Seele, der Tod und Auflösung zu unterdrücken sucht. Dieses Mal aber kommen wir dort nicht an, indem wir von einer Krankheit ausgehen, sondern von der ehrfurchtgebietenden Unbegreiflichkeit unserer erwachenden Kräfte.

In der einen oder anderen Form existieren Angst oder Beklemmung als eine Art Todesbereich in jedem Individuum. Sie stellen das Schlüsselmotiv dar, das in seiner befreiten Form das Leben, wie wir es im Jetzt leben, gewissermaßen erschließt. Während die Energieebene ansteigt, festigt sich das Muster und löst sich erst auf, sobald wir schließlich in der neuen Daseinsstufe aufgehen.

Wir glauben vielleicht, daß das Erwachen zu einem höheren Bewußtsein sich in Form einer romantischen Vision erfüllt, in einer selbst ausgedachten Erweiterung des Daseins, im Erreichen neuer Kräfte oder im Beseitigen des als negativ Angenommenen und dem Hervorbringen neuer Werte, die uns und vielleicht die Menschheit erretten. Der Vorgang selbst aber findet einfach statt. Er ist nicht grundsätzlich richtig gegenüber etwas grundsätzlich Falschem, und er führt auch nirgendwohin. Wohin bewegt sich denn die Erde im Raum? Es gibt keine letzte Antwort, die man durch ein besseres Leben finden könnte, wie wir es uns aus der Warte unseres gewöhnlichen Bewußtseins vorstellen. Das alles sind Umstände, die wir gern hervorrufen würden. Viele dieser Bedingungen stellen sich aber als schmerzhafte Störungen heraus, wenn wir eine Kraft wahrnehmen, die in einer Dimension jenseits davon wirkt.

Im Verlauf der Einbeziehung einer solchen Dimension entwickelt sich eine Achtung für das Verhältnis aller sich entfaltenden Ereignisse hinsichtlich eines größeren Kraftzusammenhangs, der sie vereint. Wenn wir uns einem Wandlungsprozeß verpflichtet haben und uns doch über körperliche Symptome Sorgen machen und um unser Wohlbefinden fürchten, hat das nicht so sehr den Grund, daß wir eine bestimmte Situation oder Glaubensstruktur, die eine Antwort zu bieten scheint, suchen oder meiden. Vielmehr wird uns mehr und mehr bewußt, daß wir durch den bloßen Vorgang des Oszillierens, der Annahme, Zurückweisung und Suche immer subtiler und hellsichtiger die Beziehung des Bewußtseins zur Kraft einsehen lernen, die sich als eine neue Art lebendiger Gegenwart formt, die über das Fassungsvermögen des äußeren Verstandes und begrenzten Körpers hinausgeht.

Dafür gibt es keinen Endpunkt, kein Ziel. Und wenn wir

gerade ein wenig mehr von diesem Verständnis in unser ganzes Wesen einlassen können, in unsere Gedanken, unsere Gefühle, unser Fleisch selbst, macht das den Prozeß des Erwachens aus, der von uns als eine Art der Liebe und Weisheit ausstrahlt. Darüber hinaus ist die Erfüllung des Verschmelzens von rationaler und nichtrationaler Aufmerksamkeit, von formhaften und formlosen Ebenen des Selbst nicht vollständig, wenn sie nur in einem Menschen allein stattfindet. Sie wird ständig in den kollektiven Vorgängen ausgedrückt und umgesetzt, die in uns allen und in allem Dasein stattfinden. Wenn wir uns schließlich in ein Verständnis dessen hineingeben, wird uns nicht unbedingt ein Ergebnis beschert, das wir als garantiert erhofft hatten, aber vielleicht ein wenig mehr Mitgefühl und Weisheit in bezug auf die gewaltige, verwobene Vielfalt des Lebens.

5.
Eine Brücke zwischen Seele und Körper

Wenn wir uns auf eine kollektive Stufe der Weisheit zubewegen, sollten wir diejenigen Menschen studieren, die in den Prozeß des erwachenden Bewußtseins bereits eingetreten sind. Ihr Körper, die Verfeinerung ihrer Sinne, ihre besonderen Wahrnehmungen und Meinungen, wie auch ihre ethischen und philosophischen Neuorientierungen erklären im Ansatz, wie die Bewußtseinskräfte mit den physischen und psychischen Zuständen des Ego-Selbst zusammenspielen.

Vom Standpunkt des Arztes, der den Vorgang selbst durchlaufen hat und ihn später in anderen aufflammen sah, mußte ich bemerken, daß die Begrenzungen unserer gemeinhin akzeptierten Ansichten über die menschliche Natur nicht das tiefere Wandlungsphänomen grundlegender Bewußtseinskräfte erfassen. Unser Leben ist so ein- oder zweidimensional, daß wir einfach nicht verstehen können, daß das menschliche Wesen ein vieldimensionaler Empfänger/Umwandler ist, dessen Bewußtsein festlegt, wie die Kräfte erkannt, wie sie umgewandelt werden und welcher Ereignisbereich in unserem Leben an die Oberfläche dringen wird.

Eine Folge davon ist, daß wir die psychosomatischen und psychischen Krankheitsvorgänge weitgehend von den somatischen getrennt haben. Als *somatisch* wird traditionell etwas bezeichnet, wo man eine Gewebsveränderung sehen und einen biologischen Mechanismus finden kann. Daraus können zwar psychische Wirkungen hervorgehen (ein Gehirntumor etwa ruft Persönlichkeitsveränderungen hervor), aber diese sind nur sekundär. Als *psychisch* bezeichnen wir etwas, wo keine körperlichen Veränderungen gefunden werden können, und als *psychosomatisch*, wo keine körperliche Ursache gefunden wird, um körperlich auftretende Symptome zu erklären. Es ist jedoch wichtig, sich klarzumachen, daß wir in der Erfahrung des Erwachens mit Schichten der Bewußtheit verschmelzen, deren Feinheit und Kraft ausreicht, um die Grenzschicht zwischen Körper und Seele zu überbrücken. Es gibt dann einen Energiekörper, ein gegenwärtiges Selbst, das unmittelbar als eine Spiegelung der Ebene und Qualität des Bewußtseins erlebt wird. Gleichzeitig ist der Energiekörper auch ein feiner Ausdruck des physischen Körpers, so daß Änderungen im Kräftesystem auch körperlichen Veränderungen entsprechen und umgekehrt. Die Energiedimensionen bilden also eindeutig eine Brücke zwischen Körper und Bewußtsein, wo vorher nur eine intellektuelle Beziehung möglich war.

Damit geht eine weitere Einsicht einher. Wenn wir unser Verständnis der körperlichen Energieprozesse erweitern, beginnen wir die universalen Aspekte der Wandlung besser zu erkennen, und das individuelle Bewußtsein, die Feinheit seiner Aufmerksamkeit wird zur wesentlichen Sorge. Zu gleicher Zeit lernt man den einzelnen »Körper« als einen dynamischen Seinszustand schätzen, der das Gleichgewicht der kollektiven menschlichen Kräfte spiegelt. Das führt zu einer neuen Medizin, die nicht mehr auf dem Konzept der Krankheit beruht (nicht einmal auf Kreativität, Veränderung und Gipfelerfahrungen), sondern tief in einem radikalen und grundlegenden Bewußtseinswandel wurzelt – dem Erwachen.

Praktisch gesprochen wird eine neue Art der Medizin auf natürliche Weise zustande kommen, wenn wir uns auf die Entwicklung vieldimensionalen Bewußtseins bei allen Individuen, besonders aber beim medizinischen Personal, konzentrieren. Wir tun das bereits, indem wir in der westlichen Kultur die Konzepte der theoretischen Physik mit mystischen und medizinischen Vorstellungen des Ostens verschmelzen. Die Wandlung als solche ist natürlich ein unveräußerlicher Teil der menschlichen Natur, der nicht notwendig mit einem religiösen System identifiziert werden muß. Sie findet einfach statt. Jedes menschliche Wesen kann zu dem Vorgang ein eigenes, freies und undogmatisches Verhältnis finden. In einer so gearteten Medizin kann es keine wirkliche Trennung zwischen Therapeut und Patient geben.

Die Erfahrungen beim Eintritt in diese neuen Dimensionen sagen viel über die ähnlichen – dem normalen Bewußtsein aber verborgenen – energetischen Phänomene bei Krankheiten aus. Was sich dort auf einer unbewußten Ebene entfaltet und schließlich als eine Krankheit hervortritt, kann nun als eine Kräfteverlagerung wahrgenommen werden, die im Zusammenhang mit der Wandlung unterstützt werden kann und sich dann nicht als Krankheit zeigt, sondern als ein Entfaltungsprozeß der psychophysischen Läuterung. Es scheint, als seien das persönliche Selbstbewußtsein und die körperlichen Empfindungen und Deutungen auf dieser Bewußtseinsebene kaum in der Lage, auf die unendlich feinen Kräfte zu reagieren, die auf die Aufmerksamkeit einwirken. Was wir als Symptome oder Krankheit bezeichnen, kann auf anderen Bewußtseinsebenen anders gedeutet werden. Ist unser Sensitivitätsniveau hoch genug, um alternative Deutungen und Beziehungen zuzulassen, müssen wir ein Aufeinanderstoßen von Kräften oder ein Interferenzmuster, das Wahrnehmungen hervorbringt, vielleicht nicht als Krankheit interpretieren.

Schon in frühen Phasen des sich erweiternden Bewußtseins können die meisten Menschen die Annäherung einfacher Krankheiten, wie einer Erkältung, wahrnehmen. Sie können dann die richtigen Schritte zu ihrer Vermeidung einleiten, sich Ruhe und Stärkung gönnen oder aber direkt mit dem tieferen Gleichgewicht innerhalb des Bewußtseins arbeiten, so daß sich die Erkältung nie manifestiert. Wenn man empfindsamer wird, wird deutlich, daß eine Erkältung, Grippe, Allergie und sogar Asthma Teil einer Entwicklung sind, durch die unser persönliches energetisches Gleichgewicht durch das energetische Milieu geändert, meistens erregt wird. Mir selbst passierte es jeden Freitag, wenn ich mit dem Personal des St. Georges Homes, einer Institution, die sehr kreativ mit schizophrenen und autistischen Kindern arbeitet, nach Berkeley fuhr, daß ich grippeähnliche Schmerzen bekam, eine Verengung der Lunge und wäßrigen Ausfluß aus der Nase. Zunächst glaubte ich, krank zu werden, aber dann wurde mir klar, daß diese Symptome immer auftraten, wenn ich mein Bewußtsein konzentrierte und Kraft (eine Aktivierung von Aufmerksamkeit und Gegenwärtigkeit) für die Gruppenarbeit sammelte. Wenn ich die Kraft später in der Arbeit einsetzte, verschwanden die Symptome. Bei dieser Vorbereitung des Bewußtseins für die Arbeit beeinflußte ich irgendwie durch den Aktivierungsprozeß unmittelbar mein autonomes Nervensystem. Die körperlichen Symptome stellten Marksteine dar, um den energetischen Vorgang stärker zu zentrieren.

Die Ausstrahlung des Bewußtseins ist ein Prozeß, an welchem der ganze Körper beteiligt ist. Während der Körper die Energien vermittelt, wird er in einen Zustand dynamischer Belastung versetzt, der wahrscheinlich bei denjenigen zur Krankheit wird, die nicht um den größeren Zusammenhang ihrer Erfahrung wissen. Tatsächlich gefährden auch viele Lehrer und Heiler ihre Gesundheit oder brennen aus, die nicht vollständig die Herausforderung annehmen, eine so schwierige Balance in sich aufrechtzuerhalten. Sie müssen dann bei jemandem Hilfe suchen, der sich in einem höheren Energiezustand befindet, um das Gleichgewicht wiederherzustellen.

Der Energiekörper arbeitet nicht innerhalb der linearen Zeit. Deshalb können wir Energiezustände erleben, mit allen dazugehörigen körperlichen, mentalen und emotionalen Komponenten, die in keiner Beziehung zum gegebenen Moment zu stehen scheinen. Später merken wir dann, daß sie für die notwendige Verfeinerung des Bewußtseins gesorgt haben, um einer folgenden Situation zu begegnen. Auf einer weit weniger bewußten Ebene mag das als vorausschauende Sorge bezeichnet werden, aber es unterscheidet sich davon leicht und erscheint dem erweiterten Bewußtsein als ein kraftspendender Vorgang. Je feiner der Energiezustand, um so weiter ist der zeitliche Rahmen, auf den unser Wesen reagiert. Die Übersetzung einer Erfahrung des verfeinerten Bewußtseins in den Bereich linearer Zeit läuft manchmal auf das hinaus, was wir als Prophetie bezeichnen.

Vor dem Beginn jeder wichtigen Arbeit bemerke ich in verschiedenem Maße den vorwarnenden Verlauf der Anregung von Energie. Ein ähnliches Phänomen tritt jedoch auch als Reaktion auf Kräfte auf, die in keinem offensichtlichen Zusammenhang mit meinen persönlichen Handlungen stehen. Auch diese Kräfte können sich psychisch auswirken und Stimmungen und Verhaltensweisen beeinflussen. Man ist in solchen Sekundärreaktionen leicht gefangen, und ohne eine tiefere Empfindsamkeit, die es ermöglicht, sich auf den energetischen Vorgang selbst zu konzentrieren, gerät man in die Inhalte des persönlichen Lebens. Wenn Sie gesammelt sind, kann die Kraft durch Sie hindurchfließen, ohne daß Sie in die Gefühle verwickelt werden. Diese Ebene der Sensibilität begleitet gewöhnlich die Verfeinerung der Aufmerksamkeit. Für alle, die die Verfeinerung des Bewußtseins gründlich erforschen wollen, ist die Fähigkeit obligatorisch, innerhalb dieser Kräfte Sammlung bewahren zu können. Bei allen Teilnehmern der Gruppenarbeit wird die Fähigkeit höherer Sensibilität und Sammlung wenigstens zeitweise angeregt, und sie erreicht bei einigen wenigen beträchtliche Grade. Das zeugt von der natürlichen Fähigkeit, Zyklen und Rhythmen, die zuvor unbewußt waren, zu erkennen, sich ihnen bewußt anzupassen und sie zu meistern.

Das führt zu einer sehr wichtigen Überlegung über den Streßbegriff. Die Minderung von Streß ist eine der vorrangigen Sorgen der Menschheit geworden. An der Wurzel dessen liegt eine starre Überidentifikation mit dem persönlichen *Ich*. Individuen mit einem erweiterten Bewußtsein sind nicht mehr ausschließlich um das Ich besorgt. Sie nehmen Probleme anders wahr und verhalten sich deshalb auch anders.

Wir müssen das Wesen des Stresses einmal näher unter die Lupe nehmen. Wie streßbeladen eine Situation ist, wird nicht nur von der Intensität der auf uns zukommenden Kraft festgelegt. Auch das Maß an Flüssigkeit und Durchlässigkeit, mit dem wir der Kraft begegnen, bestimmt, ob wir uns von ihr umwerfen oder sie bloß hindurchfließen lassen. Man erkennt ein höheres Bewußtsein an der Entwicklung eines fließenderen Wesens, einer durchlässigeren Qualität der Aufmerksamkeit, welche viele Kräfte mit immer geringerer Anhaftung an Deutungen, die das Erleben einengen, durchlassen kann. Lassen wir die persönliche Kontrolle fahren, wird das Leben sofort streßfrei.

Fähig zu sein, Kräfte aus ihren Mustern zu befreien und für neue Ebenen durchlässig zu werden, ist wichtig. Aber es ist noch etwas ganz anderes, jene Kraft in das äußere Leben ausstrahlen lassen zu können. Eine der großen Herausforderungen unserer Zeit besteht darin, daß viele, die zur Meditation oder anderen vertiefenden Prozessen finden, bei der Rückkehr in die Welt keinen Raum finden, um den neuentdeckten Bereichen Ausdruck zu verleihen. Wenn wir durch die Auflösung erlernter psychischer Strukturen Kraft erhalten, wie das in der Meditation und im spontanen Erwachen der Fall ist, dann aber davon abhängig bleiben, die Kraft in abgeteilte Gebiete des Bewußtseins zurückzuleiten, kann das Ergebnis sehr schmerzhaft sein. Das ist einer der Gründe dafür, warum Menschen zu Beginn ihrer Transformation oft den Weg wieder verlassen wollen. Sie wissen nicht, wie sie die Kraft in ihrem bisherigen Leben unterbringen sollen, weil sie für die alten Schubladen zu groß ist. Die Kraft eines erwachten Menschen strahlt *bedingungslos* als eine Gegenwärtigkeit aus, die alles sanft verwandelt, was sie berührt. Bis wir das beachten und aufhören, Lösungen für unsere persönlich wahrgenommenen Probleme zu verlangen, ist der Wandlungsprozeß sehr schmerzhaft.

Wenn wir Streß unter der Perspektive der Wandlung betrachten, ist das individuelle Bewußtsein in fast jeder Hinsicht bedeutsamer als die Streßquelle. Ja, das persönliche Bewußtsein selbst, bzw. das gesellschaftliche, legt fest, was als streßbeladen angesehen wird. Womit wir uns auseinandersetzen, spiegelt unsere Bewußtseinsebene. Medizinisch gesehen mag es natürlich auch so starke Gifte geben, daß von ihnen die umwandelnde Kraft fast aller menschlichen Wesen überfordert wird. In dem

Falle gilt die erste Sorge der Beseitigung des Giftes oder Streßerzeugers. Aber immer gibt es Beispiele von Menschen, deren Bewußtsein auch Kräften von solcher Stärke begegnen kann, ohne Schaden zu nehmen. Nehmen wir zum Beispiel den Yogi, der ohne zu ersticken in einer kleinen Kiste bleibt. Und Ram Dass erzählt die Geschichte von seinem Guru, der eine ganze Handvoll LSD schluckte, ohne davon beeinflußt zu werden. Oder nehmen wir den Mann aus Kenia, der barfuß auf den Kilimandscharo stieg und, nur mit einer Baumwolljacke bekleidet, die Nacht auf dem vereisten Gipfel zubrachte, während er zu seinem Gott betete. Es ist hinreichend an der Bestätigung solcher Geschichten geforscht worden, um Skepsis unnötig zu machen.

Oder nehmen wir, wenn wir bei bekannteren Situationen bleiben wollen, die Reaktion einer gewöhnlichen Person, die auf einen fürchterlich verstümmelten Menschen stößt. Schaudern, Panik, Zurückschrecken und eine allgemeine Gefühlskrise folgen daraus unwillkürlich. Ein Arzt oder eine Krankenschwester würden der gleichen Situation mit viel weniger Gefühlen begegnen. Ein geübtes, oder besser gesagt, ein erweitertes Bewußtsein kann Streßfaktoren in einen Zusammenhang stellen, in dem sie nicht mehr derartig aufwühlen.

Offenbar müssen wir das individuelle Bewußtsein ebenso beachten wie den Streßfaktor, sei er nun physikalisch, psychisch oder übernatürlich. Es ist das Bewußtsein, das letztlich die psychophysische Reaktion des einzelnen auf den sogenannten Streß vermindert oder verschlimmert. Medizinisch ausgedrückt heißt das, daß die Widerstandskraft wichtiger ist als die eigentliche Giftwirkung. Die Arbeiten von Dr. O. Carl Simonton und Stephanie Simonton haben nahegelegt, daß schon geringfügige Erweiterungen des Bewußtseins die körperliche Reaktion auf Strahlung verändern können. Aus meiner eigenen Arbeit weiß ich, daß viele Personen, die sich mit einer Übertragung höherer Energien durch eine Gruppe auf eine Operation vorbereiteten, günstiger darauf ansprachen und sich schneller erholten, als sie selbst oder ihre Ärzte erwartet hätten.

Noch eine Reihe weiterer Kräfte wirkt auf die Erfahrung des menschlichen Daseins ein: kosmische, galaktische, solare, lunare und kollektive menschliche Kräfte (eine kollektive menschliche Energie spürt man etwa in einem wütenden Volksauflauf). Unsere übliche Reaktion ist, mit unwohlem Gefühl zwischen diesen Kräften hin und her zu schwingen oder von ihnen bestimmt zu werden. Ein bestimmter Mondzyklus ruft beispielsweise in gewissen Abständen ungewöhnliche psychische Kollektivreaktionen – eine Zunahme der Selbstmordrate und unberechenbare Verhaltensweisen – hervor. Es ist auch bekannt, daß die Mondphasen für Veränderungen in der Blutgerinnungsfähigkeit verantwortlich sind. Auch von Sonnenflecken nimmt man an, daß sie einen Einfluß auf Störungen des psychischen und körperlichen Verhaltens beim Menschen haben. Wir vermuten sogar, daß größere evolutionäre Sprünge als Auswirkung erhöhter solarer oder Supernova-Aktivität zustande kamen.

Wir nehmen periodische Wellen der Unzufriedenheit, Verfolgungsangst und Zwistigkeit oder solche des Wohlbefindens, der Offenheit und Kreativität wahr, die viele Menschen zu erfassen scheinen. Normalerweise habe ich bereits den Durchlauf einer solchen Welle bei mir festgestellt und mein Gleichgewicht darin wieder gefestigt, wenn meine Kollegen beginnen, mir von persönlichen Reaktionen zu erzählen. Ich stehe über das ganze Land hinweg mit Menschen in Kontakt, die ein höheres Bewußtsein entwickelt haben und in einer erweiterten menschlichen Familie arbeiten. Von daher kann ich sagen, daß diese Wellen einen sehr weiten menschlichen Bereich erfassen.

Es geht aber auch darum, daß weniger bewußte Individuen diesen Kräften zum Opfer fallen und menschliche Inhalte in einen übermenschlichen Kraftstrom einschalten. Zwar wird über den Inhalt das energetische Wachrufen erkannt, es kann aber nicht genug betont werden, daß der Inhalt zweitrangig, vielleich sogar unwesentlich ist. Es ist jedoch nicht unwesentlich, daß es den menschlichen Inhalten gelingt, die Zeit und Intensität der Woge auszudehnen und sie damit über ihren eigenen Zeitplan hinauszutragen. Das erzeugt einen Widerhall der kollektiven Antwort. Denn obwohl der auslösende Kraftimpuls bereits vorüber ist, findet in der Psyche weniger bewußter Personen eine Reaktion auf sekundärer und tertiärer Ebene statt. Die bewußteren Individuen erkannten die Energie, wechselten in einen Bewußtseinszustand, welcher der Welle ein Durchlaufen mit geringen Störungen ermöglichte, und nutzten die Kraft dann auf möglichst schöpferische Weise. Sie brauchen folglich, nachdem der Eindruck selbst vorüber ist, wenige oder keine verbleibenden Reaktionen mehr zu verarbeiten.

Diese Einsicht ist durchaus bedeutsam. Das normale Bewußtsein kann bei einem solchen Einströmen von Kraft leicht Gründe für einen Krieg konstruieren. Wir finden uns also möglicherweise im Kriegszustand wieder, während der ursprüngliche Impuls, der außerdem anders geartet war als der Inhalt, den wir an ihn hängten, bereits lange vorüber ist. Nun aber müssen wir noch mit all den Energieströmen zurechtkommen, die aus unserer eigenen Reaktion hervorgegangen sind. Wir können auf diese Weise auch die Karmaidee anders verstehen. Der Sturm ist längst vorüber, aber wir sehen die Unruhe, die noch auf dem Wasser herrscht, und fahren fort, uns auf Schwierigkeiten gefaßt zu machen.

Um die Kräfte festzuhalten, die jenseits ihrer Wahrnehmung entsprungen sind, manifestieren viele Menschen sie als körperliche Krankheiten oder Phasen starken emotionalen Aufruhrs. Außergewöhnlich viele Menschen mit schwach entwickelter Feinfühligkeit solchen Kräften gegenüber suchen die Lösung dieser Streßzustände in Krankheiten, die sonst vielleicht nicht einmal existieren würden – oder jedenfalls nur in viel geringerem Ausmaß oder mit ganz anderer Bedeutung für Menschen mit weiter entwickeltem Bewußtsein. Die Behandlung des angenommenen Streßfaktors, sei er nun seelisch, toxisch oder organismisch, stellt oft nur eine erlernte Reaktion auf den durch den Streß erzeugten Inhalt dar. Die Medizin ist zu häufigen Fehlschlägen und enormer Verschwendung verurteilt, solange sie die Behandlung immer stärker am Inhalt menschlicher Reaktionen orientiert, die sich ins Unendliche vermehren. Eine geringe Verfeinerung des Bewußtseins dagegen könnte bereits das gesamte Muster von Streß/Reaktion abschaffen oder wesentlich verändern.

Wir haben heute nahezu mit einer Epidemie unspezifischer Allergien zu tun, dem sogenannten hyperallergischen Syndrom, für dessen Behandlung die herkömmliche Medizin nur schlecht ausgerüstet ist. Unbewußt werden die Menschen immer sensibler für feine und unbestimmte Kräfte, und gleichzeitig wächst täglich der Stau menschlicher Energien. Unsere Verbundenheit auf der Ebene der Sinne, der Wahrnehmung und des Denkens wird immer enger. Die Welt dringt in unser Wohnzimmer ein, und das ist nur der sichtbare Aspekt der wachsenden menschlichen Verbundenheit. Die Trägerwellen unserer Technologie überschwemmen uns dauernd, ob wir die Empfänger nun einschalten oder nicht, und damit geht eine Kollektivierung menschlicher Kräfte auf einer tieferen Dimension einher. Wir senden unseren Ärger, unseren Haß und unsere Angst überall hin, ebenso wie unsere Schönheit und unsere Erfolge. Wir laden uns auf mit der Gewalt und dem Melodrama unseres Lebens, fragen aber nicht nach der Umwandlung dieser Kräfte. Dennoch entfalten sie das psychophysische menschliche Wesen weiter. Auf vielschichtige Weise werden wir für unsere innere Verbundenheit immer empfindsamer. Aber nur diejenigen, die die Brücke zum erwachten Zustand bereits eingeschlagen haben, zum »4. Stockwerk«, haben die bewußte Macht, diese Kräfte wahrzunehmen und mit ihnen zu arbeiten, anstatt nur von ihrer Gnade abzuhängen.

Vor dem erweiterten Bewußtsein wird vieles dahinschmelzen, was wir jetzt für Krankheiten halten. Und zur gleichen Zeit werden wir bemerken, daß viele unserer Methoden gegen Krankheiten eines Verständnisses bedürfen, wie die Bewußtseinskräfte ins Gleichgewicht gebracht werden. Erwachte Menschen werden darum mit Krankheiten derart umgehen, daß sie die bewußte Verfeinerung psychischer Energie in Verbindung mit einer medizinischen Kur anwenden. Heiler, die die Erscheinungen des Wandlungsprozesses gegebenenfalls erkennen können, haben Zugang zu einer größeren Weisheit, innerhalb welcher sie ihre therapeutischen Mittel einsetzen können.

Zum großen Teil geschieht das heute schon in der Bewegung für ganzheitliche Medizin und der Human-Potential-Bewegung. Ich beziehe mich hier vor allem auf unsere neue Einstellung zum Sterben und die verschiedenen Methoden, sich auf den Tod vorzubereiten, wie auch auf die vielen Verfahren, direkt mit der Körperenergie zu arbeiten, Akupunktur, Polarity, Atemtherapien, usw. Es gibt auch sehr nützliche Überlegungen zur Ernährung, körperlichen Bewegung und Streßvermeidung. Jedes dieser Verfahren verändert die Grundeinstellung des Bewußtseins wenigstens zeitweise und arbeitet in diesem Sinne, wenn auch indirekt, an der Durchlässigkeit und dem Gleichgewicht des Bewußtseins selbst. Das Problem an dieser Fülle ganzheitlicher Kuren ist nur, daß sie oft in Konkurrenz zueinander treten, statt daß man den größeren, allgemeineren Zusammenhang der Wandlung anerkennt, in dem sie stehen. – Der westlichen Medizin ist es übrigens intern ebenso ergangen. Jede Technik berührt das Bewußtsein auf einer bestimmten Ebene und schafft eine Verstärkung und Sammlung oder eine Verminderung und Streuung der psychischen Kraft. Dadurch entsteht die Möglichkeit eines neuen Gleichgewichts.

Meiner Auffassung nach hat keine der Techniken eine solche Bedeutung wie das umfassende Bewußtsein und die Gegenwärtigkeit derjenigen Person, die sie anwendet. Menschen, die durch eine grundlegende Wandlung gegangen sind, können durch ihre unmittelbare Anwesenheit in anderen Personen einen Prozeß der Umorientierung in Gang setzen. Auf gleiche Weise erfüllen sie auch eine Methode mit Kraft, wenn sie sie anwenden. Darüber hinaus kann ein umfassenderes Gewahrsein alle möglichen Wege zum Wohlbefinden schätzen und gelten lassen, ohne in bezug auf die Wirksamkeit und Wichtigkeit der einzelnen Wege in eine Konkurrenz- oder Verteidigungshaltung zu geraten. Das erwachte Bewußtsein ist mit der Gegenwärtigkeit beschäftigt, mit der man als einzelner diese Möglichkeiten bei der eigenen Heilung anwendet. Quacksalberei besitzt oft die Kraft, die sie zu haben scheint, weil sie durch ihre Darbietungsweise etwas vermittelt, das der herkömmlichen Methode fehlt. Während die Quacksalberei Ängste ausbeutet, indem sie unberechtigte Hoffnungen erweckt, *erschafft* die Schulmedizin Ängste, derer sie sich dann nicht annimmt. Das ist schade, denn die Umwandlung der in den Ängsten steckenden Kraft würde unsere Heilungen sehr unterstützen. Aus der Sicht eines erwachteren Bewußtseins könnte die unsensible und lieblose Art und Weise, wie die westliche Medizin praktiziert wird, ebensogut als Quacksalberei bezeichnet werden. Ein höheres Bewußtsein würde diesen Begriff jedoch nicht verwenden, denn in dem großartigen Versuch der Entfaltung des Lebens braucht niemand von uns dafür angegriffen oder beschuldigt werden, daß er oder sie hinter den vollen Möglichkeiten zurücksteht. Es ist besser, wenn wir alle zu weiterem Wachstum ermutigt werden.

Wenn wir uns mit der Erweiterung des Bewußtseins beschäftigen und ihre Bedeutung wie auch ihr Verhältnis zur Medizin erörtern, treten zwei wichtige Bereiche in unser Blickfeld. Zunächst gibt es eine ganze Reihe physischer, psychischer und parapsychischer Symptome, die tatsächliche Krankheiten nachahmen – vom nervlich bedingten Zittern und erhöhten Sinnesleistungen über unerklärliche Schmerzen und Empfindungen zu Herzanfällen und Psychosen, die in Verbindung mit Veränderungen im Energiekörper auftreten. Obwohl diese Erfahrungen nicht unbedingt physische Krankheiten bedeuten, gibt es vor dem Erwachen keine andere Möglichkeit, sie einzuschätzen. Wenn wir daher in solchen Fällen eine orthodoxe medizinische und psychiatrische Beurteilung erbitten, kann die Interpretation und Behandlung überflüssig oder sogar verderblich sein.

Wie oft macht nicht ein Schulmediziner eine teure Gesamtdiagnose, nur um herauszufinden, daß zur Stützung eines Befundes keine Anhaltspunkte gefunden werden können. Es mag wohl kleinere Abweichungen im Laborbefund geben, die aber unspezifisch sind. Und wir sind zur Zeit noch nicht erfahren genug, um solch feine physiologische Veränderungen mit Umwandlungen im Bewußtsein in Beziehung zu setzen. Hier wird dann das Wort *psychosomatisch* eingebracht, und ein Schulmediziner wird die Konsultation eines Psychiaters vorschlagen. Das soll kein Argument gegen die herkömmliche Medizin sein, sondern eine Anregung, unsere Medizin in einen größeren menschlichen Zusammenhang zu stellen.

In der ersten und intensivsten Phase meiner Wandlung konnte ich mir meine körperlichen Symptome nicht erklären, und meine Vorstellungskraft lief Amok. Zweimal ging ich zum Internisten, der ein früherer Lehrer von mir war, und ließ mich durchuntersuchen. Beide Male sagte er am Ende, er wisse nicht, was mir fehle, und schlug mir sehr taktvoll eine psychiatrische Untersuchung vor. Ich hatte die intuitive Gewißheit, daß eine solche mich nur weiter verwirren würde. Die medizinische Untersuchung mußte durchgeführt werden, um die Möglichkeit eines Kräftespiels auszuschließen, das mit Hilfe herkömmlicher Methoden leichter zu bewältigen wäre. Nachdem die Ansätze der Schulmedizin erschöpft waren, wußte ich, daß die Lösung nur von mir selbst kommen könnte; was sie auch tat.

Wenn die einzelnen Heiler begonnen haben, die Wandlung ihres eigenen Bewußtseins zu erkennen, können sie helfen, ein neues Verständnismodell für die Erfahrungen ihrer Patienten zu schaffen. Dieses müßte die Grundvorstellung des menschlichen Wesens als eines vieldimensionalen Energieumwandlers enthalten und die Idee, daß persönliche, körperliche und psychische Inhalte eigentlich Widerspiegelungen eines umfassenderen, verwobenen Verhältnisses zum Leben sind. Diese Kräfte können in Harmonie gebracht werden, indem wir sie durch direkten therapeutischen Einsatz von Nahrung, Körpertraining, Unterwassertherapie, Massage, Entspannungstechniken und Meditation verfeinern und ausgleichen, um nur einige grundlegende Ansätze zu erwähnen.

Das Wichtigste an einem solchen Modell ist die Fähigkeit, den transformativen Zusammenhang so zu vermitteln, daß wir die Evolution unseres Wesens und unserer Kraft erkennen und im Prozeß selbst die Rechtfertigung dafür finden. Die in diesem

Zusammenhang angewandten Hilfsmittel sind nur Methoden, um die Bewußtseinsenergien anzuregen, zu beruhigen oder auszugleichen. Die Anwendung von Energieausgleichstechniken hat nicht nur für den symptomatischen Bereich, der mit der Wandlung einhergeht, einen Wert, sondern für jeden Krankheitsverlauf, besonders für solche wie Krebs (den ich für einen hochenergetischen Prozeß halte).

Der Heilende muß selbst eine gewisse unmittelbare Erfahrung mit dem Wandlungsprozeß gemacht haben, um die feinen Dimensionen erkennen zu können, die den sichtbaren Symptomen zugrunde liegen. Psychoanalytische und psychologische Einsichten sind wichtig, aber sie vermitteln nicht unbedingt eine direkte Erfahrung des Wandlungsprozesses, verhüllen ihn manchmal sogar. Man muß in der Lage sein, den Energiezustand der betreffenden Person unmittelbar wahrzunehmen, und so mit diesem mehr oder weniger in bewußten Austausch treten, um zu erkennen, in welcher Tiefe in den Verlauf eingegriffen und er vielleicht unterstützt werden kann. Auf diese Weise wird die Verstärkung und Verfeinerung der Kraft gefördert anstatt unterdrückt, wie das die meisten herkömmlichen Therapien bei hochenergetischen seelischen Zuständen tun. Heiler können den Energieausgleich direkt vornehmen, wenn sie einmal in den Wandlungsprozeß eingeweiht sind und gelernt haben, Kräfte zu verfeinern und zu übertragen.

Wenn wir ein analytisches Modell oder ein Verhaltensmodell aufstellen, versuchen wir, eine Erscheinung auf der Ebene der Wirkung, nicht der Ursache zu verstehen. Die herkömmlichen psychiatrischen Methoden verlangsamen oder zerstören häufig einen im Grunde schöpferischen Vorgang, so erschreckend oder bizarr er auch wirken mag. Eine Erfahrung von vieldimensionaler Bedeutung zu unterdrücken, kann zu einer andauernden Einschränkung des Bewußtseins des Betreffenden führen. Es ist ein äußerst feines energetisches Gleichgewicht nötig, um diese Vorgänge zu läutern, und es erfordert wo immer möglich die kreative Einbeziehung solcher Erfahrungen in das Leben der Person, ohne deren gesamten Energiezustand zu weit zu senken.

Kann das nicht erreicht werden, so mag die betreffende Person funktionieren, aber die tieferen mystischen Verfeinerungen des Bewußtseins treten nicht hervor.

Wenn der energetische Prozeß nicht ausreifen darf und als Wandlungsmöglichkeit nicht anerkannt wird, so ist meine Sorge, daß daraus eine Krankheit entstehen kann. Bedenken wir einmal, daß bei Schizophrenen die Krebsrate nur ein Viertel derjenigen der sonstigen Bevölkerung beträgt. Möglicherweise sollte in Erwägung gezogen werden, daß psychotische Prozesse unverarbeitete Beziehungen zu höheren Kraftpotentialen darstellen. Vielleicht spiegelt der Krebs eine nicht ausreichende Durchlässigkeit für höhere Kräfte oder die unbewußte Unterdrückung höherer Seinszustände wider. Kürzlich brachte ich diese Gedanken bei einer Konferenz der Gesellschaft für Transpersonale Psychologie vor. Ein teilnehmender Psychiater erklärte mir, daß mein Gedankengang ihm eine Einsicht bezüglich einer Patientin gebracht hätte. Er hatte eine schizophrene Frau jahrelang behandelt und sie »geheilt«. Dann bekam sie Krebs. Während sie schizophren war, hatte sie zu ihm eine gute Beziehung gehabt, als sie aber Krebs bekam, haßte sie ihn. Leider unterdrücken unsere »Heilungen« manchmal höhere Vorgänge.

Schizophrene Störungen sind im allgemeinen höher energetisch als das Normalbewußtsein, innerhalb dessen der Therapeut eine Verbindung mit dem Klienten sucht. Deshalb besteht unser derzeitiger Behandlungsansatz in der Symptomunterdrückung mittels Drogen. Es stimmt zwar, daß viele Schizophrene offenbar geringe Aktivitäten zeigen, das darf aber nicht mit einem niedrigen Energiezustand verwechselt werden. Meine Erfahrungen mit autistischen Kindern zeigten, daß diese sich zwar sehr zurückziehen, was ihr Verhalten anbetrifft, doch ihr Kraftfeld ist sehr weit ausgedehnt, und sie sind auf feineren Ebenen außergewöhnlich sensibel. Meiner eigenen Erfahrung nach und auch Erfahrungen zufolge, die ich in Ashrams beobachten konnte, können Personen, die in einem hohen Energiezustand zutiefst desorientiert sind, in der Gegenwart eines Menschen mit erwachtem Bewußtsein sich festigen, ihr Gleichgewicht finden und arbeitsfähig werden. Dieses weitere Bewußtsein wirkt wie ein Behälter oder eine Gebärmutter, worin der gestörte Bereich sich sicher auflösen und entlastet werden kann. Genau diesen Vorgang vermitteln die Lehrer der höheren Energien den Menschen in ihrer Umgebung.

Unsere heutige medizinische Wissenschaft erkennt eine vermittelnde Energiedimension, die Bewußtsein und Form miteinander verbindet, nicht an – eine Dimension, die in höheren Bewußtseinszuständen zu einer lebendigen Gegenwart wird. Das soll nicht heißen, daß die Gegenwart einer höheren Kraft alle psychiatrischen Probleme zu lösen vermag. Es kann auch das Gegenteil eintreten und sich eine sogenannte Psychose verstärken. Hohe Energie verstärkt alles. Oft erreicht die Intensivierung körperlicher und psychischer Vorgänge während der Wandlung den Höhepunkt, kurz bevor der Übergang zu einem neuen Gleichgewicht stattfindet. Jede Kraft, die die »Krankheit« anregen oder beruhigen kann, arbeitet offenbar direkt auf der verursachenden Ebene und kann schließlich helfen, sie aufzulösen.

Wir müssen bereit sein, Menschen in ihr eigenes Schicksal zu entlassen, wie auch bereit sein, unsere allererste Verpflichtung in unserem eigenen Wandlungsprozeß zu sehen. Manche Heiler und Therapeuten sind so damit beschäftigt, anderen zu helfen, daß sie es für unwesentlich halten, sich selbst zu vollenden. Die herkömmlichen Heilweisen sind in der Wahrnehmung des Kräfteflusses bei Krankheiten nicht weit gekommen, weil nur wenige Individuen eine Wandlung von hinreichender Tiefe durchgemacht haben, um die Energie gegenüber schwereren psychischen Störungen als eine psychoaktive Gegenwart einsetzen zu können. *Gemeinsam* jedoch können Menschen ein Kraftfeld erzeugen, das feiner und weit stärker ist als die Gegenwart irgendeines Individuums. Deshalb sind wir bei der Behandlung schwerer psychischer Störungen statt der Einzeltherapie von selbst zu Gruppen und Milieutherapie übergegangen. Mit fortschreitendem Wissen über das Sammeln und Verfeinern einer Gruppenkraft werden Gruppenprozesse auf Ebenen gebracht werden, die sich die herkömmlichen Therapien nicht einmal vorstellen konnten.

An diesem Punkt wird es wichtig, das Bewußtsein der heilenden Personen in Betracht zu ziehen. Solange bei ihnen die Täuschung eines abgesonderten Ichs vorherrscht, wird ihr heilerischer Zugang überwiegend mechanistisch und linear bleiben. Ihre Maßnahmen werden deshalb nur innerhalb einer engen Erfahrungsbreite wertvoll und wirksam sein und sogar die Möglichkeiten tieferer Integration stören. Wenn das Bewußtsein sich zu feineren Ebenen erhebt, wird der Ansatz des Ich-bin-von-dir-getrennt schließlich als Täuschung entlarvt. Die Handlungsweise kann auf einer Ebene sehr mechanistisch aussehen (der Chirurg bringt in einem Bein etwa eine Schiene an, um einen Bruch zu reparieren), aber es findet eine viel tiefere Verschmelzung und Verbindung der Kräfte statt. Wenn der Heiler sich bewußt auf diese Kräfte einstimmen kann, wird in der Behandlung eine neue und feinere Energieebene erreicht. Eine Operation durch einen Chirurgen kann also für einen bestimmten Patienten in einer bestimmten Situation unglaublich wirkungsvoll sein, weil ein Einklang vorhanden ist. Die gleiche Operation geht bei einem anderen Patienten daneben, weil die Einstimmung fehlt. Jemand mit erwachtem Bewußtsein könnte leicht die richtige Arzt-Patient-Zusammensetzung herausfinden oder, was weit wichtiger wäre, den einzelnen beibringen, sich aufeinander und auf die tieferen Kräfte derart einzustimmen, daß sie ihre gemeinsamen Möglichkeiten weitestgehend verwirklichen können. Es ist fast unmöglich, den Unterschied zu beschreiben, den eine eingestimmte und vereinte Bewußtseinsqualität schon bei ganz profanen therapeutischen Maßnahmen ausmacht. Man kann die Temperatur messen, und die betreffende Person fühlt sich dabei geliebt. (Wir ziehen bei dieser Erörterung gar nicht in Betracht, was ein solches Verständnis im Zusammenhang von Erziehung, Politik oder Wirtschaft bedeuten könnte.)

Man muß den energetischen Zusammenhang, innerhalb dessen eine Maßnahme steht, untersuchen, nicht nur die äußeren Eigenschaften der begabtesten Heiler. Es ist ihr Bewußtsein, das die Technik, die wir beobachten können, verfeinert und verstärkt. Sie können sich wissentlich in einen Bereich der Gleichgestimmtheit mit einem »anderen« Individuum versetzen, das das »Objekt« ihrer Untersuchung darstellt. Viele gute Heiler besitzen diese Fähigkeit in hohem Maße, aber sie ist ihrem Bewußtsein verborgen. Sie verlassen sich also auf ihre Technik und rühmen dieselbe auch als Lehrer. Selten beachten sie den Bewußtseinszustand, in dem sie sich befinden, wenn ihre Technik wirksam ist. Ein erwachtes Bewußtsein kann bei solchen Heilern und Lehrern ein aktiviertes Kraftfeld wahrnehmen, das während ihrer Arbeit aufleuchtet. Es stellt das eigentliche Medium dar, welches ihre Arbeit vermittelt. Wenn man versucht, Heilern diese Beobachtung mitzuteilen oder ihnen Wege zu zeigen, wie sie dieser Dimension gegenüber offener werden können, geben sie sich interessanterweise oft widerstrebend, ja ängstlich. Ich schließe daraus, daß manche Seelen in ihrer Rolle besser funktionieren, wenn sie dabei ihr Bewußtsein selbst einengen. Aber wir stellen fest, daß es ein Kraftfeld *gibt*, das in jedem Heilungsritual und jeder menschlichen Wechselwirkung erweckt wird. Letztlich scheint die Wirkung dieser Gegenwärtigkeit, ob sie schöpferisch oder zerstörerisch ist, mit der Ebene des Bewußtseins und seiner Weisheit sowie der zugrundeliegenden Absicht in Beziehung zu stehen.

In Richard Seltzers Buch *Mortal Lessons* gibt es eine herrliche Geschichte über den tibetischen Arzt Yeshi Donden. Er beschreibt Dr. Donden dabei, wie er bei großangelegten Hausbesuchen eine Patientin genau diagnostizierte. Der Geschichte zufolge bereitete er sich zwei Stunden vor den Hausbesuchen durch Fasten und Beten vor. (Erinnern Sie sich hier bitte an meine früheren Bemerkungen über das Sammeln von Kraft für eine bestimmte Arbeit. Zeitweiliger Nahrungsverzicht und das Bewußtsein in sich zu kehren nehmen bei diesen Vorbereitungen eine Schlüsselrolle ein.) Bei seiner Untersuchung sprach Dr. Donden nie mit der Patientin. Er beobachtete sie und den Raum über ihr. Er nahm 30 Minuten lang ihren Puls, während er in tiefe Konzentration versunken war. (Damit betrat er die Dimension einer energetischen Einheit in einem immer feineren und höheren Bewußtsein.) Er beroch ihren Urin (eine weitere Facette des tiefgehenden Rituals, mit Hilfe dessen er die erforderlichen Informationen bekam). Dr. Donden verschaffte sich nicht nur auf eine der westlichen Medizin fremde Weise Zugang zu sehr subtilen Informationen. Was mir ebenso wichtig erscheint, ist, daß sich die Patientin während der Untersuchung sichtlich beruhigte und in einen Zustand der Dankbarkeit eintrat. Daß auch der Autor von Dr. Dondens Gegenwart sehr berührt war, wird aus seiner Beschreibung deutlich.

Eine Person mit vieldimensionaler Sensitivität hätte bei der Beobachtung von Dr. Dondens Untersuchung zweifellos die Aktivierung einer mächtigen energetischen Gegenwart und damit einhergehend ein Gefühl der Liebe erlebt. Ich glaube nicht, daß wir die Kraft der Akupunktur und andere östliche Heilweisen mit dem westlichen Kochbuchansatz entdecken können. Wir können den Vorgang nicht von der Verfeinerung des Bewußtseins trennen, in welchem er herbeigeführt wird. Diejenigen, die sehr mit der Akupunktur verbunden sind, werden in vielerlei Hinsicht verstehen, was ich meine, und wir haben von den Einzelheiten ihres Umgangs mit feinen Kräften viel zu lernen.

Jedoch ist für mich die Erforschung des Bewußtseins, aus dem die Akupunktur hervorgegangen sein könnte, von größerer Bedeutung. Ich zweifle nicht daran, daß es sich um die gesammelte Weisheit vieler einzelner handelte, die zu vieldimensionalem Bewußtsein erwacht waren und darauf die menschlichen Erfahrungen studierten. Das gleiche gilt vermutlich auch für moderne Heilmethoden, die von einer intuitiven Ebene ausgehen. Der hauptsächliche Wert jeder dieser letzteren Methoden, die nicht auf die Kraft der kollektiven Weisheit und Wissenschaft bauen, liegt meiner Auffassung nach in der Bewußtseinsfülle der Person, die sie auflädt. Wo die herkömmliche Wissenschaft dazu neigte, ihre Sichtweise einzuschränken, sorgen sie auf diese Weise für einen lebhaften Gegensatz und durch paradoxe Einsichten für die Grundlage des Wachstums.

Die westliche Medizin kann offenbar zu einer gleichen Diagnose kommen wie Dr. Donden, aber sie dauert länger und ist unermeßlich teurer. (Wenn wir die Jahre der Disziplin und des Einsatzes, die das Bewußtsein benötigt, um bis zu dem Grad geläutert zu werden, den Dr. Donden gezeigt hat, in Dollarwert bemessen würden, wäre es vermutlich nicht teurer.) Im Vergleich zu Dr. Dondens Ansatz erscheint der westliche unbeholfen und wenig erleuchtet. Aber durch die Art und Weise, wie die westliche Medizin zu ihren Ergebnissen kommt, hat sie ein weitgehendes Verständnis des physiologischen Hintergrundes einer Krankheit und außerdem eine Technologie, die zur Behandlung genutzt werden kann. Für viele Krankheitsverläufe bietet die westliche Medizin mit Abstand die besten Heilungsmöglichkeiten. Genausoviel aber haben wir auf dem Weg dorthin geopfert. Die unpersönliche Kraft der Liebe und des Mitgefühls fehlt. Diese Eigenschaften sind nämlich etwas »anderes«, sie gehören verfeinerten Stufen des Bewußtseins an und strahlen von diesen aus. Die westlichen Ärzte und Wissenschaftler werden als fähige und disziplinierte Techniker geschult, nicht aber als vieldimensionale menschliche Wesen. Deshalb vernachlässigen wir unser Gegenwärtigsein, das all unser Tun subtil verstärkt. Wir handeln in der Illusion, daß die Diagnose von der Behandlung gesondert sei und der Arzt getrennt vom Patienten. Da wir uns nicht darum kümmern, uns selbst zu erkennen, fehlt uns die richtige Einschätzung des vielschichtigen menschlichen Energiesystems, das Körper und Geist vereint. Wir verstehen nichts von veränderten Bewußtseinszuständen und verlassen uns auf technische Kenntnisse, wo ein Augenblick wirklicher Gegenwärtigkeit eine völlig andere Einstellung vermitteln könnte.

Wir müssen anfangen, uns mit der Bewußtseinsebene auseinanderzusetzen, innerhalb derer wir medizinisch forschen. Als strahlende Energie durchzieht die Bewußtseinsebene des Arztes jede seiner Handlungen und legt fest, was vorstellbar ist. Das gilt auch für die Patienten. Wenn beide zusammenkommen, bestimmt schließlich die Bewußtseinsqualität, die ihre Beziehung ausmacht und das kollektive Bewußtsein, aus dem ihr Glaube und ihre Techniken stammen, das Heilungspotential, das ihre Wechselwirkung erreichen kann.

Dieses Kontinuum der Kräfte bedeutet mehr als einen theoretischen Zusammenhang. Wie wir gesehen haben, stellt sich diese Dimension in einem höheren Bewußtseinszustand als ganz natürlich dar. Verfeinern wir die Energie, in deren Feld Arzt und Patient aufeinander einwirken, tritt automatisch eine Änderung in ihrer Wahrnehmung des Erlebnisses auf. Sogar festgelegte physische Erscheinungen sind veränderbar. Die Gewebsstrukturen wechseln, und sogenannte Heilungen werden normal. Bei denjenigen, die auf einer höheren Energieebene in eine Operation eintreten können, treten allgemein geringere Blutungen und weniger Schmerzen auf, und sie genesen schneller. Wenn das Bewußtsein einer Person wirklich erhöht ist, ist jede mögliche Begegnung mit diesem Menschen auf subtile Weise verändert.

Das erweckt vielleicht den Anschein, als brauchten wir nur unsere Energie zu erhöhen, und alle unsere Probleme würden sich in Luft auflösen. Das ist nicht ganz der Fall, denn wenn wir uns auf diesen Vorgang einlassen, verändern sich auch unsere Lebenseinstellung und unsere Zielvorstellungen. Ist diese Dimension einmal in den Bereich unserer Aufmerksamkeit getreten, *können* wir einen erhöhten Kraftzustand herbeiführen oder dies mit Hilfe eines geübten Lehrers oder Arztes tun. Das Ergebnis ist aber kein magisches Allheilmittel, um unsere persönlichen Wünsche zu erfüllen. Es wäre ein Fehler, die Kräfte des Bewußtseins zu manipulieren, um Ängste abzuwehren. Wie ich bereits sagte, führt das nur zu einer Verstärkung dieser Ängste auf einer anderen Ebene.

Wir können in hohem Maße die Qualität unserer Kräfte bestimmen. Aber was ihre letztliche Wirkung ist, müssen wir wirklich einem Gefühl der Unbedingtheit überlassen. Eine tiefere Weisheit erkennt Leben und Sterben als ein und denselben Vorgang. Für Menschen, die die Wandlung nur wollen, um etwas in ihrem Leben zu ändern, ist das schwer annehmbar. Das höhere Bewußtsein kann erstaunliche Kräfte verleihen und führt zum natürlichen Ausdruck gewisser Phänomene. Diese Fähigkeiten sind sogar verhältnismäßig leicht zu erlangen. Aber es entsteht auch eine tiefere Einsicht in die Wichtigkeit, eine unbedingte Haltung zu bewahren. Diese Qualität strahlt sogar bei den weltlichsten Tätigkeiten als heilende Gegenwart oder Liebe aus und hat mit persönlichen Zielen nichts zu tun.

6.
Reisen: ein Erlebnis, durch das man sich wandelt

Die Welt wird jeden Tag kleiner. Massenmedien, Reisen und die Weltwirtschaft vereinen die Menschheit allmählich in immer komplizierter werdenden Strukturen. Daher wird die Fähigkeit, auf grundlegenden Ebenen menschlicher Erfahrung zu erwachen und dort zu reagieren, immer dringender benötigt.

Nach dem energetischen Erwachen im Jahre 1977 ging ich auf eine Pilgerreise. Ich mußte ein tieferes Verständnis dafür finden, wie der Kontrast fremder Orte, fremder Völker und der Kräfte, die diesen Unterschieden zugrunde liegen, auf mich wirkten. In Anerkennung des Wiedergeburtsgeschehens wußte ich irgendwie, daß die ganze Erde meine neue Mutter sei und ich durch sie einen wahrhaftigeren Sinn des Daseins entdecken würde. Meine Grenzen wurden in einer Weise erweitert, die ich nicht hatte vorhersehen können. Die Ebenen meiner Energie, Gefühle der Lebenskraft oder Besorgnis, allein schon die Art, wie ich Worte formulierte oder Gedichte schrieb, wie auch der Inhalt und die Qualität der Träume und Phantasien änderten sich von Ort zu Ort. Das Kräftemilieu, welches die menschliche Erfahrung umgibt, ist in verschiedenen Teilen der Welt sehr unterschiedlich. In fremden Ländern stellt sich die Menschheit auf ganz unterschiedliche Weisen dar, die einem auf Grund der eigenen Erziehung fremd sind. In Indien beobachtete ich zum Beispiel, wie der Leichnam eines Kindes auf einer Plattform an den belebten Ufern des Ganges verbrannt wurde. Die Asche wurde dann nicht weiter als zwanzig Meter von feilschenden Händlern in den Fluß gefegt. In den Tempeln von Benares wird man andauernd von Bettlern oder Priestern angebettelt. Den Sherpas in Nepal erscheint unsere besitzergreifende Monogamie wie ein grausamer Wahnsinn.

Der Verstand schreibt die Gewohnheit oder Fremdheit, das Angenehme oder Unangenehme, worauf man während einer Weltreise stößt, den verschiedenen neuen und ungewohnten Eindrücken fremder Länder und Sprachen zu. Wir werten und bilden unsere Vorlieben aufgrund unserer Reaktionen auf Äußerlichkeiten, die wir zu verstehen vorgeben. Meiner Erfahrung nach geht das Phänomen jedoch viel tiefer. C. G. Jung schrieb über den Fall von Richard Wilhelm, den Übersetzer des I Ging, daß er das Gefühl hatte, Wilhelms lange Aufenthalte im Orient hätten dazu geführt, daß der Osten von seiner Seele Besitz ergriffen hätte. Wilhelm hatte später, als er nach Europa zurückkehrte, große Schwierigkeiten. Seine Gesundheit und sein geistiges Wohlbefinden begannen zu schwinden.

Die Kraft der kollektiven Psyche eines fremden Volkes und der Erde selbst ist etwas, womit man ernsthaft rechnen muß. Die meisten Reisenden schirmen sich dagegen ab, indem sie versuchen, einige gewohnte Rituale ihres heimischen Lebens beizubehalten, etwa die Zeit und Art ihrer Mahlzeiten. Läßt man sich aber tiefer auf eine andere Kultur ein, tritt eine Kraft auf, die beginnt, die grundlegende Energie unserer eigenen Identität zu verändern, und das kann ziemlich streßreich sein, wenn nicht die Einsicht und der Wunsch bestehen, dieses tiefere Geschehen zuzulassen. Entscheidend dafür ist die allmähliche Verfeinerung jener mächtigen Bewerter unseres Selbstgefühls, die wir als Sinn oder Zweck bezeichnen.

Sinn und Zweck verleihen unserem Leben Inhalt. Ohne sie könnten wir kaum existieren. Sie liegen in der Art, wie wir unser Leben aufbauen. Doch gibt es auch tiefere Ebenen des Sinnes und Zweckes.

Gewöhnlich erkennen wir uns selbst im Sinn wieder, den wir unserer Arbeit entnehmen, und in den Zwecken, an denen wir unsere Handlungen ausrichten. Aber draußen in der Welt, offen für den Augenblick, ein Fremder im fremden Land, beginnen diese identitätschaffenden Muster dahinzuschmelzen. Der Pilger, der über den Selbstzweck einer Reise hinausgeht, beginnt eine weitere Ebene zu erkennen. Es ist, als drücke sich das Leben stärker durch uns aus und beginne zu zeigen, daß unser Selbst wiederum tiefer ist, daß es über jeden persönlichen Inhalt hinausgeht, der aus der Erziehung herrührt, ganz gleich welches Du uns dabei irgendwo in der Welt gegenübersteht. Die innere Einstellung zu der Reise entscheidet wesentlich darüber, inwieweit diese Erkenntnis geboren werden kann. Der »Arzt« oder »Lehrer«, der »Amerikaner« oder sogar der »Sucher«, der während des Reisens sein Selbstbild aufrechterhält, begrenzt sich selbst, ohne es zu wissen, und nimmt infolgedessen eine begrenzte Wirklichkeit wahr. Wer während des Reisens wirklich das Dasein studieren will, ist ein Pilger im eigentlichen Sinn des Wortes. Für diesen tritt das Bewußtsein selbst seine ganze irdische und menschliche Erbschaft an.

Während des Reisens begann ich einzusehen, daß ein Teil meines Bewußtseins äußerst geschickt darin ist, vom Wandlungspotential abzulenken. Während der ersten Monate meiner Reise tat ich alles, um mich in gewohnten und lohnenden Aktivitäten einzurichten. Ich lehrte in Findhorn, einer Gemeinschaft im Norden Schottlands, über Träume und den Wandlungsprozeß. Auf der Insel Iona organisierte ich einige Abendsitzungen mit der kleinen Gruppe, bei der ich mich aufhielt.

Indem ich das tat, konnte ich einen Gruppenprozeß in die Wege leiten und höhere Energieebenen anrühren; das gab mir ein Gefühl des Gleichgewichts und der persönlichen Kraft. Selbst wenn mir keine Gruppentreffen zur Verfügung standen, fand ich andere Aktivitäten. In Ägypten und Indien nahm ich immer die Gelegenheit wahr, Arzt zu sein und medizinische Ratschläge zu geben. Doch allmählich wurde mir klar, daß ich mit diesem Verhalten das tiefere Geschehen blockierte, welches freizusetzen ich gekommen war.

Für einen Menschen, der sich einer höheren Energie geöffnet hat, ist es leicht, andere in diesen Vorgang mit einzubeziehen und, indem er das tut, seine Identität zu wahren; und dabei handelt es sich oft um eine positive und ansprechende. Indem man das aber tut, bleibt ein Element der Kontrolle erhalten. Man darf nie gewöhnlich sein, unerfüllt oder die Welt einfach hinnehmen. Von überall aus der Welt begann ich Einladungen zu bekommen, zu reisen und zu lehren. Aber ich sah ein, daß zunächst ein tieferer Schritt vollzogen werden mußte. Es wurde Zeit, unsichtbar zu werden, meine alte Identität fallenzulassen, mich selbst so weit als möglich loszulassen. Intuitiv wußte ich, daß ich mich dazu der reinen Erfahrung stellen mußte und diese nicht beeinflussen durfte, um erneut Selbstwertgefühl und Sinn zu schaffen, in denen ich mich wiederfinden könnte. Ich wußte auch, daß ich eine Umgebung mit gesteigerter Energie brauchte, um dieses zu erreichen.

Jene Phase des Wandlungsprozesses war so beängstigend, daß er meine Fähigkeit dabeizubleiben fast überstieg. Aber schließlich stieß ich in Indien, in einem Ashram, den ich besuchte, auf einen Punkt, der den tiefsten Zwiespalt des Geistes hervorrief, mit dem ich je bewußt in Berührung gekommen war. Ich war bereits sehr sensibel und setzte mich nun einer Situation äußerster physischer und psychischer Intensität aus, und ich hatte nicht nur mit meinem eigenen Unwohlsein zu tun, sondern war auch von den Energiewirbeln Hunderter Menschen umgeben, die darum kämpften, sich einem höheren Bewußtsein zu öffnen. Wenn ich in dieser Erfahrung bleibe, so rief ein Teil von mir, quäle ich mich nur selbst unnötig und vielleicht auch zerstörerisch, ich leugne dabei jede Faser der Eigenliebe und der Selbstachtung, die mir die Freiheit geben, zu wählen und ein Leben mit meinem eigenen Sinn zu erschaffen. Wenn ich gehe, so sagte der andere Teil, ist es aus Angst und Ablehnung, und ich verleugne das Grundvertrauen in die Kraft der Bewußtseinsöffnung, die mich bis zu diesem Augenblick gebracht hat. Irgendwie wußte ich, daß die Lösung nicht darin lag zu gehen, um meine Eigenliebe zu erhalten oder sogar auszudrücken, und auch nicht darin, in der Erfahrung auf einem offenbar zerstörerischen Niveau zu bleiben. Schließlich gab ich jeden Kampf auf.

Mir war, als sei der grundlegende Zwiespalt meines Wesens

und vielleicht des menschlichen Wesens überhaupt – das persönliche Selbst gegenüber dem Selbst als Teil des ganzen Daseins – in diesem Augenblick auf einer Energieebene kristallisiert, die ein Fortdauern der Spaltung nicht gestatten konnte. Loszulassen schien zu bedeuten, meine geistige Gesundheit und meine ganze menschliche Vorgeschichte zu opfern. Ich fühlte mich, als würde ich in der Zeit gleichzeitig rückwärts und auch vorwärts geworfen, doch nicht in der Zeit, sondern in einer anderen Dimension. Dieser Energiestrom war der Qualität und der Tiefe nach dem ursprünglichen Öffnen ähnlich. Hingegen war die ursprüngliche Erfahrung spontan gekommen, ohne Warnung, und ein Teil von mir hatte sich nie wirklich von dem Gefühl des Unwohlseins erholt. Dieses Mal konnte ich das bewußte Fortschreiten beobachten, das mich zu diesem Moment gebracht hatte. Mit jeder Energiewelle ergab ich mich ein wenig mehr, und schließlich gab es keinen Widerstand mehr. Mit einem fast gleichgültigen Gefühl betrat ich einfach eine andere Realitätsebene. Es war weder ekstatisch noch dramatisch, sondern einfach ein stilles und klares Gefühl und eine unbegreifliche Normalität und Freiheit. Obwohl Worte die Erfahrung nicht vermitteln können, war das Gefühl weniger dasjenige eines formlosen Daseins als eines weiblichen Prinzips – eine höchste Mutter, die das Leben durch die Tatsache des Daseins selbst weitergibt. Ich fühlte mich in einer unmittelbaren Beziehung von diesem großen weiblichen Bewußtsein untrennbar. Da sich das Dasein durch die Erfahrung ausdrückt, so ist der tatsächliche Zusammenhang, den jede Erfahrung mit sich bringt, ein Erweis des göttlichen Schöpfers.

Ich mußte einige Tage lang ruhen (was psychische Anregungen anging), und deshalb zog ich mich in mein Hotelzimmer zurück. Träume und Phantasien wiesen dann darauf hin, daß es Zeit war, das Reisen wiederaufzunehmen und insbesondere den Körper zu üben. Dies tat ich, indem ich mehrere Wochen in Nepal auf Trekking ging. Die Angst vor der Auslöschung und Krankheit, die mich seit der ursprünglichen Öffnung einige Male heimgesucht und veranlaßt hatte, mein Zuhause und meine Freunde aufzugeben und die frühe Gruppenarbeit anzufangen, um davon erlöst zu werden, verließ jetzt mein Leben. In jener Zeit begann ein neuer Strom Form anzunehmen, der sich immer noch in meiner gegenwärtigen Arbeit entwickelt.

Eine der hauptsächlichen Herausforderungen für Reisende auf ihren Streifzügen durch die Welt ist, die Gesundheit zu erhalten. Vor der Änderung in meinem Bewußtsein war ich auf Reisen häufig krank geworden. Hinterher war das nicht mehr der Fall. Ich wurde in die Lage versetzt, während meiner folgenden Reisen gesund zu bleiben, weil ich die energetische Veränderung an jedem Ort wahrnehmen und auf höherer Ebene ausgleichen konnte. Es ist ganz in Ordnung, durch ein anderes Milieu verändert und tief betroffen zu werden.

Das Gleichgewicht zu halten bedeutet, daß man nicht gegen diese Kräfte ankämpft, wenn sie anfangen, die Wahrnehmung und das Selbstgefühl zu verändern; statt dessen versetzt man sich bewußt in Einklang mit ihnen. Ich fand heraus, daß der Schlüssel darin lag, innerlich mit meiner langsamen Öffnung einverstanden zu sein und das Essen, das Wasser, die Menschen und ihre Lebensweise allmählich zu erkunden. Ich war nicht dort, um mein altes Ich aufrechtzuerhalten, aber auch nicht, um meine physischen und psychischen Wurzeln zu entwerten oder zu mißachten.

Das bedeutete natürlich, daß ich manchmal Phasen von Verletzlichkeit, Zweifel, vielleicht einige Angst und oft ein unbeschreibliches Gefühl des Verlustes und der Traurigkeit zulassen mußte. In neue Kräfteverhältnisse eingeführt zu werden, scheint ähnlich zu sein wie das Verlassen des Zuhauses oder die Trennung von einem Liebhaber. Wird dieser Übergang zugelassen, dann fließt schließlich die Energie offener, und eine neue Ebene der Ausdehnung und Freiheit wird erreicht.

Ich glaube, daß diese innere Offenheit die Krankheiten verhinderte, in die ich so viele andere Leute verwickelt sah. Wir werden nicht nur von verseuchter Nahrung und ungewohnten Organismen krank, sondern von diesen in Verbindung mit der Überdehnung und gelegentlichen Erschütterung unseres Kräftehaushalts. Man könnte es als psychische Erschöpfung bezeichnen, wenn die alten Identitätsmechanismen Überstunden machen, um die unterschwelligen Angriffe auf unser energetisches Wesen abzuwehren. Wenn man lernt, sich zu öffnen, werden diese Angriffe zu einem Streicheln.

Besonders an Westlern in Indien konnte ich beobachten, daß Menschen häufig Krankheiten brauchen, um tiefer in sich hineingehen zu können. In gewissem Sinne handelt es sich dabei um einen Weg, die eigene Kraft zu sammeln, um die eigene Identität aufrechtzuerhalten. Manchmal zwangen Krankheiten sie, abzureisen und in ein passenderes und sicheres seelisches Umfeld zurückzukehren. Die Psyche wird von einer Kraft beeinflußt, die sie noch nicht bewußt erkennen kann, und dann kann eine Krankheit zu einem Mechanismus, einer Antwort werden. Die Wirkung kann darin bestehen, uns von dieser beeinflussenden Kraft abzuschirmen, oder sie hilft uns, uns ihr zu öffnen, indem sie einen Schutzkokon bildet, in welchen die neuen Kräfte eingegliedert werden können. Bei manchen spürte ich, daß die Krankheit ohne Frage einen Öffnungsprozeß spiegelte. Vielleicht war es einfach zu viel, zu schnell. Vielleicht war es für ihre besondere Veranlagung der beste Weg. Ich glaube jedoch, daß wir diesen tieferen Kräften begegnen und uns ohne Krankheit auf sie einstellen können, je mehr wir das Bewußtsein ausweiten und eine vieldimensionale Empfindsamkeit erreichen.

Es ist noch etwas Wichtiges anzusprechen, was als eine in sich ausgeglichene Einheit verstanden werden muß. Eine wachsende Fähigkeit, konditionierte Sichtweisen loszulassen, ist entscheidend für diejenigen, die tiefere Kräfte, Öffnung und Durchlässigkeit entdecken möchten. Auf jeder Stufe einer solchen Öffnung muß jedoch eine gleich starke Kraft einhergehen, sich im eigenen Wesen zu sammeln und mit einer Art innerer Autorität vorwärtszuschreiten. Diese innere Autorität ist keine Starrheit, die die Wirkung der Kräfte einer fremden Umgebung oder einer neuen Erfahrung zurückweist, wenn sie auftreten. Es ist die innere Autorität, sich selbst im Gleichgewicht zu halten, selbst wenn man durch tiefere Kräfte bewegt und verändert wird.

Der wesentliche Aspekt dieser inneren Autorität ist meiner Meinung nach die Hingabe daran, stets die höchsten Möglichkeiten in einem selbst umzusetzen. Damit und mit dem tiefen Glauben ausgerüstet, daß jeder für die eigene Entfaltung selbst verantwortlich ist, müssen wir lernen, diejenige Kraft hervorzurufen, die notwendig ist, um im Leben auf genau die Art und Weise zu wirken, die von uns erwartet wird. Wo diese Autorität fehlt oder wo sie bezweifelt wird (und, was oft der Fall ist, auf andere projiziert wird), werden wir sinnlos und vielleicht zerstörerisch von den Wirbeln einer tieferen Strömung umhergeworfen, wenn wir uns stärker öffnen, ob wir uns dessen bewußt sind oder nicht. Offenheit ohne grundlegende Stärke und Weisheit kann verheerend wirken, ebenso wie ein unflexibler Zwang, die eigene Identität zu bewahren, sehr begrenzend ist, wenn wirkliche Offenheit fehlt.

Von den mächtigen Kräften fremder Orte und Kulturen beansprucht und neu geformt zu werden, ist ein gewaltiger Lernprozeß. Er bereitet das Bewußtsein auf eine breitere Erkenntnis der Dimensionen vor, die ich als Kollektivkräfte bezeichnet habe, und verschiebt die Identifikation des Selbst von festgelegten und persönlichen Bezugspunkten auf die Sichtweise tieferer und universellerer Kräfte, welche die Menschheit in all ihren Unterschieden ausmachen. Ist eine solche Einweihung jedoch einmal in Gang, so gibt es keine Rückkehr mehr zur alten Ebene des persönlichen Selbst. Wer darum das Wandlungspotential in überkulturellen Erfahrungen schätzt, muß ebenso auf das neue Selbst gefaßt sein, das von Augenblick zu Augenblick neu entdeckt werden muß – während eines solchen Abenteuers und danach.

Menschen, die sich auf ihrer Reise hinreichend geöffnet haben, ob sie sich dieses Vorgangs bewußt waren oder nicht, sind oft nicht auf die besondere innerpsychische Anforderung vorbereitet, die notwendig ist, um sich in die alte Welt wieder einzugliedern, wenn sie zurückkehren. Wenn man an einen neuen Ort geht, gibt es einen Kulturschock, der durch einige der beschriebenen Einstellungen vorweggenommen und erwidert werden kann. Sehr oft rechnen die Menschen aber nicht damit, daß die gleichen Einstellungen – und vielleicht noch mehr der Prozeß, die eigene tiefere Autorität zu finden – nötig sind, um in der eigenen Kultur wieder arbeiten und funktionieren zu können. Wenn man lange genug fort war und tief genug in die fremden Bedingungen eingedrungen ist, kann der Prozeß der Reintegration nach der Rückkehr sich als eine größere Herausforderung herausstellen als die Reise selbst.

Mir wurde letztens die Geschichte von 600 früheren Friedenskorpsarbeitern erzählt, die nach Washington D. C. eingeladen wurden, um bei einem Staatsempfang geehrt zu werden. Es handelte sich um sorgfältig ausgewählte Individuen, die einmal zu den Besten unserer Jugend gezählt hatten; dann geschah aber etwas sehr Unerwartetes. Diese früheren Freiwilligen, die nach mehreren Jahren im Ausland in die Vereinigten Staaten zurückkehrten, begannen diese anzuprangern. Derjenige, der mir diese Geschichte erzählte, schrieb die Reaktion idealistischer Enttäuschung und der Wut über politische und wirtschaftliche Mißbräuche zu, die sie bei ihrer Rückkehr wahrnahmen. Der Erzähler war selbst ganz in seiner eigenen Wut und Enttäuschung aufgegangen, und es fiel ihm darum leicht, sich mit der von den Freiwilligen ausgedrückten Reaktion zu identifizieren. Zweifellos hatten ihre Beschwerden etwas für sich. Ich nehme aber an, der eigentliche Vorgang lag nicht auf der Ebene ihrer Reaktion, sondern in der Ursache ihrer Reaktion.

Ich glaube, daß das Phänomen ihrer Wut auf einer tieferen Ebene hervorgerufen worden ist. Die Freiwilligen sind wohl kaum auf den tiefgehenden psychischen Schock und die energetische Konfrontation vorbereitet gewesen, die bei ihrer Rückkehr in die USA auf sie warten würden. Durch die Zeit in einer fremden Umgebung war ihre natürliche Abwehr zerbrochen, weshalb sie nun von einer ganz anderen Qualität der Kraft berührt wurden. Ich glaube, sie waren bei ihrer Rückkehr von der Intensität ihrer neuen Verletzlichkeit gegenüber den grundlegenden Kräften in diesem Lande überwältigt. Sehr verletzlich zu sein, kann dazu führen, daß man zutiefst zweifelt, Groll und Wut empfindet. Es ist sehr schwer, wenn man so offen ist, eine sinnreiche Anteilnahme einzuleiten, und die Menschen greifen im allgemeinen auf starke Gefühle zurück, um ein Selbstgefühl herbeizuführen. Die Angst vor der Verletzlichkeit führt deshalb häufig zu Angriffen oder der Bemühung, die Schwächen in einer Situation herauszufinden. Da sie die wirkliche Ursache ihrer Verletzlichkeit nicht kannten, reagierten sie, als seien sie bedroht worden. Es handelt sich dabei um eine Art Identitätskrise, und in einer solchen Krise kann man die gewohnten emotionalen Mechanismen verstärken, oder man kann sich auf die Intuition verlassen und die Festigung auf einer neuen Bewußtseinsebene abwarten.

Ohne Zugang zu wandelnder Einsicht hatten sie keine andere Wahl, als ihre Reaktionen auf der Gefühls- und Kraftebene einzusetzen, auf der sie sich selbst wiederfinden konnten. Mit einer Erkenntnis der tieferen Kräfte hätte sich ihr Ärger leicht in ein wunderbares Gefühl des Annehmens und eine strahlende Liebe verwandeln lassen. Letztere ist ein kreativerer Bewußtseinszustand, mit dem man alle wesentlichen Probleme angehen kann, die unserer Aufmerksamkeit bedürfen.

7. Krankheit: ein Wandlungsvorgang

Ein Krankheitsgeschehen, besonders im Falle von Krebs, ist einer der Punkte, wo der Menschheit eine Gelegenheit und Herausforderung geboten wird, die Grenzstelle zwischen Bewußtsein und Form zu überbrücken. Diese und die folgenden Bemerkungen mache ich mit voller Achtung vor kranken Menschen; denn ich habe in diesem Bereich eigene Erfahrungen gemacht. 1972 wurde an mir wegen eines vergrößerten Lymphknotens eine Biopsie vorgenommen, und vor dieser Biopsie bestand mehrere Monate lang die realistische Möglichkeit, daß ich Krebs hatte. Ich glaubte, eine negative Biopsie würde das Ende dieses Prozesses bedeuten, doch das war nicht der Fall. Eine tiefe, ungelöste Furcht war in mein Bewußtsein gepflanzt, oder besser gesagt, darin wiedererweckt worden. Einige Jahre später, nach dem Hauptwechsel in meinem Kräftehaushalt, blühte diese unterdrückte Angst voll auf. Wie ich beschrieben habe, erzeugte das psychoenergetische Erwachen ein solches Gefühl der Verletzlichkeit und derartig fremde psychische und körperliche Empfindungen, daß ich nicht umhin konnte, mich der Möglichkeit einer ernsthaften Krankheit zu stellen.

Ich kam zu der Überzeugung, daß ich wählen mußte: Entweder würde ich sehr schnell einen Krebs entwickeln, indem ich dem Wandlungsprozeß erlaubte, auf der Ebene meiner Angst stehenzubleiben, oder ich müßte lernen, irgendwie über diese Ebene hinaus zu einem neuen Bewußtsein fortzuschreiten. Es war zum Teil diese Dynamik, die mich auf meine Reisen brachte und mich in den Prozeß seelischer Hingabe hineinführte.

Auf diese Weise lernte ich, daß sich durch Leugnung und Unterdrückung nichts lösen läßt. Solange mein gewohntes Ich existierte, würde dieser krankmachende Verkrampfungsprozeß Macht über mich haben. Nicht der Krebs, ob wirklich oder eingebildet, mußte gehen, sondern das Ich, welches ihm eine Grundlage bot. Das alte Bewußtsein mußte entlassen werden, wenn ich überleben und den im Erwachen liegenden Segen in mein Leben integrieren wollte.

Ich habe gelernt und lerne immer noch, daß ich keine andere Seele dazu auffordern darf, eine Wandlung durchzumachen, die ich selbst noch nicht durchlaufen habe. Es handelt sich deshalb nicht um nebensächliche Feststellungen, und ich möchte damit auch niemanden anregen, sich der Sache aus Idealismus zuzuwenden. Es macht aber keinen Unterschied, wie und wo das Zurückschrecken vor dem Tode oder der Wandlung erfolgt. Es muß überwunden werden, und es wird auf immer höheren Ebenen überwunden, wenn die Kräfte des sich erweiternden Bewußtseins allmählich tiefer in unser gesamtes Wesen einbezogen werden. Wir müssen höhere Energiezustände erreichen, um die Wirklichkeit, die in unserem momentanen Zustand als unveränderlich erscheint, verwandeln zu können. Dabei ist es nicht so wichtig, ob dies durch ein spontanes Erwachen der Energie geschieht oder durch einen Krankheitsverlauf. Bevor es dazu kommt, ist eine Reifung auf höheren Ebenen unmöglich. Das Bewußtsein wird fortfahren, die alte Wirklichkeit zu stützen, bis sich genügend Kraft angesammelt hat, um sie durch eine Art mystischen Tod auflösen oder opfern zu können, und sie sich auf eine neue Ebene begibt.

Wenn diese neue Energieebene erreicht ist, so glaube ich, daß diejenigen Einflüsse nicht länger wirksam sein müssen, die auf der alten Ebene Krankheiten verursachen konnten. Wird sie nicht erreicht, dann setzt sich vermutlich die Krankheit durch, und der körperliche Tod kann zur Tür der Wandlung werden. In beiden Fällen ist eine Wandlung des Bewußtseins eingetreten, und für eine tiefere Wesensebene könnte das alles sein, worauf es wirklich ankommt.

Wenn ich schwerkranke Menschen beobachte, ist es eindeutig, daß sie auf der persönlichen Ebene eingeschränkt und gezwungen sind, so weit sie können, in ein weiteres Bewußtsein einzutreten. Man bedenke nur die Wahlmöglichkeiten: eine verstümmelnde Operation, intensive Bestrahlung und Chemikalien mit lähmenden Nebenwirkungen, die Erkenntnis des eigenen möglichen Todes, zeitweilige oder bleibende Veränderungen in Arbeit und Lebensstil und tiefgreifende Auswirkungen auf unsere Hauptbeziehungen. Unser Wesen wird bis in die Wurzeln erschüttert.

Menschen mit einem gewissen Grad an Bewußtsein und seelischer Reife können sich diesen Themen nicht stellen, ohne ihre grundlegenden Vorstellungen über sich selbst und über das Leben noch einmal zu untersuchen. Wenn sich die Krankheit schnell zum Tod hin entwickelt, zurückgeht oder geheilt wird, kann man nicht umhin, von der in diesem Geschehen liegenden Wandlung sehr betroffen zu sein. Ich habe Menschen kennengelernt, die durch den Krebs auf der Ebene äußerer Kraft und Kontrolle derart stark entwurzelt waren, daß eine tiefe Kraft und (vorher nicht ausgedrückte) Weisheit von ihnen ausstrahlte. Meistens ist das bei solchen Menschen der Fall, deren Leben schon immer auf Weisheit, Wachstum und ihre höchsten Möglichkeiten hin orientiert war. Es ist, als sorge die Krankheit für den letzten Schub, eine neue Bewußtseinsebene zu erreichen. Dabei fällt mir insbesondere ein bekannter Psychiater ein, mit dem ich seine letzten Lebenswochen teilte. Er war wegen seiner Offenheit und liebenswerten Art hoch geachtet und beliebt. In seinem letzten Lebensjahr fiel er sehr schnell einem Gehirntumor zum Opfer. In der ersten Phase hatte er einen Selbstmord erwogen, um die Phase der Gebrechlichkeit zu vermeiden, aber er erlaubte statt dessen der Krankheit, sich zu entfalten. Gegen Ende kehrte sein Sprechvermögen kurz zurück, und er sprach und strahlte das tiefgehende Liebesgefühl aus, das er schließlich erreicht hatte. Er kam so an den Gipfel seiner bewußten Entwicklung.

Mir wurde in der Beschäftigung mit ihm schnell klar, daß er

sich in einem tiefen Wandlungsvorgang befand, an dem nichts getan werden mußte. Obwohl er die Kraft, die ich mit ihm teilen wollte, nie annahm, konnte ich bei jedem Besuch beobachten, daß seine Frau immer friedlicher und fähiger wurde, ihn loszulassen. Bei dieser Arbeit kommt es häufig zu einem solchen Verlauf, wo die für den sich widersetzenden Patienten eingesetzte Energie eigentlich ein Medium für die Lösung einer anderen miteinbezogenen Dynamik darstellt.

Ein bekanntes Beispiel für eine Wandlung durch Krankheit ist der Fall des früheren Vizepräsidenten Hubert Humphrey. Als er in seinen letzten Lebenstagen langsam dem Blasenkrebs unterlag, war er zutiefst darum besorgt, daß seine Arbeit einen Beitrag zum Nutzen der zukünftigen Generationen darstellen würde. Er war nicht mehr ganz von den politischen Folgen besessen. Als er sich kurz vor seinem Tode an die Vereinten Nationen wandte, verblüffte die Kraft der Liebe in seiner Rede die Zuhörer. Ich habe das Gefühl, daß die Herzen dieser unterschiedlichen Menschen von der wandelnden Energie ergriffen wurden. Die Macht seiner Rede lag nicht allein in den Worten, sondern in seiner Gegenwart. Ich bin sicher, daß solch ein Prozeß bei vielen Menschen vorkommt, von denen wir niemals hören. Aber durch ein derartiges Geschehen wird die Seele der Menschheit immer liebevoller.

Menschen, die sich der Herausforderung einer schweren Krankheit gegenübersehen, können ihre Liebeserfahrung bis zu einem Grade steigern, wie sie ihn wahrscheinlich nie zuvor in ihrem Leben gekannt haben. Die schlimme Belastung der Krankheit hilft, die Wandlung zuzulassen. Das kann einen geradezu auf die Idee bringen, daß die ganze Zeit hindurch der fehlende Faktor die Liebe gewesen ist: Liebe in ihrem tiefsten und bedingungslosesten Sinne; Liebe, nicht als eine Gefühlsbindung, sondern als ein strahlender Strom, der in sich die Seele vereint und das ganze Spektrum menschlicher Erfahrung in seiner wandelnden Kraft umfaßt.

Schwerkranke, die diese Möglichkeit erspüren, befinden sich bereits im Wandlungsprozeß. An dieser Stelle kann man ihnen helfen, sich auf die genannte Erkenntnis zuzubewegen, und sie anleiten, eine Art innerseelisches Gleichgewicht zu finden, welches fähig ist, die möglichen, in ihrer Situation liegenden Kräfte zu umfassen. Solche Menschen können im Umfeld ihrer Krankheit außergewöhnliche Erfahrungen machen. Häufig entwickeln sie die Fähigkeit, Kräfte wahrzunehmen, und erreichen tiefe Ebenen der intuitiven Kommunikation. Sie beginnen zu »sehen«, die Seele anderer zu erkennen, werden oft Lehrer, lebende Koans, oder können sogar Menschen in ihrer Umgebung heilen. Der medizinische Krankheitsverlauf bleibt oft rätselhaft, denn er wird von den undefinierbaren Symptomen eines gesteigerten energetischen Geschehens überlagert. Was das Behandlungsprogramm angeht, machen viele dieser Leute sehr gute Fortschritte. Sie sprechen auf die Behandlung sehr stark an und erholen sich schnell von Operationen und Chemotherapie. Unabhängig davon, ob das so ist oder nicht, glauben viele, daß ihnen der Schlüssel zu einem neuen und fruchtbareren Lebensweg gegeben wurde.

Der Krebs, das heutige Todessymbol, ist für diejenigen eine große Segnung geworden, die während der Krankheit ihre eigene Wandlung zulassen konnten. Er wird zu einer Gnade, die ihr Leben in etwas verwandelt, was sie zuvor nie begriffen hatten. Es wird sichtbar an ihrer geringeren Sorge um sich selbst und ihrer tieferen Sorge um das Wohlsein der Menschen in ihrer Umgebung.

Manche Menschen fühlen sich natürlich zunächst von dieser möglichen Neuorientierung angezogen, nehmen aber später von der wirklichen Wandlung Abstand. Sie müssen sich zwangsläufig auf eine eher herkömmliche und nicht einheitliche Einstellung zu ihrer Krankheit und ihrer Gesundheit zurückziehen. Sie hatten weder eine Wandlung noch eine Steigerung ihrer Bewußtheit gesucht, sondern einfach eine Erlösung von einer Situation, die sie nicht mochten. Ich konnte beobachten, daß Menschen mit einem derart begrenzten Ziel als Handlungsgrundlage sich relativ schwach entwickeln, was ihre persönliche Erfahrung und Gesundheit betrifft. Trotz aller Proteste bekommt man das deutliche Gefühl, daß viele Individuen mit Krankheiten im herkömmlichen Sinne beschäftigt sein müssen. Wer könnte (in Anbetracht der verschiedenen Entwicklungsstufen bei jedem Individuum) behaupten, daß es sich dabei nicht um notwendige und angemessene Wachstumsschritte handelt?

Um der Krankheit zu gestatten, uns in ein Wandlungsgeschehen zu versetzen, müssen wir die Todesangst überwinden. Ansonsten kann der Heilungsprozeß nur eine Art Handel werden: Ich meditiere, damit es mir besser geht, halte Diät, um mich zu reinigen und zu läutern usw.

Ich bin der Überzeugung, daß problemorientierte Ansätze zu eng sind. Sie aktivieren zwar Kräfte, jedoch nicht die vollen Wesenskräfte. Solche Vorgänge tragen niemals die Kraft in sich, das alte Bewußtsein aufzuheben. Unsere Einstellungen müssen stärker am Wesen orientiert sein. Sich dem Leben zuzuwenden und es in größerer Fülle zu leben, stärkt unser gesamtes Wesen, und die besonderen Herausforderungen des Krankheitsverlaufs werden bloß zu Augenblicken, in denen das Loslassen der Verkrampfungen und die Hingabe an das Dasein auf einer noch tieferen Ebene auftreten. Ich schätze, daß eine tiefere Wandlung, sei sie spontan oder Folge einer Krankheit, auf einer Erfahrungsebene geschieht, die einen Mut und eine Hingabe erfordert, die nicht alle menschlichen Wesen auf sich nehmen wollen. Und das ist sicherlich deshalb so, weil sie noch nicht zu einer ausreichend hohen Ebene der seelisch-geistigen Reife gelangt sind.

Meiner Auffassung nach haben wir eine Art latenter Erinnerung an die Wandlungsvorgänge, die der Prozeß des Erwachens einbezieht. Möglicherweise ist diese Vorahnung für das Unbewußte viel angsterregender als die Behinderungen oder der Tod, die aus einer Krankheit folgen können. Die erforderlichen Kräfte, um solch ein Geschehen durchzustehen, machen es nötig, jedenfalls meiner Erfahrung nach, sich dem Prozeß völlig hinzugeben – dies kann nicht als bloßer Zusatz zum gewöhnlichen Leben unternommen werden. Aufgrund meiner Erfahrungen damit befürworte ich die Wandlung nicht mehr für jeden Menschen. Mir ist klargeworden, daß es einen natürlichen inneren Zeitpunkt gibt und daß man den Menschen nur helfen kann, so weit zu gehen, wie es dieser erlaubt. Man muß jedes Urteil, alle subtilen Zwänge weiterzugehen fallenlassen. Heute ist es für mich etwas Natürliches, die Menschen so zu akzeptieren und zu achten, wie sie sind. Wer dazu nicht bereit ist, kann in keine stärkeren Wandlungskräfte hineingezogen werden, selbst wenn ihn dies von den krankheitserzeugenden Kräften befreien könnte.

Wenn die Leute hören, daß es da einen Arzt gibt, der mit den Bewußtseinskräften arbeitet, dann kommen manche, die glauben, ich könnte ihnen einen leichten Weg aus der Klemme weisen. Sie haben Angst vor ihren Ärzten und bezweifeln die herkömmlichen Ansätze. Was ich anbiete, hat aber nichts mit dem leichten Weg aus der Klemme zu tun.

Wir Menschen sind seltsame Geschöpfe. Wir wollen einen leichten Weg gezeigt bekommen, um von hier nach dort zu gelangen, und dafür zahlen wir einen enormen Preis in Dollar und Energie. Wir wollen mehr für weniger. Deshalb verstehen wir nicht das Gleichgewicht der Kräfte auf allen Ebenen, welches für ein ganzheitliches Funktionieren wesentlich ist. Wenn mehr Energie *in* ein System *hinein*geschickt wird, welches wir als Individuum oder als Menschheit bezeichnen, dann muß auch mehr Energie *aus* diesem System *aus*gestrahlt werden.

Es bedarf einiger Energie, sich von einem Bewußtseinszustand zu einem anderen, erfüllteren zu bewegen. Diese Chance wird zerstört, wenn die Herausforderungen unterdrückt oder die unvermeidliche Reibung zwischen den verschiedenen Dimensionen geleugnet wird, welche den Kessel der Wandlung in Bereitschaft versetzen. Die westliche Medizin und westlichen Lebensweisen haben genau das getan. Wir beantworten die tiefen Fragen oder winken vor ihnen ab, stellen die Schmerzen ruhig und versuchen auf jede mögliche Weise, den Energiezustand zu senken. Wir verwechseln die narkotisierte Ruhe eines betäubten Individuums (und es gibt viele Drogen – religiöse, soziale und politische wie auch chemische) mit der stillen Sammlung eines erhöhten Bewußtseins. Ich möchte wetten, daß die präoperative Ruhigstellung zu größeren operativen Komplikationen und Risiken führt. Die Erregung der Energie vor einer Operation würde sich als ein Vorteil herausstellen, um so mehr, wenn sie bewußt ausgeglichen und abgestimmt wird. Die Sorge vor einer streßbeladenen oder riskanten Situation ist für eine durchschnittliche weniger bewußte Person die Art und Weise, Kraft zu sammeln. Wir müßten lernen, dies noch zu erhöhen und zu verstärken, nicht, es zu mindern. Die Energiesteigerung muß natürlich auch eine Verfeinerung bedeuten, und das erfordert Liebe und Weisheit. Anstatt die im Bewußtsein wohnende Kraft einzusetzen, sammeln wir immer mehr äußere Energien und ergießen sie in unsere Krankenhäuser, Techniken, Chemikalien usw. Die westliche Medizin ist häufig in der Lage, den physischen Körper zu unterstützen, sie fördert aber nicht die innere Wandlung und fährt vielleicht sogar fort, sie zu verschleiern. Das erinnert mich an den Fall eines Mannes, der einen Herzanfall gehabt hatte. Nachdem man ihn wieder zusammengeflickt hatte, kehrte er zu seinem alten Leben zurück und hatte noch einen Herzanfall. Er wurde wieder kuriert. Er kehrte wieder zu seiner alten Lebensweise zurück. Er hatte einen weiteren Herzanfall, dieses Mal durch einen Schlaganfall kompliziert. Er mußte den Punkt erreichen, wo er sich weder bewegen noch sprechen konnte, bevor er in seinem Leben einen Wandlungsprozeß zulassen konnte.

Auf der einen oder anderen Ebene verhält sich fast jeder Mensch genauso, bis eine Kraft auftritt, die eine neue Dynamik einleitet. Ärzte und Krankenhäuser stecken Energie und Geld (ein Symbol für menschliche Energie) in viele Menschen hinein, so daß sie ihr altes Leben beibehalten können, weil sie Angst davor haben oder es einfach nicht wissen, daß sie ihren Lebensstrom selbst in die Hand nehmen können. Erst wenn wir ein Problem haben, mit dem die Schulmedizin einfach nicht fertig werden kann, schauen wir uns voller Panik um, ob da nicht noch etwas anderes ist. Dann ist es aber vielleicht schon zu spät. Und sogar hierbei machen wir uns etwas vor.

Nicht nur die Schulmedizin und Technik kann dazu mißbraucht werden, wirkliche Veränderungen und Wachstum zu vermeiden, es ist oft auch sehr verlockend, uns mit spirituellen, metaphysischen oder ganzheitlichen Zugangsweisen zu beruhigen. Viele suchen nach diesen Modellen, weil sie darin eine tiefere Weisheit spüren. Aber kein Modell ist in der Lage, die darin liegende tiefere Weisheit zu übertragen, bis die Menschen die entsprechende innere Arbeit selbst getan haben, so daß das Modell einfach ihre eigenen Erkenntnisse spiegelt. Manche Menschen laufen den spirituellen Wegen nach wie andere der Medizin – um sich selbst zu entkommen. (Der letzte Ort, wo wir hinschauen, ist in uns selbst.)

In dieser äußerlichen Sichtweise liegt ein grundlegendes Ungleichgewicht der Kräfte, das schließlich auf uns zurückschlagen wird. Wenn eine äußere Autorität auf Menschen einwirkt, ohne gleichzeitig einen Anstoß zur Entwicklung der entsprechenden inneren Quellen zu geben, ist die schließliche Zurückweisung dieser Autorität unvermeidbar. Die Auflehnung ist dann etwas Natürliches, ja etwas Wesentliches. Kinder müssen ihre Eltern irgendwann zurückweisen, um in sich selbst ganz zu werden. Aus den gleichen Gründen weist die Gesellschaft die bemutternde Macht der Medizin zurück – wie auch alle unsere Institutionen. Doch obwohl die Rebellion ein erster Schritt sein kann, reicht sie für tiefgehende Heilungen nicht aus. Sich gegen etwas aufzulehnen oder vor etwas wegzulaufen, kann zu einem stärkeren Selbstgefühl führen, stellt aber dennoch einen Spaltungsprozeß dar. Wir weisen damit auf subtile Weise immer auf einen Teil unserer selbst zurück. Wenn wir uns aber darauf zubewegen, etwas Größeres zu umfassen, dann vereinen sich die Kräfte zum Wachstum und zur Heilung.

Manchmal kommt jemand zu mir und sagt: »Nun, ich nehme an, Sie sind auch wieder jemand von diesen Leuten, die meinen, es gäbe nur Liebe.« Dann habe ich den Eindruck, daß diese Person der Meinung ist, er hätte mich und die Liebe völlig verstanden. Ich lächele dann, weil der Verstand meint, er hätte etwas begriffen, nur weil er die Wörter aussprechen kann. Der Verstand ist ein Feigling, und die meisten unserer Zugänge sind feige. Es ist jedoch keinesfalls ein Experiment für Feiglinge, sich diesem Heilungs- und Krankheitsgeschehen aus der Perspektive einer bewußten Wandlung und bedingungsloser Liebe anzunähern. Wir sind dann nicht mehr im Bereich der einfachen Antworten, können unseren Kopf nicht mehr in den Sand stecken, die magischen Kräfte auf die Heiler projizieren oder uns hinter einem spirituellen Dogma verstecken. Dann befinden wir uns selbst in dem Kessel, in welchem das Herz geöffnet wird, wir lernen die Weisheit kennen, und eine ganz neue Daseinsebene wird erreicht.

Ich habe mit Patienten mit allen möglichen Krankheiten gearbeitet, die erfolglos versucht hatten, sich selbst durch psychische Prozesse, Energieübertragungen, Ernährungsumstellungen, Meditation und Gebet zu heilen. Was da aber als ernsthafte Anstrengung erschien, war häufig nur ein Ausdruck der Auflehnung und des Stolzes. Sie lehnten sich gegen die Schulmedizin auf oder mieden sie. Sie sagten, sie täten dies, weil sie in der Schulmedizin einen Mangel sähen an Sensibilität, an Achtung vor den wunderbaren Heilungsmöglichkeiten, die in jedem Menschen wohnen, an allgemeinem Bewußtsein über die vieldimensionale Natur des Menschen usw. Während dies auf einer Ebene wahr ist, war es jedoch von viel größerer Bedeutung, daß ihre Begegnungen mit der Schulmedizin Ängste vor verstümmelnden Operationen oder übermächtigen Drogen hervorgebracht hatten, vor der Begegnung mit dem Tod, und schlimmer noch, die Überzeugung eines persönlichen Versagens, die damit einherging, daß sie sich selbst als krank erkennen mußten, besonders angesichts der unpersönlichen, herkömmlichen medizinischen Umgebung.

Mir wurde in der Arbeit mit ihnen klar, daß sie sich dem nicht stellen konnten und herausfanden, daß ihre Bemühungen nicht zum Erfolg führten, weil das seelische Umfeld, in dem diese Bemühungen unternommen wurden, ein Teil eines Unterdrükkungsprozesses war, der ihre Psyche teilte und sie von den tieferen Heilungskräften abschnitt. Um diese Kräfte zu erreichen, würden sie zuerst ihren Ängsten begegnen müssen. Ganz gleich, wie lobenswert ein Leugnungsprozeß von außen erscheinen mag, er ruft nie den Einstrom von Kräften hervor, die das Problem überschreiten oder vielleicht lösen.

Die innere Arbeit an einer Krankheit aus der Perspektive heraus, die durch ein erwachendes Bewußtsein entsteht, ist eine persönliche Angelegenheit von Augenblick zu Augenblick. Diese höhere Sichtweise bietet eine Führung, die für die Heilung hervorgebrachten Kräfte bestmöglich in einem ausgeglichenen und einheitlichen Bewußtsein einzusetzen. Wenn zum Beispiel die Wahl wahrscheinlich auf eine Operation fallen wird, dann kann diese sowohl vom energetischen wie auch vom mechanischen Standpunkt aus als der wirksamste Prozeß angesehen werden. Das gilt besonders für diejenigen, die richtig vorbereitet sind. Bei einer Operation kann ein ehrfurchtgebietender und wandelnder Einstrom von Kräften stattfinden, wenn die Seele in bezug auf den Wert der Erfahrung nicht gespalten ist. Ich befürworte hiermit nicht Chirurgie vor natürlicheren oder geistigeren Zugängen; ich möchte nur sagen, daß nach dem Auftreten des Erwachens es keinen wirklichen Unterschied ausmacht, wie die Energie erlangt und umgewandelt wird.

In einem Zustand bedingungsloser Liebe bestehen keine Unterschiede mehr zwischen der Natürlichkeit und Effektivität irgendeiner Methode, beziehe sie sich nun auf die Ernährung, arbeite sie mit dem Händeauflegen oder sei es die Chemotherapie. Man versteht dann, daß ein Mensch, der vor solch einer Wahl steht, das Produkt sehr komplexer persönlicher und kultureller Festlegungen ist. Bei einem Glauben zu bleiben, der sagte, das eine sei besser oder schlechter als das andere, würde bedeuten, daß man im Meer des gewöhnlichen Bewußtseins bleibt, von dem aus der größte Teil unserer Wirklichkeit beurteilt wird. Wir müssen jedoch die Begrenzungen dieser Ebene erkennen und die Fähigkeit entwickeln, weisere Unterscheidungen zu treffen als mittels der willkürlichen Vorlieben unserer Ängste und Unkenntnis. In dem Zusammenhang ist es interessant, daß wir die ursprüngliche Bedeutung des Wortes Furcht (engl.: »fear«) verloren haben, was »Hindurchschreiten« besagt.

Alle Heilungsverfahren, sei es nun das Händeauflegen, eine

Penizillinspritze oder eine Operation bedeuten im wesentlichen eine Energieumwandlung. Sie reichen in unsere Selbsterfahrung hinein und verändern auf unterschiedlichen Wegen das Hologramm des Bewußtseins. Wenn das menschliche Selbst mit einem Fernseher oder einer holographischen Projektion verglichen wird, würde jede Neueinstellung innerhalb des Mechanismus zu einer Veränderung im Bild führen. Penizillin ließe sich dabei mit einer kleinen Nachstellung der Brennweite vergleichen, die das ganze Bild klarer macht, während ein Gebet das eintreffende Signal verändern könnte und eine völlig neue Bildqualität erzeugt. Diese Wechselwirkung tritt tatsächlich in allen Dimensionen auf, ob sie nun innerhalb des Organismus oder außerhalb aufzutreten scheint. Das Wesen und die Qualität dieser Veränderung ist ein Ausdruck ihrer relativen Intensität und Schwingungsfrequenz wie auch der Tiefe, in der diese Wechselwirkung zugelassen wird. So wird es also zu einer Frage der Bewußtseinsebene, die man erreichen muß, um ein Krankheitsmuster zu lösen, und zu einer Erkenntnissache, welches Verfahren bei einem bestimmten Menschen die angemessene Energie für diesen Vorgang mit sich trägt. Ein solches Verständnis bringt die Weisheit des höheren Bewußtseins in die Sachkenntnis ein, die wir als Medizin bezeichnen.

Aber was ist diese Weisheit? Einfach gesagt, liegt sie in der Fähigkeit, die Einswerdung der Seele zu gestatten, indem in jedem Teil das Ganze erkannt wird. Das kann besonders schwierig sein, wenn wir Erfahrungen gegenüberstehen, die unser Verständnis übersteigen, oder wenn die Implikationen der Krankheit oder der Behandlung unannehmbar oder einfach furchterregend sind. Dazu bedarf es eines enormen persönlichen Einsatzes, den nur wenige begreifen können, geschweige denn selber aufbringen. Doch ich glaube, daß es dieser Vorgang ist, der das Bewußtsein im eigentlichen Sinne steigert und verfeinert. Die Herausforderung liegt darin, uns genügend zu öffnen, um die Bewußtseinsebene zu berühren, wo die Energie in die Wirklichkeit der Krankheit eingebunden ist und in eine geeintere Dimension entlassen werden könnte.

Damit dies möglich ist, muß die Energie einen hinreichenden Gipfel erreicht haben, und diesen Gipfel fürchten wir unbewußt stärker als unsere Krankheiten. Das muß so sein, oder warum sonst vermeiden wir die schwierigen Fragen, die unser Leben erneuern könnten? Wer bin ich? Was bin ich? Was tue ich? Tue ich dies nicht, dann kann ich sehr schnell sterben, tue ich es aber, dann könnte ich fürchterlich geschwächt und behindert sein: Was für ein Leben ist das? Unterdrücke ich meine Gefühle oder fordere die Energie zurück, die in ihnen liegt, um das Heilungsgeschehen zu verstärken? Werde ich mich selbst krankmachen, wenn ich auf diese Weise weiter denke? Doch wie kann ich aufhören zu denken, wenn in mir eine Zeitbombe tickt? Jenseits dieser Fragen könnte ein Hinweis darauf liegen, was zeitweise aufgegeben werden muß – Familie, Ehemann, Frau, Beruf, Selbstbild, sogar das Leben selbst –, um die Antworten zu finden, wirklichen Frieden und eine neue Wesensmitte. Aber genau diese Strukturen sind es, die so kostbar werden, wenn wir spüren, daß die Krankheit sie uns fortnehmen kann. Wenige nur können weiterschreiten auf die nächste Wesensebene und das Selbst als transzendent und kollektiv erfahren, das Eine, das Viele ist. In diesem Zustand liegt enorme Kraft. Die Abteilungen sind aufgegeben.

Wo wir auch hinschauen, welche Fragen wir auch stellen, das Problem bleibt das gleiche. Das Ich fragt, das Ich ist krank, das Ich muß etwas tun – und es gibt so viele Ichs. Die Kraft ist auf eine endlose Zahl von Teil-Ichs verstreut. Wenn nur mehr eines da ist (das kein wirkliches Ich mehr ist), dann ist die Energie für den Sprung bereit. Durch diese furchtbare Herausforderung, diese schrecklichen Fragen, kann die Kraft gefunden werden. Warum wollen wir, daß andere für uns antworten, uns Tabletten geben, uns trösten, wenn jene Dynamik uns ein vollständigeres Leben schenken kann? Wenn wir mit den Kräften in diesen Fragen arbeiten, werden wir zu einer tieferen Mitte, einem geeinteren Wesen geführt.

Eine geeintere Mitte kann tiefere Kräfte aus jeder Erfahrung ziehen und sogar eine Operation zum Teil der Reise ins Erwachen machen. Durch die Verfeinerung der Energie tritt ein neues Wirklichkeitsgefühl auf. Genau zu dieser Mitte kommen wir durch die Kontemplation der bedingungslosen Liebe. Die bedingungslose Liebe läßt ein immer tieferes Eindringen in diese Fragen zu. Sie wird zum letzten Zusammenhang, den wir uns aufbauen können, bevor wir endgültig loslassen und nur sein können.

Das Wort »zulassen« sollte nicht den Eindruck erzeugen, daß es etwas Leichtes sei. Wenn es wirklich leicht wäre, würden wir nicht immer wieder auf die nächste Wunderheilung hereinfallen, auf den nächsten »richtigen« Weg, die nächste großartige Antwort oder die nächste »Wahrheit« der Wissenschaft. Ich schreibe nicht von Allheilmitteln, sondern von der Öffnung des Herzens in unserem Wesen für *jede* Facette unserer Erfahrung. In diesem Geschehen findet die Kraft aus der höheren Wirklichkeit ihren Partner in der Materie, in unserem Körper und in den reifenden Ebenen unserer Bewußtheit. Ist dieser Sinn für die Ganzheit einmal erkannt, so glaube ich, daß jeder Weg zur Heilung sich als ein fruchtbarer erweisen oder vielleicht sogar unwesentlich werden wird.

Wenn wir dies einmal einsehen, können wir jede Therapieform als Quelle der Kraft benutzen, in einem *Prozeß des Seins,* nicht in einem Prozeß mit definierten Zielen. So unbequem die Kontemplation auch erscheinen mag, aber wenn wir an der Notwendigkeit der Heilung festhalten, dann bestätigen wir damit auch die Gegenwart der Krankheit. Es ist ein weiteres Beispiel dafür, daß in einem polaren Geschehen die Stärkung des einen Pols automatisch auch den anderen stärkt. Die erwachenden Bewußtseinsebenen erfahren das Selbst nicht nur als einen Tanz wechselwirkender Kräfte, der unsere Vorstellungen und Glaubensformen überschreitet, sondern erkennen auch, daß der Lebensvorgang unsere relativen Ziele weit überschreitet. So verschiebt sich die Perspektive von der Genesung auf unsere höchste Daseinsmöglichkeit.

Eine grundlegende Unterscheidung müssen wir beim Eintritt in die Wandlung alle lernen, nämlich den Unterschied zwischen zwei verschiedenen Dynamiken. Deren erste ist die Wandlung, die die Kraft aus einer Krankheit oder einem psychischen Muster befreit und auf diese Weise eine neue und offenere Sichtweise und ein Kräftegleichgewicht aufbaut. Solch ein Geschehen wirkt in sich vereinigend und führt zu einer Energiesteigerung. Unweigerlich führt es auch zu einem tieferen Liebesgefühl. Der andere Prozeß besteht aus subtilen Verleugnungs- und Unterdrückungsmechanismen, die im Bewußtsein einen niederen Schwingungszustand lassen, trotz der äußeren Großartigkeit der Rituale und Techniken, denen wir uns unterwerfen.

8. Die besondere Kraft einer Gruppe

Die Beobachtung der grundlegenden Prinzipien von Gruppendynamiken, die zu erhöhten Energiepotentialen führen, ist für jedes Verständnis menschlichen Bewußtseins wesentlich. Ein Ashram zum Beispiel ist eine besondere Art der Gemeinschaft. Die Qualität und Intensität, durch die sich die Menschen dort gegenseitig beeinflussen, potenziert die in einer solchen Umgebung erfahrenen Einzelerlebnisse. Auf gleiche Weise beheimatet ein Kloster eine Menschengruppe, die ihr Leben dem Gebet geweiht hat, und schafft dadurch eine besondere Psychosphäre. Solche klösterlichen Umgebungen erschaffen eine Intensität besonderer Art. Das Bewußtsein ist auf sich selbst zurückgeworfen, um die Wurzeln von Vorstellungen und Einstellungen zu suchen. Gleichzeitig wird die Beziehung zu etwas darüber Hinausliegendem erfahren, etwas *anderem.*

Da dieser Vorgang bei vielen Menschen gleichzeitig stattfindet, potenziert die Summe dieser Wirkungen den Prozeß bei jedem einzelnen und erzeugt dadurch vielleicht hinreichende Energie, um das Eindringen in neue Wirklichkeitsebenen zu ermöglichen. Die Individuen, die eine solche Umgebung erschaffen, sind nicht nur persönlich Beispiele höherer menschlicher Möglichkeiten und Weisheit, indem sie aus Diät, Übungen, Meditation und Arbeit Lehrsysteme aufgebaut haben, sondern sie sind auch begabt darin, ihre Gemeinschaften zu äußerst geeinten funktionalen Einheiten zu strukturieren. Die tibetischen Buddhisten können eine Gemeinschaft wunderbar bis zu einem fieberhaften Zustand anregen, wenn es um ein Projekt wie die Vorbereitung des Besuchs eines inspirierenden Gastes oder einer Gebetswoche geht. Der Zeitpunkt, der besondere Augenblick der Ankunft des Gastes, das Besondere des »Wir« in der Arbeit werden zu äußeren Motivationen für die Intentionalität, mit welcher eine Gruppe von Menschen sich selbst für das gleiche Ziel mobilisiert. Wir haben hier eines der ältesten und machtvollsten Instrumente zur Sammlung und Intensivierung menschlicher Kräfte vor uns: das Handeln als eine Gruppe mit gemeinsamem Ziel und die Hinzufügung eines Elementes der Dringlichkeit oder Krise.

Dies tritt nicht nur im Ashram oder Kloster auf, sondern ist ein universaler Ablauf. Es kommt auch in Universitäten während des Abschlußexamens zustande und in Armeen während des Krieges. Es bildet die Basis eines jeden Mannschaftssports, um die fast übermenschlichen Leistungen der Spieler zu mobilisieren. Außerhalb des Mannschaftszusammenhanges könnten nur wenige Einzelspieler diese Art der Energie auf die Beine bringen. Helden entstehen dann, wenn die Kraft eines geeinten Zusammenhanges sie auf einen einzigen Brennpunkt zutreibt, wo alle Gedanken aufhören und das reine Wesen die Leitung übernimmt. Es übernimmt diese, wird aber durch die Art des Zusammenhanges definiert. Der Soldat kämpft wild, der Athlet bewegt sich mit verblüffendem Geschick. In solch einem Zustand werden sogenannte paranormale Fähigkeiten natürlich. Athleten berichten davon, daß sie in der Lage seien, die Flugbahn des Balles zu beeinflussen, Menschen heben Autos hoch usw. Jeder von uns kann sich an besondere Fälle erinnern, wo wir, aus welcher Verbindung persönlicher Motive und äußerer Situationen auch immer, über uns selbst hinausgehoben wurden.

Heute noch gibt es Kriegsveteranen, die sich nicht von der Macht befreien können, die die bloße Intensität ihres erhöhten Energiezustandes im Krieg über ihr Bewußtsein gewonnen hatte. Er wird zu einem Höhepunkt ihres Lebens. Im Krieg kann die Intensität der Kameradschaft so tief gehen, daß im Vergleich dazu nichts anderes mehr als real erscheint. Die Veteranen fühlen sich dazu gedrängt, sich daran immer und immer wieder zu erinnern, so wie Geistessucher sich immer wieder an den Augenblick ihrer Erkenntnis zurückgezogen fühlen, bis sie schließlich die Prinzipien begreifen, die die Erfahrung zunächst hervorgebracht hat. Dann fangen sie an, diese Prinzipien im Jetzt anzuwenden und werden frei. Diese Energie ohne eine äußere Krise und ohne Streß einzusetzen, könnte die große Herausforderung unserer Zeit sein. Der Wandlungsprozeß und besonders die Gruppenenergie, die sich um die schlichte Erkundung des Daseins herum sammelt, könnten neue Wege zu diesem Potential eröffnen.

Bei der großen Mehrheit der Menschen geschieht die Verstärkung der Bewußtheit in Gruppen am effektivsten. Meditation ist in der einen oder anderen Form der Schlüssel zum erweiterten Bewußtsein. Durch die Meditationsübung lernt man das Sammeln und Fokussieren des Bewußtseins und damit auch der Energie; Meditation ist jedoch selten wirksam, wenn sie allein gelehrt wird. Die meisten Meditationen werden in Gruppen durchgeführt, weil im Gruppenprozeß die Kraft liegt, die Erfahrung einzuleiten und zu beschleunigen. Besonders gilt dies für Neulinge. Das Gebet in Kongregationen ist machtvoller als allein. In der jüdischen Tradition wird eine bestimmte Mitgliederanzahl, »minjan« genannt, für die Einleitung von Gruppengebeten für nötig gehalten.

Eine interessante Beobachtung auf anderer Ebene zeigte entsprechend, daß zurückgebliebene Kinder in Tests besser abschnitten, wenn der Lehrer neben ihnen saß, als wenn sie allein waren. Auftritte verlaufen besser, wenn das Publikum aufmerksam ist; das Publikum verstärkt den Schauspieler und umgekehrt. Bei meiner Arbeit mit autistischen und schizophrenen Kindern konnte ich beobachten, daß die Kinder sich viel besser entwickelten, nachdem das Personal gelernt hatte, als eine Gruppe in einen geeinteren Bewußtseinszustand einzutreten. Auf noch einer weiteren Ebene konnte ich beobachten, daß Mannschaftssport, bei welchem sich große Gruppen als Einheiten bewegen, besser besucht ist, abhängiger macht und irgendwie kraftvoller ist als Individualsport. All das deutet darauf hin, daß es eine Dynamik in der menschlichen Wechselwirkung gibt, die selten anerkannt wird, aber dennoch universal ist. Die Unterstützung dieser Gruppendynamiken stellt die Basis der katalysierenden Wandlungskraft in meiner eigenen Konferenzarbeit dar.

Meiner Meinung nach liegt der Unterschied in der Kraft eines religiösen Rituals und der des Rituals bei einem Sportereignis wie Fußball im Wesen dessen, was evoziert oder angerufen wird. Bei ersterem ist es das höchste geistige Prinzip, bei letzterem sind es die höchsten menschlichen Fähigkeiten. Die Religion beschäftigt sich mit dem transzendenten Wesen des Menschen, während Fußball den Bereich der emotionalen und physischen Beherrschung ausnutzt.

In beiden Fällen haben wir es mit einer erhöhten Gegenwärtigkeit zu tun. Für einen bewußten Menschen ist diese lebendige Gegenwärtigkeit ein wahrnehmbares Energiefeld, sei es nun in einer Kirche, einem Ashram oder aufgrund eines Fußballspiels. Die Kraft ist machtvoll, manchmal fast faßbar und kann verwandelt werden, um vielfache Ebenen des Bewußtseins zu unterstützen. Bei einem erwachten Menschen zum Beispiel kann die Energie solcher Umgebungen seine höheren psychischen Kräfte verstärken wie Telepathie oder Hellsichtigkeit. Weniger bewußte Menschen werden ein stark erhöhtes Lebensgefühl verspüren und sich etwas Größerem als sich selbst zugehörig fühlen; werden sie davon getrennt, tritt ein Gefühl des Verlustes und des Abgeschnittenseins vom Leben auf.

Ist man einmal daran gewöhnt, unter erhöhter Energie tätig zu sein, erzeugt die Trennung davon starke Unruhe. Ich meine, darauf beruht die Abhängigkeit, die um spirituelle Schulen, Kulte, Mannschaften und die Armee herum auftritt, wie in allen Umgebungen, wo menschliche Tätigkeit mit ausreichender Einheit des Zieles unternommen wird, um höhere Energiezustände zu erschaffen. Ein bekanntes Problem bei Schauspielern ist, daß sie sich nur während der gesteigerten Energie eines Auftrittes ganz fühlen. Später wenden sich viele dem Alkohol oder Drogen zu, um die Intensität zu beruhigen oder zu aktivieren, an welche sie gewöhnt sind.

Während die meisten menschlichen Situationen ohne ausreichende Bewußtseinssubtilität erlebt werden, die enthüllen könnte, daß der Kräftezusammenhang viel wichtiger ist als das Ereignis selbst, steht zu hoffen, daß die Menschen wenigstens in geistigen Angelegenheiten erkennen können, welche tieferen Kräfte ihre Gefühle der Einheit und Teilhabe katalysieren. Bis zum Erwachen ist das jedoch unglücklicherweise nicht der Fall. Die Menschen werden abhängig von der Umgebung, in welcher ihr Kraftgefühl erhöht ist, ohne ein Bewußtsein der Kräfte zu entwickeln, die sie dort berühren, oder die Daseinsprinzipien zu erkennen, die für eine größere Freiheit innerhalb dieser Kräfte notwendig sind. Sogar wo wenig oder gar kein Bewußtsein ist, bringt der Prozeß menschlichen Miteinanders einen bestimmten Grad energetischer Wechselwirkung hervor. Obwohl dieser minimal und unbewußt ist (verglichen mit dem, den der Adept im Ashram, der geübte Entertainer oder der große Athlet realisiert, die alle diese Kräfte bewußt und absichtlich aufrufen können), bedeutet es dennoch ein Teilhaben am universellen Prinzip der gemeinschaftlichen Energie oder Gegenwärtigkeit, in welchem sich unser Leben abspielt.

Wir werden so in verschiedene Ebenen der Energiesysteme eingeweiht und müssen allmählich lernen, die Dynamiken innerhalb derselben zu unterscheiden, und uns für höhere Wechselwirkungsweisen freimachen. In gewisser Weise können wir von einer energetischen Abhängigkeit vom Familiensystem (besonders von den Eltern), von Schulen, von Verhaltensmustern, von Jobs, sogar vom Kampf gegen Krankheiten sprechen, solange alles dies jeweils eine Aktivierungsebene (das Empfangen und Abgeben von Energie) eines sich immer erweiternden Bewußtseinspotentials repräsentiert. (Gleichzeitig besteht eine tiefgehende, aber feine Sehnsucht und Besorgnis, von diesen Systemen frei zu werden, als würde ein Teil von uns den Ruf zu einer höheren Ebene erkennen.) Wenn man in einen geeinteren Zusammenhang menschlichen Miteinanders eintritt, kann das Kräftepotential erhöht werden (es wird mehr empfangen und mehr gegeben, und damit geht eine Bewußtseinserweiterung einher). Diese Abhängigkeit kann auf jeder Ebene von neuem auftreten, bis man sich hinreichend die Energieebenen hinauf und hinunter und durch genügend Kontexte hindurch bewegt hat, um eine tiefere und grundlegendere Bewußtseinsebene zu erkennen – das höhere Selbst, welches alle diese Räume umfaßt, aber durch keinen definiert wird. An diesem Punkt ist man ausreichend erwacht und zumindest von der blinden Macht der meisten niedrigeren menschlichen Systeme frei – von der »Illusion der Welt«, von der so viele spirituelle Kosmologien sprechen.

Die Arbeit mit Gruppenenergien ist bislang nicht Teil unseres Erziehungsprogramms gewesen, nur in geringem Maße im Zusammenhang mit Krieg und Sport. Die Bewegung in erhöhte Zustände hinein ist statt dessen der besondere Bereich der Ashrams oder sogenannten religiösen Schulen gewesen. Das grundlegende Phänomen wird in diesen Umgebungen verstanden und eingesetzt. Überall wo menschliches Bemühen in Gemeinschaft geschieht, tritt ein Phänomen auf, welches die für den einzelnen zugänglichen Kräfte verstärkt, um sich vom normalen zu einem erweiterten Bewußtsein zu bewegen. Das Ganze ist mehr als die Summe seiner Teile; oder, wie es in der Bibel heißt: »Wo zwei oder drei von euch versammelt sind in meinem Namen, da bin ich mitten unter ihnen« (Johannes 18,20).

Diese Bibelstelle bezieht sich auf ein natürliches Prinzip, durch welches sich der Mensch einer umfassenderen energetischen Dimension bewußt werden kann, die zum Teil durch sein Erleben angerufen und umschlossen wird. Wo wir uns in Wut und Selbstgerechtigkeit versammeln, können wir zum Mob werden. Versammeln wir uns, um ein Gefühl höheren Bewußtseins und der Liebe zu fördern, können wir eine »heilige« Gegenwärtigkeit verspüren. Bildet sich eine Gruppe, um Heilungskräfte zu übertragen, kann sie zu einer machtvollen therapeutischen Wesenheit werden. Die bloße Ansammlung von Menschen stellt jedoch noch nicht sicher, daß sie ihr normales energetisches Milieu überschreiten und ein erhöhtes Kräftepotential erschaffen können. Nicht jede wütende Gruppe wird zum Mob, und nicht jede Kongregation findet den Anschluß an eine höhere Gegenwärtigkeit. Durch ein offenherziges Erforschen der Prinzipien von Gruppenenergien können wir uns von begrenzenden Zusammenhängen befreien (der Gruppe, Mannschaft, Kirche, Religion).

Ich würde zum Beispiel vorschlagen, daß wir anfangen, die gesammelte Gruppenenergie in medizinischen und erzieherischen Zusammenhängen bewußt zu erforschen. Da physikalische und psychologische Wirklichkeiten Funktionen von Energiezuständen darstellen, könnte die Steigerung kollektiver Energien ein beschleunigendes und verstärkendes Kraftfeld für das menschliche Bewußtsein erzeugen, in welchem neue Empfindungen und Vermögen geboren werden. Wir werden feststellen, daß die anscheinend festgelegten biologischen Vorgänge relativ werden und sich anders verhalten, wenn wir in einem erhöhten Kraftmilieu tätig sind.

Die Wahrnehmung anderer Dimensionen und das tiefgehende Lebensgefühl und Wohlbefinden, das bei meiner Konferenzarbeit immer wieder auftritt, läßt in mir die Vorstellung entstehen, daß diese Erscheinungen allgemein eingesetzt werden *können,* besonders bei der Erziehung. Im menschlichen Bewußtsein gibt es einen enormen, unbewußten Faktor, der in jedem Moment latent vorhanden ist. Es ist ein wundervolles Abenteuer, diesen zu entdecken und zu befreien. Da ich die sehr technische, herkömmliche westliche Erziehung durchlaufen habe, kann ich die Wichtigkeit nicht genug betonen, Bereiche menschlicher Erfahrung aufzudecken, die bei erhöhtem Bewußtsein lebendig werden. Bis das geschieht, können wir uns nicht vorstellen, wie verschlossen wir sind. Die Erfahrung ist der Schlüssel dafür, denn zur Zeit klafft eine Lücke zwischen dem, was wir erfahren können, und dem, was in Worten mitgeteilt oder verstanden werden kann. Bei meiner Konferenzarbeit ist also die unmittelbare Erfahrung höherer Ebenen der Lehrer, und damit es dazu kommen kann, ist es entscheidend, die Verfeinerung von Gruppenkräften anzuerkennen.

Gebündelte Gruppenenergie bedeutet die *bewußte* Anwendung und Beeinflussung eines natürlichen Phänomens, durch welches menschliche Energie sich zusammenschließt und verstärkt, wenn sie um ein vereinendes Prinzip gesammelt wird. Dieser Prozeß ist der einzige kraftvollste Weg, abgesehen von der direkten Gnadenerfahrung, um die dem normalen Individuum zugänglichen Energien zu verstärken. Wenn die Begrenzungen des persönlichen Selbstbewußtseins beiseite gelassen werden und unsere Identität sich auf den kollektiven Aspekt zubewegt, verliert das Selbst seine festgelegte Anordnung und fließt in ein größeres Kontinuum.

Der Kern meiner eigenen Arbeit ist der willentliche Versuch, die Gruppenkraft rund um den Zustand bedingungsloser Liebe zu erhöhen. Ich halte die unbedingte Liebe aus zwei Gründen für wesentlich. Zunächst muß für eine Wandlung in unserem normalen Bewußtsein ein Kontrast geschaffen werden. Die Art und Qualität dieses Kontrastes ist äußerst wichtig. Wenn dieser Kontrast nicht als ein unbedingter Zustand gesetzt wird, der unsere persönlichen Sichtweisen überschreitet und auf eine alles umfassende Qualität der Liebe hindeutet, bleiben wir für immer in der Sphäre des Persönlichen hängen, ohne ihre Relativität höheren Phänomenen gegenüber einsehen zu können. (Ein schönes Bild dafür ist der Cartoon, in welchem zwei Fische aus dem Meer herausspringen. Der eine Fisch weist den anderen auf das Wasser unter ihnen hin und sagt: »Guck mal, was für ein idiotisches Zeug!«) Die Prinzipien und Kräfte, die unsere Wirklichkeit auf einem niedrigeren Kraftniveau festlegen, werden wir erst verstehen, wenn wir uns in eine höhere Kraft hineinbewegen und in einen höheren Vorsatz für menschliche Beziehungen. Sonst sind wir wie der Fisch, der das erste Mal in die Luft springt und kein Wasser kennt.

Der Zustand der unbedingten Liebe wird zur »Luft«, in welche das bedingte Bewußtsein springt, um eine neue Dimension zu sehen. Die Erfahrung in diesem Zustand überschreitet und zerstört schließlich die grenzenschaffenden Mechanismen unseres persönlichen Bewußtseins. Schon die Bereitschaft, solch einen Zustand zu verwirklichen, verursacht eine wesentliche Änderung in unserem Bewußtsein. Wenn wir uns auf diese neue Erfahrung hin öffnen, schafft schon die Ahnung davon dem Individuum eine inspirierende Atmosphäre. Es ist grundlegend wichtig, daß das energetische Milieu von höchster Feinheit und Qualität ist, wenn wir das Bewußtsein anspornen, sich in dieses neue Potential zu erheben. Die Hingabe an ein unbedingtes Liebesgefühl *wird* diese Möglichkeit automatisch hervorrufen, und neue Erfahrungsbereiche werden sich auftun, sofern die Energie nicht wieder in die gewohnten Intensitätsbereiche, wie die sexuelle oder emotionale Erfahrungsebene, zurückgebunden wird.

Diese Bereiche menschlicher Erfahrung will ich damit nicht ausschließen oder leugnen. Gefühle und Sinnlichkeit habe ich immer voll und reich gelebt. Aber im Tanz der sexuellen Anziehung und in den Gefühls- und Machtformen, wie Wut, Besitzansprüchen, Selbstmitleid, Konkurrenzdenken, liegt etwas, das die feineren Möglichkeiten einfach überdeckt. Es ist, als würde man ständig einer Pauke zuhören und die Nuancen einer Harfe nicht bemerken. Obwohl viel nützliche Arbeit dafür geleistet wird, den Menschen bei der Klärung ihrer emotionalen Reaktionsmuster zu helfen, gerät solche Arbeit jedoch oft zu einem geschlossenen System, das das unmittelbare Wissen um breitere Erfahrungsbereiche unterdrückt. Man endet bei dem Versuch, Gefühle durch einen Blick auf die Wirklichkeit zu erklären, in welcher sie auftreten, anstatt hinter sie auf eine höhere Ordnungsebene zu schauen. Gefühle und die Erklärungen dazu gehen jedoch unendlich weiter, so daß der Prozeß auf dieser Ebene niemals zu einem Schluß kommt: ein geschlossenes System. Viele Menschen meinen sogar, sie sollten sich bis zu einem bestimmten Intensitätsgipfel vorarbeiten und dann die Energie in einem machtvollen Gefühlsausbruch entlassen, was sie mit Echtheit oder mit Heilung gleichsetzen. Die ganze Sache dient jedoch nur dazu, die Energie zu zerstreuen, und das Muster entwickelt sich wieder von neuem. Eine solche intensive Katharsis schleudert uns nur selten auf eine neue Ebene.

Wenn wir bei der Erkundung höherer Möglichkeiten die sexuellen oder Gefühlskräfte verstärken, fahren wir nur damit fort, die noch unerfahrenen Bereiche des Daseins zu verschleiern. Eine Zeitlang müssen die zwischenmenschlichen Gefühlsprozesse beiseite gelassen werden und das packende Gefühl ohne Beurteilung beobachtet (nicht unterdrückt) und auf ein höheres Potential gehoben werden. Ich kann nicht genug betonen, wie wichtig es in meinem eigenen Leben war, einige Jahre mit dem Erlernen der Gefühlskontrolle zuzubringen. Niemals hätte ich die energetischen Erscheinungen erkennen können, die der Gefühlsebene zugrunde liegen, wenn ich dieselben nicht lange genug beiseite gelassen hätte, um eine andere Dimension wahrzunehmen.

Schiebt man sie beiseite, so kann sich genügend Energie ansammeln, um einen Quantensprung des Bewußtseins möglich zu machen. Die Gefühlsdimension ist ein Bereich sehr hoher Intensität, aber von relativ niedriger und wenig verfeinerter Kraft, charakterisiert durch starke Gefühlsschwankungen. Wer nicht wenigstens einige Gefühlsbeherrschung erlernt hat, kann durch die energetische Verstärkung dieser Facette seiner Seele in unglaubliche Intensitäten und Gefahren getrieben werden. Das sagen mir die Worte der Propheten: »Bereitet unserem Herrn eine Straße in der Wüste« (Jesaja 40,1–3) und »Jedes Tal sollte angehoben und jeder Berg und Hügel flach gemacht werden, das Gebogene gerade und die unebenen Orte eben« (Jesaja 40,4). Das bezieht sich nicht nur auf die Festigung der hohen und niederen Gefühlsschwankungen, sondern legt auch eine Glättung der verschiedenen Seitenpfade nahe, auf welchen wir ständig unsere momentane Energie zerstreuen. Man lasse sich von dieser Herausforderung nicht einschüchtern, denn eine neue Zugangsweise ist erstaunlich leicht zu erlernen, wenn sie dem Bewußtsein auf intelligente Weise als eine zu erforschende Wahlmöglichkeit vorgesetzt wird.

Abgesehen von dem Eintauchen in Gefühlsmuster ist ein anderer wesentlicher Prozeß, der am Eintritt in höhere Bewußtseinsebenen hindert, der ständige Drang, zu rationalisieren und die Dinge einordnen zu wollen. Während ein solches Vorgehen in der äußeren Wirklichkeit wertvoll und nützlich ist, bildet es einen Schleier für andere Bewußtseinsarten, bei welchen ein Verständnis als Folge zugelassen wird und nicht als eine Voran-nahme, wie ich vorher schon ausführte.

Es gibt noch einen weiteren wichtigen Aspekt, die Gruppendynamik um ein Gefühl der unbedingten Liebe herum zu bündeln. Obwohl die ersten Anzeichen der unbedingten Liebe als eine Gegenwärtigkeit mitgeteilt werden können (und deswegen kann man von einem Menschen, der diesen Zustand verwirklicht hat, in sie hineingeführt werden), wird die eigentliche Verwirklichung in einem selbst nur durch Gruppenenergie stark ausgeweitet und vertieft. Und hat man die Unbedingtheit einmal berührt, so überschreitet die weitere Erkundung derselben jeden Zusammenhang. Wird schließlich die bedingungslose Liebe in einem Menschen als eine neue Dimension geboren, so hängt sie an keinem Gegenstand, keiner Person, keiner Philosophie und keinem Ziel, das als ein dem Selbst Äußerliches und Getrenntes festgelegt werden könnte. Werden die Möglichkeiten in diesem Zustand bewußt, so können sie zu jeder Zeit und in jedem Zusammenhang verfügbar gemacht werden.

Den Teilnehmern in Konferenzen erkläre ich dies, indem ich sage, wir werden nun durch unser Miteinander ein Kraftfeld erschaffen, welches uns zu einer neuen Erkenntnis über unser Wesen als Menschen bringt. Diese neue Ebene wird nicht ewig erhalten bleiben, aber die Einsicht und die wirkliche Wandlung, die aus der Erfahrung hervorgehen, werden zu einem Kern, aus welchem heraus wir uns zu neuen Ebenen des Daseins entwickeln können.

Die Kollektivkräfte in Situationen wie sozialen Krisen, politischen Versammlungen, Filmen, Sportveranstaltungen, Bühnenauftritten, Liebesgeschichten und traditionellen religiösen Ritualen machen im Gegensatz dazu niemals die tieferen Abläufe bewußt, welche die Erregung hervorrufen. Man wird von den Kräften hochgespült, anstatt ihr Verfeinerer und Wandler zu sein, und darüber hinaus ist der Zusammenhang ein bedingter und begrenzender. In solchen Situationen werden die Menschen angeregt, selbst abhängig von den erhöhten Intensitäten der verstärkten menschlichen Gruppenkraft, aber sie identifizieren sich auch mit dem jeweiligen Zusammenhang. Niemals wird die Person als ganze einbezogen. Beispielsweise kann man sexuelle Stimulation und Erregung empfinden, ohne sich wirklich um einen Menschen zu kümmern, oder man kann emotional in eine Situation wie ein Sportereignis sehr verwickelt sein, ohne daß dies eine Auswirkung auf den Rest des Lebens hat. Wir können einen Teil unserer selbst mit dem entsprechenden Teil in einer anderen Person verschmelzen lassen und auf diese Weise eine unverbindliche Ekstase erleben. Das wirkt aber begrenzend, und, wie ich vorher schon bemerkte, dadurch wird eine gegenseitige Abhängigkeit oder eine Abhängigkeit von der Intensität als solcher hervorgerufen.

Die Art von Liebe, die in einer bedingten Vereinigungs- und Erhebungserfahrung gefunden wird (sogar, wenn es sich dabei um sogenannte Gottesverehrung handelt), ist eine Liebe, die später auch Kriege führt oder Aufstände macht oder Morde begeht, um den Zusammenhang ihrer Sucht zu beschützen. Es ist in der Tat eine sehr radikale Erfahrung, die unbedingte Liebe zu berühren – die Grundlagen unseres Selbst werden dadurch verändert. Darin erfahren wir unmittelbar nicht nur die vielen latenten Kräfte des Bewußtseins, sondern auch die Wahrnehmung eines kollektiven Selbst (was vielleicht am wichtigsten ist).

Unterbrechen Sie nun einen Moment lang das Lesen.

Zustimmung, Ablehnung ...
Das Bemühen um Verständnis kann wegfallen.
Hier ist ein Stück Papier ...
gewalzte Bäume, zeitlose Evolution,
Maschinen, Metalle, Veredelung,
Millionen verbundener Leben,
die Evolution der Sprache ...
Ein Gefühl der Weite,

der Frieden des Unbegreiflichen, in welchem
wir alle nur
vereint sind.

In Diskussionen gebe ich häufig das folgende Beispiel. Eine Menschengruppe von vierzig Personen könnte relativ leicht ein brauchbares Heim bauen. Sie könnten die Grundmauern legen und die Fußböden, Wände und ein Dach errichten, es mit natürlichen Elementen isolieren und eine Feuerstelle zum Heizen und Kochen bauen. Das wäre relativ einfach. Aber selbst wenn diese vierzig Personen den Rest ihres Lebens weiter zusammen arbeiten würden, wären sie doch nicht in der Lage, gemeinsam auch nur einen einzigen Wegwerfkugelschreiber herzustellen. Denn dieses zu tun, würde erfordern, Erze abzubauen und zu schmelzen und Metalle zu legieren. Es würde bedeuten, daß man in den Untergrund bohren müßte, um Öl zu fördern, und die Vorgänge verstehen müßte, wie Kunststoffe synthetisiert werden. Es erfordert ein Wissen von Färbungen und Lösungen. Vierzig oder sogar vierhundert Personen reichen für diese Aufgabe nicht aus, wenn sie außerhalb der Industriegemeinschaft stehen. Hier steht ein einfacher Gegenstand wie ein Wegwerfkuli als Denkmal für unser Gemeinschaftswesen, vielleicht ein absurdes Symbol unserer Untrennbarkeit. Und er deutet nur in einer Dimension, der materiellen, auf unsere Einheit hin. Ich habe entdeckt, daß wir auf der körperlichen, emotionalen, geistigen und energetischen Dimension gleichermaßen eins sind. Auf bedingungslosen Daseinsebenen gebündelte Gruppenkräfte können das Selbstgefühl zu einer unmittelbaren Verwirklichung führen, die unsere ständige Neigung überbrückt, Teile vom Ganzen abzuspalten. Es ist schwer, die Gruppenprozesse auf meinen Konferenzen zu beschreiben, denn die tatsächliche Arbeit geschieht durch Bewußtseinsenergien. Die äußere Form ist nur das Gerüst, auf welchem der energetische Prozeß aufbaut, und diese Form ändert sich spontan, um Türen in neue Räume hinein zu öffnen, Räume, die zwischen den offenbaren Ereignissen versteckt sind. Jemand, der durch ein Fenster schaut, würde Menschen im Kreis sitzen sehen, Hände halten, sehr lauter Musik zuhören, singen und hingegeben tanzen oder still ihre Erfahrungen einander mitteilen. Ein typischer Tag während einer Konferenz beginnt mit einer Morgenmeditation. Es gibt zwei, manchmal drei Gruppensitzungen während eines Tages mit einer Menge Freizeit zwischendurch, um sich still zu entspannen oder die umgebende Landschaft zu erkunden. Zur Zeit, wo ich dies schreibe, liegt der Schwerpunkt meiner Arbeit auf Sky-Hi-Ranch in der hohen Mojavewüste in Kalifornien. Wir finden an diesem Ort sehr feine Farbabstufungen vor und weite Ausblicke auf Berge und Himmel sowie eine große Stille, die die Erkundung anderer Dimensionen des Bewußtseins auf natürliche Weise schützt.

Durch verschiedene subtile Kontraste wird die Energie aktiviert und das Bewußtsein verfeinert und erweitert. Energie wird zum Beispiel allein dadurch aktiviert, daß man sich in einer anderen Umgebung befindet oder den Tag auf ungewohnte Weise einteilt. Noch mehr Kräfte werden aktiviert, wenn man anfängt, verschiedene Bereiche der Körperenergien zu erforschen sowie neue und inspirierte Arten wesensbezogener Mitteilung und Kommunikation. Ich betone den Teilnehmern gegenüber während des Gruppenprozesses die Idee, ein Kraftfeld aufzubauen. Gruppendynamik ist ein mächtiger Verstärker und Verfeinerer von Energie, und jeder Mensch neigt dazu, diese Kraft auf unterschiedliche Weise zu fassen. Entscheidend für das persönliche Wachstum ist ein Bewußtsein davon, wie Menschen sich für ein Gefühl größerer Kraft öffnen und wie sie diese Kräfte wieder zerstreuen.

Allgemein gilt, je offener und empfänglicher man wird, um so kreativer und unbedingter muß man im Ausdruck dieser Kräfte sein, damit das Gleichgewicht erhalten bleibt. Wir lehren die Erfahrung, sich den Energien zu öffnen, durch verschiedene Übungen sowie durch den neuen Zusammenhang des ganzen Geschehens wie auch durch mein eigenes Beispiel. Man muß die Menschen dazu ermutigen, ihre linearen, vergleichenden und beurteilenden Weisen der Selbstfestlegung zu lösen. Dadurch gleitet man allmählich in offenere Energieformen, und eine neue

Empfindsamkeit entwickelt sich. Man kann Vorschläge machen und an Beispielen darstellen, wie diese neue Energie sich ausdrückt, doch nimmt sie in jedem Menschen eine einzigartige Form an. Wenn die Menschen bemerken, wie sie ihre Offenheit blockieren (durch Konkurrenz, Beurteilungen, das Bedürfnis nach Verständnis und so weiter), beginnen sie, die in sich selbst empfundene Kraftaufladung zu erhöhen. Und wenn sie erfahren, wie sie unbewußt ihre Energie vergeudet haben (durch bloß entladenen Sex, träge Geselligkeit oder Gespräche, bloß um Lücken zu füllen, das Aktivieren alter Gefühlstonbänder, durch zwanghaftes Essen oder Arbeiten), dann entwickeln sie die Freiheit, mehr Energie im Bewußtsein zu halten und dadurch neue Bewußtseinszustände zu erlangen.

An dieser Stelle können wir feinere Wahrnehmungen erkunden und die Energie durch die Hände oder Augen leiten, um Schmerzen zu erleichtern oder auch als einfache Geste der Liebe. Manchmal sind diese Übungen ganz unterhaltsam, wenn zum Beispiel die Teilnehmer eine Münze finden sollen, die unter der Kleidung der Partner versteckt ist (man kann eine solche Stelle finden, weil Metalle eine Störung im Energiefeld zu erzeugen scheinen, welches von der Körperoberfläche ausgeht und mit den Händen gespürt werden kann). Ist der Wechsel zu einer anderen Bewußtseinsperspektive einmal verstanden und praktiziert, dann sind solche feinen Wahrnehmungen relativ leicht zu entwickeln. Manche Menschen finden so eine Münze mit fast hundertprozentiger Genauigkeit. Später kann eine solche unterschwellige Fähigkeit benutzt werden, um ohne vorherige Absprache mit einer Untersuchungsperson bei derselben traumatische Bereiche oder die Anwesenheit von Schmerz zu lokalisieren.

Die Übung des Metallaufspürens ist ein Ergebnis einer Erfahrung, die ich während meiner medizinischen Arbeit hatte. Ich hatte eine solche Empfindsamkeit in den Händen entwickelt, daß ich frische Verwundungen unter dreifach gelegten Bettbezügen spüren und benennen konnte. Einmal glaubte ich, eine starke Veränderung, vielleicht einen Tumor in der Leiste einer

Frau entdeckt zu haben. Beim Abtasten entdeckte ich einen Schlüsselbund in ihrer Tasche, und als dieser entfernt war, war das »Tumor«-Feld verschwunden! Diese Versuch-und-Irrtum-Methode ist zweifellos recht verbreitet bei Menschen, die die feinen Wahrnehmungen erforschen. Ähnliche Empfindsamkeit konnte ich Hunderten von Menschen beibringen, darunter vielen Berufsmedizinern, die diese Fähigkeit in ihrer Arbeit einsetzen können.

Neben dieser Münzenübung zur Entwicklung von Handenergien und Handempfindsamkeit bei der Erforschung von Kraftfeldern am Körper gibt es auch andere Übungen zur Entwicklung feinerer Fähigkeiten. Einige zielen darauf ab, den Bereich um den Körper herum zu spüren und auf dieser Wahrnehmungsebene mit anderen in Kontakt zu treten. Andere beziehen die Telepathie von Gefühlen ein, die Wandlung von Gefühlen; bei anderen lernt man, bestimmte Bewußtseinsebenen absichtlich zu aktivieren und sich darin zu sammeln. Eine größere Übungsgruppe beschäftigt sich mit der Entwicklung der Empfindung für die Herzenergie und für den bedingungslosen Zustand der Aufmerksamkeit. All diese Übungen laden Menschen zu Erfahrungen ein, die allmählich ihren Bewußtseinsbereich ausweiten.

Viele der Übungen entstanden auf natürliche Weise aus meiner eigenen Erfahrung des Erwachens, während ich andere aus der Arbeit anderer Lehrer aus meinen früheren Forschungen und Reisen übernahm. (Besonders möchte ich hier Dr. William Brugh Joy, Dr. Claudio Naranjo und dem Rajneesh-Ashram meinen Dank sagen.) Die Kraft und Wirksamkeit all solcher Übungen hängt allgemein von der Verfeinerung des Bewußtseins derjenigen Person ab, die sie anbietet. Wenn das Bewußtsein des Leitenden die in der Übung erzeugten Kräfte erhöht und verfeinert, besteht keine Notwendigkeit, gewaltsam oder aggressiv vorzugehen. Die Arbeit beinhaltet einen Streßfaktor, dieser liegt jedoch in der Herausforderung, sich in das Geschehen hineinzugeben und dann zu lernen, wie die neuen Kräfte, die man hervorruft, ertragen und beeinflußt werden können.

Insbesondere zeigt sich bei einigen der Übungen, etwa dem Suchen nach der Münze, daß die Empfindsamkeit zur Verfügung steht, wenn man ernsthaft, aber ohne Bemühung im gewöhnlichen Sinne in den Prozeß eintritt. Anstrengung aufgrund einer Vorstellung davon, wie es zu machen sei, oder ein Wettbewerbsgefühl oder die Notwendigkeit, etwas vorzuführen, verdeckt die Fähigkeit, und die Münze kann nicht gefunden werden. Solch eine Art der Bemühung scheint das Tor zu Bewußtseinsebenen zu verschließen, auf denen diese Fähigkeiten natürlich und leicht zu entwickeln sind. Zum Glück ist eine Münze »wunderbar« leicht aufzufinden, wenn man den Kampf aufgibt und aus einem Gefühl der Offenheit heraus handelt. Dieses Erlebnis wirkt als ein einfacher, direkter Rückkopplungsmechanismus, um zu zeigen, wie man die Bewußtseinsebenen wechselt. Es hat aber noch eine andere und wichtigere Wirkung: ein Teil unseres Bewußtseins muß wohl diese anscheinend magischen Dimensionen berühren, um die Möglichkeit akzeptieren zu können, daß unsere eigene Wahrnehmungsweise der Wirklichkeit in der Tat relativ und veränderbar ist. Dafür gibt es bestimmte Schlüsselerlebnisse, etwa die Erfahrung in der Unfallambulanz, die ich am Anfang des Buches beschrieb, oder das Konferenzerlebnis des Sichöffnens für eine neue Ebene des Wohlbefindens. Sie versetzen uns unmittelbar in die Lage, mit der weiteren Erforschung unseres Wesens zu beginnen. Später helfen einem solche Erfahrungen, sich des Gefühls für das Neue und den forschenden Geist rückzuversichern, wenn der Realitätstraum sich wieder einmal geschlossen hat.

Wenn eine Gruppe in einer solchen Erkundung vordringt, wird dem Inhalt der verschiedenen persönlichen Zustände, die dabei aufkommen, wenig Aufmerksamkeit geschenkt. Die Persönlichkeit wird nie angegriffen, und man konzentriert sich auch nicht hauptsächlich darauf. Statt dessen werden den einzelnen persönliche Reaktionen widergespiegelt, so daß sie untersuchen können, wie dadurch die Wirklichkeit festgelegt wird und Grenzen gesetzt werden, die den größeren Zusammenhang ausschließen: die wachsende Erfahrung der bedingungslosen Liebe, in der die tiefere Einheit mit unserer Erfahrung einfach *ist*. Wir versuchen, die Erfahrung zu konzentrieren auf dieses Gefühl des Erforschens, des Öffnens für jeden neuen Augenblick, des Erspürens dessen, was hinter der ersten Reaktionsebene liegt.

Damit dies möglich wird, müssen die Menschen bereit sein, ihre persönlichen Problemstellungen wenigstens so lange beiseite zu lassen, bis die neue Ebene erreicht ist. Dann beginnen dieselben von vorn, aber in einem neuen Zusammenhang. Darin liegt der Schlüssel, eine Menschengruppe zu einer enormen einheitlichen und kraftvollen Energetik zu führen. Der erste Schritt dabei ist natürlich, so viel Vertrauen aufzubauen, daß jeder sich darauf verläßt, daß das Aufschieben der ersten Reaktionen den Weg für höhere Dimensionen seiner oder ihrer selbst freimacht und nicht für den eindringenden Einfluß des illusionären Systems oder Machttrips des Führers.

Allmählich lösen sich auch die starrsten Persönlichkeitsbereiche, die unweigerlich der Erweiterung Widerstand leisten, in der höheren Energie auf, wie ein Zuckerwürfel in warmem Wasser. Diese seelischen Bereiche, die sich langsamer öffnen, werden jedoch nicht zurückgewiesen oder geleugnet, sondern bilden wertvolle Brennpunkte für die persönliche Arbeit während der stillen Zeit außerhalb der Gruppensitzungen. Solche Bereiche können vom einzelnen aus einer unbedingten Perspektive wahrgenommen werden, so daß die in den Mustern gebundene Kraft schließlich freikommt. Wenn die Gruppe sich einmal auf jemandes persönliche Problemstellung konzentriert, so geschieht das gewöhnlich dazu, die universellen Eigenschaften dieser Erfahrung zu untersuchen. Das hilft allen, und alle wissen das zu schätzen; es gibt aber so gut wie kein Entgegentreten. Jeder ist selbst dafür verantwortlich, den eigenen persönlichen Mustern zu begegnen und diese dann nach besten Fähigkeiten und Möglichkeiten loszulassen. Falls jemand darauf besteht, daß diese Muster real und in einem absoluten Sinne gültig sind, so hat sich dieser Mensch dazu entschieden, mit ihnen zu leben, und die Tür zur Wandlung ist für den betreffenden Zeitraum verschlossen.

Durch diese Art der Arbeit ist es möglich, ein tiefgehendes

Gefühl des Wohlbefindens und der Liebe hervorzurufen und sich innerhalb weniger Tage zu einer Einsichtsstufe zu erheben, die zuvor niemals berührt werden konnte, und zu Erfahrungsbereichen, die vorher unzugänglich waren. Erreicht eine Gruppe einmal einen harmonischen Zustand, so ist die Gegenwärtigkeit der Kraft spürbar und wunderbar. Selbst nach fünf Jahren Arbeit mit dieser Methode ist es immer noch ein Phänomen, das mich jedesmal erhebt, wenn ich es erlebe. Besonders aufregend finde ich es, Menschen zu beobachten, die der Meinung waren, sie hätten ein bestimmtes philosophisches oder theologisches Gebiet völlig begriffen, wenn sie beginnen, völlig neue Bedeutungsebenen zu erfahren.

Interessanterweise ermöglicht die gesteigerte Energie sowohl vergrabenen Traumata als auch vergrabener Weisheit, an die Oberfläche zu kommen; außerdem treten vergessene oder nur halb verstandene transzendente Erfahrungen ans Tageslicht. Ich gehe davon aus, daß diese Bereiche deswegen vergessen wurden, weil sie bei kurzen oder ausbruchartigen Zuständen erhöhter Wahrnehmung und Intensität innerhalb einer engen Weltanschauung auftraten. Auf den gewöhnlich niedrigeren Energieebenen treten sie zurück und werden unbewußt; oder sie werden manchmal auch durch den Körper als Symptome oder im Verhalten als Neurosen ausgedrückt. Erst wenn ein ähnlicher oder höherer Energiezustand erreicht wird, hat man zu solchen Erinnerungen wieder Zugang. Auf einer ausgeglichenen und offenherzigen Ebene wacher Aufmerksamkeit können zuvor in Schach gehaltene Energiemuster aufgelöst werden, ohne daß man sie je im einzelnen aufdecken müßte. Sie erscheinen ganz natürlich und werden auf tiefer Ebene integriert. *Was auf einer Schwingungs- oder Energieebene unbewußt ist, wird auf einer höheren Energiestufe dem bewußten Einfluß zugänglich.*

Eine ganze Menschengruppe mit erhöhtem Bewußtsein erschafft ein großes Meer der Erfahrung und verstärkt ihre Fähigkeit, die subtilen Kräfte zu erforschen, durch die die Energieebene des einzelnen mit der Wirklichkeit verbunden ist. Dabei wird deutlich, daß unsere wahrgenommene Wirklichkeit sich mit wechselnden Strömungen unaufhörlich in Fluß befindet; das wird als eine Art fließender Energie innerhalb und um den Körper herum empfunden. Die Interaktion mit diesem Kraftfeld führt zu Empfindungen, die alle unsere normalen Sinne auf neue Weise einbeziehen, zu emotionalen Wechseln und Sprüngen in unserer Raum-Zeit-Orientierung, in der Gefühlsstimmung und in den Gedanken. (Erst später wird eine solche Erfahrung in Symbole, Bilder und Metaphern übersetzt. Versuchen wir auf diese Weise das Geschehen voreilig zu verstehen, so rufen wir damit eine oberflächliche Aufmerksamkeit hervor, die den tieferen Ablauf verhüllt.)

Was wir gewöhnlich für eine psychologische Wirklichkeit oder Verhaltenswirklichkeit halten – Verhaltensmuster, Bestrebungen nach Sicherheit, Vergnügen, Macht und Kontrolle, desgleichen Haltungen, Werte, Vorstellungen, Gedächtnis und Intelligenz im gewöhnlichen Sinne –, erscheint nun als Schwingungsweisen des Bewußtseins. Komponenten der persönlichen Wirklichkeit können durch einen Wechsel im Kraftfeld augenblicklich hervorgerufen werden oder verschwinden, wodurch ihr Zusammenhang mit einem größeren Erfahrungsfeld deutlich wird.

Wenn wir unsere vieldimensionale Natur wirklich entdecken, stehen wir vor einem der großen Augenblicke des Erwachens. Dabei nehmen wir unmittelbar wahr, daß die Motivationen und Verhaltensweisen des nichterwachten Bewußtseins ziemlich grobe Erwiderungen darauf darstellen, daß unser Wesen auf subtilen Ebenen von Kräften durchdrungen und gestört wird, die dort walten.

Es scheint so, als bestünden wir aus verschiedenen Schichtungen möglicher Wirklichkeit, die sich auf unterschiedlichen Erfahrungsebenen öffnen oder schließen, abhängig von der Feinheit (nicht Intensität) der Energie, welche unsere Aufmerksamkeit anregt. Wir können zahlreiche gleichzeitige und oft unvereinbare, widersprüchliche oder paradoxe Wahrnehmungen machen und Reaktionen zeigen, je nachdem, auf welcher Ebene oder Energiequalität unser Bewußtsein gerade gesammelt ist. Unsere vieldimensionale Aufmerksamkeit ist in niedrigeren Energiezuständen eingeschränkt, und auch unsere Verhaltens- und Erfahrungsmöglichkeiten sind dadurch begrenzt. Auf dieser Stufe braucht das Selbstgefühl eine höhere Intensität, um sich festlegen oder erkennen zu können, und dadurch ist unsere Erfahrung auf die Suche nach Intensität ausgerichtet.

In gewissem Sinne können wir sagen, daß wir uns selbst durch die Intensität *kennen,* die von unserer persönlichen Haltung im Leben (die der Ausdruck unserer Bewußtseinsstufe ist) erzeugt wird, indem sie ihr eigenes, einzigartiges Interferenzmuster innerhalb einer umfassenderen Existenz erzeugt. Um verständlich zu machen, was ich mit den verschiedenen Mustern und Intensitätsstufen meine, die den verborgenen Nährboden unserer Selbsterkenntnis bilden, greife ich auf eine Meditation zurück. Ich bezeichne sie als die »New York City-Kakerlaken-Meditation« wegen eines Witzes, den ich hörte, als ich noch ein Student in New York war. Da heißt es, daß sämtliche Strukturen der Stadt verschwinden könnten; wenn nur die Kakerlaken übrigbleiben würden, könnte man immer noch ein schwaches, aber deutlich erkennbares Gesamtbild der Stadt sehen. Gleicherweise gilt, wenn nur die Wasserleitungen oder elektrischen Verkabelungen übrigblieben, wäre das Bild zu sehen, aber mit anderen Eigenschaften.

Ich bitte die Teilnehmer darum, ihre Augen zu schließen und sich ein geistiges Bild von sich selbst vorzustellen. Nehmen wir an, dieses Bild setze sich aus seelischem Material zusammen, so daß durch verschiedene Eigenschaften mehr oder weniger die Gesamtheit des Originalbildes nachgezeichnet wird. Dann schlage ich vor, daß sie die verbleibenden Kakerlaken denjenigen Teil ihrer selbst bezeichnen lassen, den sie durch ihr Bedürfnis, geliebt zu werden, kennen. Wie deutlich oder verschwommen ist dieses Bild? Lassen wir nun die Bildinhalte durch das Bedürfnis definieren, jemanden zu lieben. Wie sieht dieses Bild aus? Was von dem Bild wird erkennbar, wenn die »Kakerlaken« dem Gefühl des Staunens oder der Liebe, des Mißtrauens gegenüber anderen, des Ehrgeizes, des Bedürfnisses nach Verstehen, der Fähigkeit, das Leben laufen zu lassen, entsprechen? Diese Muster und die Intensität, die sie hervorrufen, definieren buchstäblich, was wir von uns selbst wissen, und die Welt, die wir erfahren können. Damit Sie diese Übung verstehen, probieren Sie sie bitte selbst aus, und entdecken Sie dabei die Intensitätsmuster, die Sie selbst einsetzen, um Ihre psychologische Wirklichkeit anzuordnen.

Dem alles prägenden Energieniveau jedes einzelnen und dem kollektiven Energiemilieu gegenüber sind alle unsere Reaktionen, Interpretationen und Rationalisierungen, sogar die Form unserer sogenannten wissenschaftlichen Beschreibungen und Unterscheidungen sekundär. Die Wirklichkeit, an der wir Anteil haben, ist auf jeder Daseinsebene völlig geschlossen und zusammenhängend, solange wir in ihrer Dimension bleiben. In höheren Schwingungszuständen erkennen wir eine umfassendere Wirklichkeit, beginnen wir unser vielschichtiges Wesen zu begreifen und können folglich wählen, auf neue Weisen zu reagieren und zu erschaffen. Die Sucht nach Intensität läßt dabei nach, und das Bewußtsein beginnt, auf natürliche Weise subtile Bereiche zu betreten. Wenn Erfahrungen uns festlegen, dann sind es nicht die Erfahrungen selbst, sondern es ist zum Teil unsere Abhängigkeit von bestimmten Intensitätsgraden.

Niemand, der sich schon einmal selbst beobachtet und bemerkt hat, daß die Dinge in einem Bewußtseinszustand (zum Beispiel der Müdigkeit) völlig anders ausschauen als in einem anderen (ausgeruht), würde bestreiten, daß die Wirklichkeit relativ ist. Und wenn schon der Energiewechsel von Müdigkeit zur Ausgeruhtheit eine völlig andere Wirklichkeit darstellen kann, was geschieht dann wohl mit Menschen, die auf Energieniveaus gebracht werden, die sie niemals von allein berühren könnten? Diese Frage wurde mir beantwortet, als ich mit Gruppen arbeitete.

Im Zusammenhang der Gruppe konnten wir die Energiezustände der Einzelpersonen erkunden und in Kontrast zur Gesamtenergie der Gruppe setzen. Es ist sehr ermüdend, subtile Empfindlichkeiten allein zu entwickeln, innerhalb einer Gruppendynamik können solche Bereiche jedoch sehr schnell zum Vorschein gebracht werden. Für den einzelnen stellt die Gruppenenergie eine ungeheure Beschleunigung und Verstärkung der Möglichkeit dar, in höhere Bewußtseinszustände einzutreten. Beim Durchschreiten dieser Energiebereiche wird ein völlig neues Verständnis des Bewußtseins ersichtlich. Die Menschen begreifen, daß die Verständigung untereinander wie auch in ihnen selbst durch die Eigenschaften ihres Bewußtseins vermittelt wird, gemäß der Erfahrung, die sie beim Suchen der Münze gemacht hatten.

An dieser Stelle kann man gut den Laser und die Erzeugung von Hologrammen als Beispiele bringen. Das Prinzip eines Hologramms erfordert es, daß kohärentes Licht verwendet wird. Eine solche »reine« Lichtquelle dient als Konstante und als Bezugspunkt für die Interferenzmuster, aus denen sich das Bild ableitet. Ein Hologramm entsteht nur, wenn die Schwingung des Bezugsstrahles rein ist; ist das Licht inkohärent, so existiert keine klare Grundlage für eine Wechselwirkung. (Man denke nur an die Oberfläche eines ruhigen Teiches als Bezugsmedium, um die überlagernden kleinen Wellen zu beobachten, die in den Teich geworfene Steinchen erzeugen. Ist die Teichoberfläche jedoch gekräuselt, so gehen die überlagerten Muster in der allgemeinen Verwirrung unter.)

Ich habe begonnen wahrzunehmen, daß das, was wir als unser Bewußtsein kennen, die Auswirkung einer Wellenfront unserer persönlichen Schwingung innerhalb eines unendlich kohärenten anderen Mediums ist, das unser rationales Begreifen weit übersteigt. Was wir von einem ungebündelten Bewußtsein her als Wirklichkeit wahrnehmen, vermittelt uns nur eine Erfahrungsebene, eine Art des Interferenzmusters. Beispielsweise kann es uns gewisse räumliche Zwänge, unmittelbare Bedürfnisse, Haben und Nichthaben oder irgend etwas sonst als Wirklichkeit zeigen. Erhöht oder verfeinert sich die Energiestufe eines Menschen, so führt die Wechselwirkung mit dem ewigen Bezugsmedium zu Interferenzbildern mit anderen Eigenschaften. Dadurch nehmen wir vielleicht eine Wirklichkeit steter innerer Wechselwirkungen, grundlegender Harmonie oder weiter Raum- und Zeitspannen wahr, vielleicht sogar Dimensionen, die innerhalb von Raum und Zeit nicht begreiflich sind. Je weniger kohärent oder verfeinert die Schwingung ist, um so persönlicher ist die wahrgenommene Wirklichkeit; je kohärenter sie ist, um so mehr neigt die wahrgenommene Wirklichkeit dazu, in ihrem Wesen unpersönlich zu sein.

Meine Gruppenarbeit deutet darauf hin, daß der gesteigerte Energiezustand einer Gruppendynamik als kohärenter Bezugspunkt dient, der den persönlichen Wirklichkeiten zu vieldimensionalerer Klarheit verhilft. Damit könnten wir an der Schwelle eines Evolutionsexperimentes stehen. Diese Arbeit zeigt durch einen Erfahrungsprozeß, daß das menschliche Bewußtsein ein vielschichtiger Zustand ist, der in Verfeinerungssysteme hineingeworfen werden kann, die sich stets erweitern. Das ist es, was ich als fortschreitende Kollektivierung des Geistes bezeichne.

Ein Weg, um zu verstehen, was ich mit dieser Kollektivierung des Geistes meine, besteht darin, die Art menschlicher Versammlungen zu betrachten, die heutzutage auftreten. Wir versammeln uns in gewaltigen Ritualen mit machtvoller Intensität, die wir als Sportveranstaltungen, Konzerte oder Konferenzen bezeichnen. Durch die stets fortschreitende Technik werden unsere Leben unerbittlich durch immer neuere und diffizilere Umstellungen verknüpft. Physisch gesehen sind wir fähig, in laufend größerer Nähe und Dichte zu leben. Wir schwingen und vibrieren in immer komplexeren und dynamischeren Feldern der sozialen Wechselwirkung. All die zahllosen Vorgänge in der Welt, von den schrecklichsten bis zu den wundervollsten, kommen nun bis direkt in unser Schlafzimmer, in unsere Küche, unseren Magen oder unser Herz.

Mag es weniger offensichtlich sein, aber es ist noch faszinierender für mich, darüber nachzudenken, wie wir uns über die Medien alle gleichzeitig dem gleichen Einfluß aussetzen. Millionen Hirne empfangen gleichzeitig das gleiche Signal und reagieren darauf. Es ist, als würden wir unbewußt den gleichen Prozeß fördern, den ich versuche, bei meinen Gruppen herbeizuführen. Ich sehe solche Forschungen in der Gruppe als einen Mikrokosmos auf Kindergartenniveau eines viel größeren kollektiven Geschehens an, einen Mikrokosmos, der dem Bewußtsein leichter zugänglich ist. Wir können in einem solchen künstlich erschaffenen Zusammenhang, der uns eher erhebt als bedroht, einen kurzen Blick auf das Wesen des Meeres werfen, in dem wir die ganze Zeit über schwimmen.

Natürlich können wir über die Qualität dessen besorgt sein, was über die Medien mitgeteilt wird, wie auch über den Effekt, den der Mißbrauch des Fernsehens auf die Lernfähigkeit hat. Wir können fürchten, daß die Überzeugungen, Bedürfnisse und Gefühle anderer in unser begrenztes Glaubenssystem einbrechen. Wir können uns der Art und Weise widersetzen, wie die Dinge gemacht werden, und unendlich vieles finden, wovor wir Angst haben oder worüber wir wütend sein können. Vielleicht messen wir aber mit alten Maßstäben und urteilen von engsten Standpunkten aus. Ich zweifle nicht daran, daß diese Aufsplitterung Teil eines Gesamtgeschehens ist, das zu einer möglichen Läuterung führt. Auf der anderen Seite handelt es sich dabei auch um grenzsetzende Mechanismen der existierenden Ich-Strukturen, die uns von einem tieferen Wahrnehmen des geeinten und kollektiven Geistes fernhalten.

Vielleicht sollten wir auch darauf achten, ob dieses gleichzeitige Senden und Empfangen identischer Signale zu Millionen von Menschen, diese fortschreitende Durchdringung der Lebensbedingungen, eine höhere Sensibilität der Gesellschaft fördert. Führt es dazu, daß die Menschen medialer werden, auch wenn sie sich dieser vielschichtigen Wandlung, der sie unterworfen sind, wenig bewußt sind? Können wir einen Zuwachs an Telepathie feststellen, an Mitgefühl und an der Fähigkeit, an einem allgemeinen Gefühl für feinere Kräfte teilzuhaben und darauf zu reagieren? Spüren und nehmen wir uns auf tiefere Weise wahr? Ich nehme an, daß dies ein Teil der Grundlage für das sogenannte neue Zeitalter sein dürfte, wie möglicherweise auch für die Epidemien von Krankheiten wie Allergien oder Krebs.

Wenn wir unsere psychischen Strukturen unbewußt verteidigen, während wir zu beurteilen versuchen, wo eine Wandlung eigentlich besteht, dann wird diese Einschätzung das tiefere Geschehen verfehlen. Wir brauchen neue Kriterien, die gleichzeitig die Ich-Strukturen und die höheren Bewußtseinsfunktionen erfassen, welche bei der Auflösung der ersteren entstehen. Das würde ein differenzierteres Bewußtsein bedeuten, in welchem das gesamte Spektrum menschlicher Möglichkeiten weise betrachtet wird. Dafür sind Lehr- und Lernprozesse erforderlich, die zu unmittelbaren Erfahrungen dieser vielschichtigen Zustände führen. Nur die direkte Erfahrung in diesen Bereichen kann uns von Hypothesen und Spekulationen weg zu bedeutsamem Wissen führen. Damit dies in Sicherheit geschehen kann, brauchen wir das »Sesam-öffne-dich« des Herzens, die Erarbeitung von bedingungsfreien Ebenen der Aufmerksamkeit.

Auf der ganzen Welt gibt es zur Zeit viele Experimente mit gebündelten Gruppenenergien. Ich besuchte in Indien einen Ashram, wo der Guru die Energie während eines Öffnungsrituals an ein Individuum übertrug, während Hunderte von Jüngern gleichzeitig ihre Aufmerksamkeit auf ihn richteten. Das kann auf den Empfänger dieser Kraft ziemlich dramatische Wirkungen haben. Das Händeauflegen in Heilungskreisen stellt eine andere Form der gleichen Sache dar. Evangelikale Heiler, die ihre Zuhörerschaft in angeregte Zustände versetzen und dann Menschen zur Heilung auffordern, berühren ebenfalls diese höheren Energieabläufe.

Bei all diesen Abläufen sprechen die Menschen demjenigen, der den Prozeß bündelt, magische Kräfte zu, und viele glauben daran, daß sie dabei einen besonderen Zustand zu Gott hatten, der schließlich ihr ganz eigener wird. Obwohl ein solches Geschehen als ein heiliges angesehen werden kann, entsteht es doch von einer feineren Ebene dessen aus, was wir bereits sind, und stellt keine Entschuldigung dar, uns selbst als gar noch begrenzter anzusehen. Es ist eine universelle Eigenschaft des menschlichen Bewußtseins, daß wir uns versucht fühlen, uns mit der Form zu identifizieren und der Kraft des Erlebens und der Gestalt, die es annahm, zu gestatten, einen Teil unseres Selbstgefühls zu bilden. Wenn ich das ganze Panorama solcher Versuche von einer tieferen Schicht meiner Aufmerksamkeit aus betrachte, kann ich nicht umhin, von unserer Primitivität betroffen zu sein. Es gibt so viele Dimensionen zu erforschen, aber wir haben kaum unsere Füße naß gemacht, da lassen wir uns schon wieder von einer neuen Form, einem neuen System, einer neuen wissenschaftlichen Theorie oder einer neuen Religion einfangen. Auf einer anderen Bewußtseinsebene, die Struktur und Form erfordert, wiederum, fühle ich mich selbst dazu gedrängt, mich einem bestimmten Denksystem anzuschließen. Ich kann also wirklich einschätzen, wie schwierig es ist, die Möglichkeit der unmittelbaren Aufmerksamkeit wachzuhalten, wie schwierig es ist, sich frei in diese Formen hinein und wieder aus ihnen heraus zu bewegen, jede von ihnen mit Achtung zu betrachten, aber offen und frei zu bleiben, ohne das Gefühl unseres ungebundenen Wesens herabmindern zu müssen, wie schwierig es ist zu beginnen, sich gegenseitig durch Gegenwärtigkeit zu erkennen.

Vielleicht identifizieren wir uns deshalb so leicht mit den Formen, weil wir unsere Bewußtseinsebene ständig wechseln, ohne uns dessen bewußt zu werden. Beispielsweise kann ich mich auf einer Aufmerksamkeitsebene völlig friedlich fühlen, während ich auf einer anderen Ebene gleichzeitig Entscheidungen treffen muß und mich zu dem einen oder anderen Ziel gedrängt und gezogen fühle. Während eines einzigen Gedankens kann ich zwischen vielen dieser Ebenen hin und her springen. Kein Wunder, daß wir in einer neuen Erfahrung erweiterten Daseins schnell wieder versuchen, uns in der einen oder anderen Struktur zu verwurzeln. Wir müssen ständig ein Hauptthema oder eine Hauptbeziehung erschaffen, um die Wirklichkeit festzulegen und die Doppeldeutigkeiten und die Verletzlichkeit auszulöschen, die in der Vielschichtigkeit liegen.

Die Arbeiten von C. G. Jung und anderen, die die archetypischen, astrologischen und alchimistischen Symbole der westlichen Kollektivpsyche zu enthüllen begannen, stellten eine wesentliche Aufbaustufe für die von mir beschriebene Arbeit dar. Dank dessen haben wir angefangen, einige Muster und Rhythmen, die im Tanz des Bewußtseins liegen, zu begreifen. Am wichtigsten jedoch ist, daß wir endlich die universelle Natur dieser Muster entdecken konnten. Meiner Ansicht nach geht die Jungsche Psychologie dort fehl, wo sie eine Vorstellung von einem Unbewußten entwickelt, das grundsätzlich nicht erfahrbar ist, außer durch Rückschlüsse aus anderen Strukturen (Träumen, Mythen). Darin liegt die Begrenztheit aller analytischen Psychologien; sie sind vom Wesen her intellektuell und lassen sich kaum auf eine Arbeit mit den Bewußtseinsenergien auf körperlicher Ebene ein. Das Eins-zu-eins-Verhältnis in der Therapie ist an sich schon primitiv, indem es an das grundlegende Elternmuster erinnert. Solange wir uns beim Wachstumsprozeß auf die Sprache verlassen, haben wir es mit einem ichgestaltenden Ablauf zu tun, welcher linear verläuft und nur sehr langsam in andere Dimensionen einzudringen vermag, die mit dem gesamten Dasein in Wechselwirkung stehen. Tiefergehende Vorgänge sind weniger verbal, eher erlebnisorientiert und wirken sich von Augenblick zu Augenblick unmittelbar auf die Aufmerksamkeit und das Energieniveau aus. Neben und gleichzeitig mit dem intellektuellen Ablauf aktivieren sie den Energiekörper und das körperliche Bewußtsein auf direktere Weise. Obwohl in Jungs Konzept der Synchronizität die Idee einer Bewußtseinskontinuität enthalten ist, führt die Unfähigkeit, direkt mit den Kräften zu arbeiten, zu einem intellektuellen Spaltungsprozeß. Obwohl ich achte, was sich aus den psychoanalytischen Psychologien entwickelt hat, kann diese Arbeit doch damit enden, daß man in einem hauptsächlich imaginären Unbewußten Vorstellungen hin und her schiebt. Auf einem solchen Wege ist die Wandlung sehr langsam, weil im intellektuellen Zusammenhang die grundlegende Ich-Struktur erhalten bleibt. Beginnt man einmal im Bereich der energetischen Aufmerksamkeit zu forschen, wird es für einen wesentlicher, die *bewußte* Aufmerksamkeit als einen relativen Zustand zu untersuchen, der von der Energiestufe des individuellen Bewußtseins aus beherrscht wird. Dabei erlebt man das Unbewußte eher als feinere Bewußtseinsebenen denn als eine Wesenheit in sich selbst. Wenn wir direkt in tiefere Bewußtseinsebenen eintreten, so wird deutlich, daß die dadurch hervorgerufenen Kräfte tatsächlich diejenigen Bewußtseinsebenen darstellen, aus denen viele der Jungschen archetypischen Bilder herrühren. Meiner Erfahrung nach sind diese Archetypen Energiestrukturen, die für bestimmte Stufen des Erwachens universell verbreitet sind. Ihre Inhalte sind bei jeder Person und bei jeder Kultur unterschiedlich, die energetische Erfahrung, a priori, bildet jedoch den archetypischen Ausdruck.

Während und nach Konferenzen haben viele Leute gleiche Trauminhalte. Wiederkehrende Symbole, die bestimmte Integrationsphasen des Wandlungsprozesses markieren, sind allgemeingültig. Erdbeben, Flutwellen, Landüberschwemmungen, Brücken, die erlittene Verfolgung von mächtigen und oft schrecklichen Kräften, strahlende Wesenheiten und hohe Lehrer in vielen Gestalten sind Teil der verbreiteten, immer wiederkehrenden Symbolik, die sich in Träumen und Visionen darstellt, wenn Menschen sich von den gebundenen Bewußtseinsebenen befreien. Der Wandlungsprozeß prägt sich energetisch und telepathisch ein. Es folgt ein Übersetzungsvorgang dieses Eindrucks in das lineare Bewußtsein, und es entstehen die Bilder und Symbole unserer Träume und vieles andere mehr. In dieser Phase wird die Traumdeutung zu einem sehr wertvollen Instrument, den Wandlungsvorgang zu beurteilen.

Vielleicht liegt die größte Bedeutung von Träumen darin, daß sie zeigen, wie ein bedingungsfreier und unpersönlicher Wirklichkeitszugang in unsere relative Erfahrung des persönlichen Bewußtseins herabgezogen wird. Sie verraten eine ganze Menge über die verborgenen Filter im Bewußtsein, die die feinen Eindrücke übernehmen und sie in die uns vertrauten Bereiche der Wahrnehmung, der Intensität und Symbole übersetzen.

Ich muß oft die Menschen daran erinnern, daß sie das Studium der Träume nicht zu einem weiteren Traum machen sollen. Die Wichtigkeit der Traumarbeit liegt darin, daß sie uns einen Weg dazu eröffnet, das im Traum ausgedrückte Geschehen zu begreifen. Eine Deutung sollte einen Perspektivenwechsel beinhalten, der eine direkte Berichtigung unserer Lebensausrichtung ermöglicht und eine neue Feinabstimmung der Aufmerksamkeit. Das sollte dadurch vor sich gehen, daß man sich Zeit nimmt, sich wieder in den Traum einzufühlen, und daraus entsprechende ändernde Einsichten ins Leben hinübernimmt. Übersetzen wir die Traumsymbole bloß in die Sprache von jemand anderem oder in die Struktur des Erwachens, so bedeutet das noch nicht, daß wir gelernt haben, unsere Aufmerksamkeit direkt zu beeinflussen. Derartige Traumarbeit stellt nichts anderes dar als eine weitere Form des Nichtbewußtseins. Im allgemeinen teile ich noch zwei weitere Überlegungen zu den Träumen mit. Zunächst ist eine Interpretation, das sollte eigentlich offensichtlich sein, abhängig von der Ebene, von welcher aus wir schauen. Ich selbst gehe davon aus, daß ein Traumvorgang eine unpersönliche Facette der menschlichen Erfahrung darstellt. Nur allzuoft benutzen die Menschen ihre Träume, um ein sehr persönliches Selbstbild zu stützen, sei es nun positiv und hoffnungsvoll oder negativ und erschreckend. Ich bin der Überzeugung, daß es sich dabei um unwesentliche Prägungen beim Untersuchen der Träume und innerhalb des Lebens im allgemeinen handelt. Wir können das Wesen eines Traumes am besten dann mit dem Wachbewußtsein beurteilen, wenn wir zum Inhalt desselben einen leidenschaftslosen und losgelösten Gesichtspunkt einnehmen. Wenn wir uns mit dem Inhalt eines Traumes emotional identifizieren, legen wir ihn auf eine Dimension fest. Träume reflektieren viele Ebenen der Wirklichkeit, aber sie benutzen oft Symbole, die innerhalb des begrenzten Rahmens unseres Wachbewußtseins stark aufgeladen sind. Es erfordert eine tiefe meditative Stille, um die tiefere Ebene zu enthüllen, die dieses besondere Symbol oder Bild hervorgerufen hat. Dann werden die Träume zu einem weiteren Weg, neben dem Wachbewußtsein, den Ausdruck des Daseins wahrzunehmen, und sie erlauben uns zu wählen, wie und in welchem Geiste wir uns auf unseren wesenhaften Zustand zurückbesinnen wollen.

Ein zweiter Punkt ist, daß wir bei wachsender Bewußtheit die schnell wechselnden Unausgeglichenheiten und Verdrehungen bemerken, mit welchen wir von Augenblick zu Augenblick auf das Abenteuer des Lebens reagieren und daran teilnehmen. Bei einem solchen Grad an Wachheit läßt sich voraussehen, wie die Traumwirklichkeit sich darstellen wird. Neigt das Wachbewußtsein zu einem besonderen Ausdruck, sagen wir ruhiger Kraft, und nimmt man subtil im Hintergrund Machtphantasien wahr, so wird das Traumgeschehen dies umkehren. Die Macht wird zur Hauptstimmung werden, und Schwäche und Verletzlichkeit werden die persönliche Qualität darstellen. Wir können es auch so ausdrücken, daß der im Wachen unbewußte Anteil, der nichts als eine andere Art von Traumwirklichkeit ist, in vielen Fällen im Traum die Atmosphäre bestimmt. Sind wir in der Lage, diese feineren Zwischenspiele in unserer Seele zu bemerken und sie direkt zu einfacher, vorurteilsfreier Bewußtheit zu bringen, so verschwinden Träume auf dieser Ebene oder können vorhergesehen werden. Man kann also träumen und das Muster im Traum als eine Ausweitung eines Geschehens erkennen, das aus dem Wachzustand erinnert wird. Treten nun neue Ebenen von Traummaterial in den Vordergrund, so beginnen diese eine neue feine Abstufung zwischen erkannter und noch nicht erkannter Bewußtseinsebene zu spiegeln. Ich habe herausgefunden, daß meine Träume völlig verschwinden, wenn ich mich in einem sehr tiefen Zustand des Gleichgewichts befinde, das heißt physisch, emotional und spirituell in Harmonie bin. Tritt in auch nur einem dieser drei Bereiche ein Ungleichgewicht auf, wenn ich zum Beispiel geschrieben und meinen Körper vernachlässigt habe, oder wenn ein neuer Kraftimpuls mein Bewußtsein anregt, dann beginnen die Träume von neuem. Mit diesen Bemerkungen möchte ich nur eine bestimmte Zugangsweise zum Traumgeschehen verdeutlichen, aber ich behaupte keineswegs, diesen Bereich des Bewußtseins völlig verstanden zu haben.

In der Konferenzarbeit sehe ich einen Beginn für die Erforschung von Möglichkeiten einer bedingungslosen Bewußtheit und von Prozessen, die in der Lage sind, die tieferliegenden Energien bei denjenigen anzuregen, die dafür bereit sind. Die verschiedenen Übungen und Abläufe, entworfen, um Empfindsamkeit für Kräfte und die feinen Nuancen des Wechselns zwischen verschiedenen Bewußtseinsebenen zu lehren, öffnen einen Spalt in unserem linearen und engen Dasein. Eine tiefere Kraft erwacht dann auf natürliche Weise und beginnt, als eine Gegenwärtigkeit von uns auszustrahlen. Dieser Vorgang verursacht eine ungeheure lineare und rationale Belastung, die erforderlich ist, aber auch die femininen, nichtrationalen und intuitiven Seinsweisen werden stark beansprucht. Die Menschen lernen Dimensionen und Bereiche der Selbsterkenntnis zu erspüren, die gewöhnlich unbewußt oder unterdrückt sind. Manche haben dabei wesentliche, lebensverändernde Einsichten, manche werden von schweren Krankheiten »geheilt«. Dennoch muß ich deutlich betonen, daß die Hauptarbeit immer darauf zielt, daß jeder Teilnehmer Wechsel zu einer weiteren Bewußtheit unmittelbar erfährt, nicht jedoch auf irgendwelche besonderen persönlichen Probleme oder Ziele. Die Erforschung des Herzens, des Daseins und der höheren Bewußtseinsebenen ist keine Therapie. Sie darf nicht mit den üblichen Gruppentherapien verwechselt werden, denn die Arbeit richtet sich auf die vielschichtigen Erscheinungen der höheren Bewußtseinsebenen und insbesondere auf die menschlichen Kräftesysteme. In keinem faßbaren oder programmierbaren Sinne wird ein Ziel gesetzt, und es gibt auch keine Ergebnisse, außer der Fähigkeit, Erfahrungen hervorzurufen, die durch ihr Wesen in Kontrast zu dem stehen, was wir als Alltagsbewußtsein bezeichnen können. Es liegt dann in der Verantwortung eines jeden einzelnen, diese Öffnung sich entfalten zu lassen und ihr entsprechend ihrem oder seinem eigenen Wesen Form und Bedeutung zu verleihen. Es handelt sich dabei um eine spirituelle Arbeit, die aber psychologische und wissenschaftliche Einsichten anerkennt und mit einbeschließt. Es ist eine Arbeit, in der Gleichgewicht und Weisheit gelehrt werden, denn ohne Gleichgewicht und Weisheit zusammen mit Liebe und Achtung vor der Wirklichkeit, die unser Alltagsbewußtsein enthält, wäre es ein törichter Versuch, die psychischen Strukturen zu lockern, die unser Normalbewußtsein aufrechterhalten. Diejenigen, die sich mir bei diesem Abenteuer angeschlossen haben, mußten zutiefst gereift und in einem egoistischen Sinne weit entwickelt sein, um erkennen zu können, daß der nächste Schritt eine Reise zu einem ungetrennteren Wesen ist.

Bei solch einem Geschehen ist jede Person ein Lehrer, doch letztlich wird deutlich, daß der Energiewirbel, den die Gruppe hervorruft, der wahre Lehrer ist. Je feiner und tiefer die von der Gruppe hervorgerufenen Energieabläufe sind und je länger die Gruppe sie aufrechterhalten kann, um so umfassender ist der Wandlungsprozeß, den jeder einzelne erlebt.

In einem solchen Ablauf spielt jeder eine besondere Rolle, sogar diejenigen, die zunächst die größte Skepsis an den Tag legen oder anfänglich über den Prozeß wütend werden. Jeder ist ein »Bestandteil«, welcher schließlich zu einem Gleichgewicht der Kräfte führt, in welchem die Kräfte geläutert werden können. Genauso, wie es für Einzelpersonen wesentlich ist, das Erwachen vollständig zu integrieren und keine Facette ihres Wesens zurückzuweisen oder zu unterdrücken, so ist es für die Gruppendynamik entscheidend, auch die disharmonischen Kräfte einzubegreifen, die von bestimmten Individuen eingebracht werden. Die sogenannten negativen Kräfte können als eine Art Anker auftreten und die energetische Aufbauphase festigen helfen. Das heißt nicht, daß man mit gegensätzlichen oder irrationalen Kräften zu nachsichtig sein sollte. Aber es muß jeder mögliche Versuch gemacht werden, die gesamte Bandbreite menschlicher Erfahrung zuzulassen und alle Teilnehmer zu ermutigen, sich schließlich in das Geschehen hineinzugeben, auch wenn das anfängliche Sträuben mancher für diejenigen schwierig sein mag, die bereit sind, schneller fortzuschreiten. Ein gewisses Maß an Geduld zahlt sich sehr aus, und wenn dies einmal erreicht ist, dann entsteht zwischen den Menschen eine tiefgehende Harmonie und ein Einverständnis. An dieser Stelle gibt es nur noch wenige, die ihre persönlichen Reaktionen für so zwingend halten, daß sie sich von dieser unglaublich inspirierenden und heilenden Erfahrung abschneiden wollen. Und dann gibt es auch keinen einzigen Menschen mehr, ganz gleich wie weit fortgeschritten er sei, der in dem Gruppenwirbel nicht erhoben, ergriffen und erweitert wird.

Obwohl die Form der Konferenz für mich das Hauptmittel darstellt, den Wandlungsprozeß mit anderen zu erkunden, haben sich daraus auch andere Vorgehensweisen natürlich entwikkelt. Zum einen wohnten genügend Teilnehmer der Konferenzen nahe genug beieinander, um die angefangene Arbeit weiterzuentwickeln. Man kann sich nur eine bestimmte Zeitlang unter den besonderen, beabsichtigten Umständen einer Konferenzarbeit treffen, doch danach muß die in der Arbeit eingeleitete Wirklichkeitsauffassung in anderen Zusammenhängen weiterverarbeitet werden. Nach und nach ergaben sich alle möglichen Vertauschungen und Neuzusammensetzungen unter den Teilnehmern, was auch unterstützt wurde. Die Leute begannen, sich zu regelmäßigen Abendsitzungen zu treffen, um ihre Fähigkeiten bei der Energieübertragung weiterzuentwickeln. Dabei bündelten sie ihre eigene Wandlungsdynamik und übernahmen auch Lehraufgaben. Auch andere Projekte wurden begonnen. Die Fähigkeit, ein Gefühl für die Gruppenkräfte bei verschiedenen Tätigkeiten aufrechtzuerhalten (Gruppenmeditationen, Hausbau, Planung von Festtagsritualen, Aufbau von eigenen Heilungsgruppen) ergab sich auf natürliche Weise für diejenigen, die einander nahe wohnten.

In dieser Weise zusammenzuarbeiten, hängt von der Fähigkeit ab, auf der energetischen Stufe wahrnehmen und damit umgehen zu können. Keine Gruppe kann ihre Kräfte durch eine Abstimmung zu einem wandelnden Potential sammeln, die verbindende Kraft kann auch nicht aus einem idealistischen Gefühl hervorgehen oder aus dem Bedürfnis, eine neue Familie zu finden. Wenn die Zusammenkunft von Menschen durch deren emotionale Bedürfnisse oder intellektuelle Konstruktionen beherrscht wird, dann ist meiner Erfahrung nach der Prozeß kurzlebig und zum Scheitern verurteilt. Die damit zusammenhängende Motivation geht nicht tief genug, um sich den wandelnden Kräften bewußt anzunähern. Solche Individuen halten selten den Achterbahneffekt durch, der von den tiefergehenden Abläufen erzeugt wird. Wenn aber eine Menschengruppe zusammenkommt, die erkennt, daß Zusammenarbeit, um eine erhöhte Energie herbeizuführen, tatsächlich ihre individuelle Wandlung verstärkt, dann kann eine tiefere Kraft der Inspiration berührt werden, der ganze Prozeß beginnt zu wachsen, und jeder lernt dabei eine ganze Menge.

Vor der Bündelung und Vereinigung der Gruppenenergie werden individuelle Meinungen und Vorstellungen kaum besprochen, denn solche Gruppenprozesse lassen sich nicht erkünsteln. Nur die direkte Erfahrung der Verbindung in einem erhöhten Energiefeld und der Verfeinerung dieser Energie beweist, daß die Gruppe eine tiefe Sammlung erreicht hat und daß die Gruppentätigkeit nun begonnen werden kann. Die Vorstellungen und Bedürfnisse, mit denen jemand in den Prozeß eintritt, verflüchtigen sich häufig oder verlieren ihre Bedeutung, wenn die erhöhte Krafteinwirkung beginnt, denn diese Ideen hatten nur relativ zu dem Bewußtsein eine Geltung, in dem sie ausgelöst wurden.

In einem solchen Ablauf tritt meiner Erfahrung nach zunächst eine Führung gemäß den Fähigkeiten auf, den Energieprozeß wahrzunehmen und zu katalysieren. Diese Führung wechselt dann später, wenn der Gruppenprozeß in faßbarere Tätigkeiten übergeht, wobei andere Individuen größere Kenntnisse zeigen. An diesem Punkt kann der Leiter, der zunächst die katalysierenden Kräfte hineingebracht hat, eine gewöhnliche Position unter den Teilnehmern einnehmen. Diese Art menschlichen Miteinanders unterscheidet sich vom Gurumodell, bei welchem eine Person als die Verkörperung des höheren Bewußtseins angesehen wird und die Gemeinschaft sich um seine oder ihre Gegenwart herum gruppiert.

Ich konnte beobachten, daß das Kraftfeld irgendeines erwachten Lehrers exponentiell in unmittelbarer Beziehung zur Wechselwirkung mit denjenigen anwächst, die zum Lernen und Studieren zu ihm kommen. Der Lehrer oder Guru sendet im fast buchstäblichen Sinne Kraft in den kollektiven Energiekörper seiner Studenten aus. Soll dabei jedoch eine neue Form entstehen, liegt der Schlüssel darin, die Kraft an jeden einzelnen zurückzuleiten; und das ist nur möglich, wenn alle weit genug kommen, um die feineren Dimensionen beachten zu können, so daß sie den Erweiterungsvorgang in sich selbst bewußt aufsuchen können. Gemäß der Disziplin und inneren Motivation eines jeden einzelnen können sie dann die Fähigkeit entwickeln, eine wachsende Qualität der Gegenwärtigkeit aufzubauen. Diese Gegenwärtigkeit kann dann im Kontext jeder Gemeinschaft vertieft werden und reifen, besonders aber durch die Beziehung zu der transformierenden Gemeinschaft. Des weiteren wird sie durch die natürlichen Koans und Herausforderungen des läuternden Lebensfeuers gereinigt.

Der primäre Unterschied liegt also in der Internalisierung des Guruprinzips, nicht als ein Selbst in irgendeinem persönlichen Sinne, sondern als eine Gegenwärtigkeit, ein mitgeteiltes und kollektives Phänomen. Für einen Menschen auf dem Wege der Wandlung schließt die Bindung an den Zusammenhang der initiierenden Ausweitung und Transformation, obwohl sie in einer bestimmten Entwicklungsphase wesentlich ist, die Möglichkeit für einen wirklichen Wandel aus, da sie auf ein bestimmtes Individuum oder eine besondere Umgebung projiziert wird. Ich glaube, das gilt auch für den Menschen, der es gewählt hat, Gegenstand solcher Projektionen zu sein und damit die machtvollen Kollektivkräfte trägt, durch die andere eine Berührung des Transzendenten erleben können. Letzteres ist jedoch die freie Wahl einer erwachten Seele, selbst wenn es eine alte Wahl ist, die über Tausende von Jahren hinweg immer wieder getroffen worden ist.

Eine neue Form taucht nun auf, und sie braucht keine mystischen Systeme oder geheime Verbindungen. Es bedarf aber eines guten Maßes an Reife und Kraft, um willens zu sein, die vielen

Schichten des Daseins zu erforschen, ohne an jemandes spirituellen Schürzenzipfeln zu hängen – und auch ohne sie zurückzuweisen. Es erfordert eine tiefgehende Verletzlichkeit und darum auch große Reife, um das Geschenk der Gegenwärtigkeit nehmen und das Geschenk des Annehmens geben zu können und dann zum nächsten Augenblick fortzuschreiten, indem man weder zu lange verweilt, noch die inspirierende Quelle zurückweist.

Es ist das Geburtsrecht eines jeden menschlichen Wesens, in Freiheit mit einer transzendenten (jenseits des Persönlichen befindlichen) Energie zu verschmelzen und sich damit verbinden zu können, wo auch immer der Brennpunkt menschlichen Miteinanders liegt, der sich von Augenblick zu Augenblick gestaltet. In diesem Prozeß haben wir viel zu lernen. Wir müssen durch neue Arten der Führung das Gesetz der verminderten Kraftrückführung, durch das die anfängliche Fähigkeit, sich zu verbinden und zu erheben, auf die Erwartung einer Person oder einem Ziel gegenüber übertragen wird, überschreiten lernen. Die Lösung von Zielen und die Abstimmung auf die Feinheit des energetischen Jetzt muß entwickelt werden.

Ich sagte, daß eine neue Form dabei ist hervorzutreten. Die Wichtigkeit eines von der Sache erfüllten Lehrers darf, als eine Facette dieser neuen Form, nicht unterschätzt werden. Solch eine Person kann als ein geläuterter Energiebereich oder größerer Zusammenhang des Daseins angesehen werden. Mit einer solchen Gegenwärtigkeit in Beziehung zu treten, erlaubt eine Erweiterung oder Entkrampfung des Bewußtseins, was wundervoll befreiend, aber auch schmerzhaft und beunruhigend sein kann. Ist aber die Gnade dieser Entkrampfung einmal vermittelt worden, so führt es meiner Auffassung nach nur zu einer Abhängigkeit, die die stärksten Narkotika übertreffen kann, wenn man in der Gegenwart dieses Lehrers bleibt und darin eine neue Identität aufbaut. Dies ist eine Konsequenz des alten Guru-Schüler-Verhältnisses wie auch einer jeden Situation, die eine Steigerung der Energie hervorruft. Tritt man aus diesem Zusammenhang heraus, kann es zu einem Rückfall in Depression oder Orientierungslosigkeit kommen, was ebenfalls einen Teil des gesamten Integrationsvorganges darstellt. Ein Individuum kann Angst davor bekommen, die Abhängigkeit von einer solchen Quelle gesteigerter Energie zu lösen oder dazu unfähig werden. Daraus entsteht eine besondere Situation, in der der Betreffende auf arrogante Weise zur Verteidigung neigt. Andere müssen sich durch eine grundsätzliche Zurückweisung aus dieser Wechselwirkung herausreißen. Sie neigen dazu, kritisch, verurteilend und desillusioniert von den magischen Kräften und der Weisheit zu sein, die sie dem Lehrer ursprünglich zusprachen. Sie suchen Fehler, indem sie sich auf die persönliche Ebene konzentrieren, wo jeder begrenzt ist, ganz gleich, wie begabt; oder sie blicken auf die Lehre, die ebenfalls immer potentiell begrenzend ist, ganz gleich, wie gut sie empfangen wurde. Weder die Zurückweisung noch die Abhängigkeit oder Bewunderung kann einen lösenden Zustand erzeugen, in dem ein Mensch wachsen kann. Das Ungleichgewicht bindet die Menschen an ihre augenblickliche energetische Situation, so daß sie nicht das Geschenk begreifen, das das neue Spektrum der Sensibilität und Aufmerksamkeit in ihrer eigenen Gegenwärtigkeit darstellt.

Der Schlüssel solcher Beziehungen liegt für mich darin, daß man in dem Geschehen bleibt, bis ein Gefühl der Erweiterung und der tiefen Liebe und Einheit auftritt, und dann die Wechselwirkung mit dem Lehrer löst, bis diese erste Phase integriert worden ist. Die Übertragung der Kraft geht in einem Zustand unbedingter Liebe am tiefsten. Die Notwendigkeit, diesen Kraftfluß zu integrieren, führt jedoch bald danach zu einem Hervortreten aller ichstützenden Kräfte der Seele. An dieser Stelle aktiviert man dann die Variationen des einen Themas – die Falle der Idealisierung und Verehrung oder die Falle der Desillusionierung und Zurückweisung. Man kann aber auch, anstatt eines von beidem zu tun, weiter in eine neue Erfahrung schreiten und den tiefen Frieden, die Verletzlichkeit, schließlich auch die Kraft darin finden, die durch das Anhaften an Menschen oder Systeme verhüllt worden waren.

Das Geschenk der Gegenwärtigkeit ist empfangen worden und wird zu ihrer eigenen Zeit sich eingliedern und reifen. Viele

Menschen laufen in die Falle der zugrundeliegenden Machtprobleme (Minderwertigkeit, Selbstsucht, Gier), die die verborgenen Motive auf ihrer Suche nach der Lehre gewesen sind, und sie können so kein Gefühl des Gleichgewichts aufrechterhalten. Manche Lehrer können diesen Egoismus wahrnehmen und spielen damit, womit sie Wut und Mißtrauen oder Abhängigkeit und Lähmung beim Schüler erzeugen. Da diese Schwächen aber ohnehin schon vorhanden waren, kann es sehr schöpferisch und heilend wirken, wenn sie schließlich herausgebracht werden, und man dadurch bereit wird, sich selbst als Ganzheit zu akzeptieren. Das andere Ungleichgewicht, in welches man sich leicht verstrickt, ist die Annahme, es gäbe einen letztendlichen Zustand, der sich von dem momentanen unterscheiden würde. Hier haben wir es mit einer weiteren subtilen Form der Selbstablehnung zu tun, die eine anfängliche Projektion auf den Lehrer ermöglicht. Man kann dadurch zu der Suche angetrieben werden, muß sich dem Problem aber später stellen und es lösen. Selbst wenn man niemals in solche Zustände gerät, muß man jetzt beginnen, das Dasein anzunehmen. Schlichte Aufrichtigkeit zu sich selbst ermöglicht es einem, die Möglichkeiten richtig einzuschätzen, die ein erweitertes Dasein anbietet, ohne sich in dem Geschehen verlieren zu müssen. In gewissem Sinne müssen wir uns selbst, nicht jemand anderem verlorengehen und für uns selbst, nicht für jemand anderen ersterben.

Diese Bemerkungen gelten für jede transformierende Gemeinschaft. Zu Anfang muß ein erwachtes Individuum dasein, das die Kräfte zu einer Dimension jenseits der gewöhnlichen führen kann und dennoch die Prozesse der Persönlichkeitsentwicklung und -befreiung respektiert, die in einer solchen Gruppe vor sich gehen. Außerdem muß die Fähigkeit vorhanden sein, der Gemeinschaft oder dem Projekt zu gestatten, sich um das in ihnen selbst liegende Bewußtsein herum zu gruppieren, nicht um den Ausdruck des am weitesten fortgeschrittenen Wesens. Das Gleichgewicht zwischen diesen beiden Kräften ist schwierig und dynamisch. Es kann nicht in Regeln geschrieben, systematisiert oder ritualisiert werden.

Obwohl ich mich selbst nie als einen Guru hingestellt habe und auch nicht so von mir denke, führt doch die Verantwortung, die Kräfte auf Konferenzen zu tragen und zu bündeln, unweigerlich zur Präsentierung nur bestimmter Facetten meines Wesens. Und daraus folgt eine besondere Art der Projektion, die die Tiefe meiner Gaben (oder Begrenzungen) verstärkt, und manche Leute brauchen dies, um die gleichen Möglichkeiten in sich selber wahrnehmen zu können. Für manche Menschen ist, wie ich bereits sagte, ein Gefühl des Heiligen und Mysteriösen für den Beginn ihrer Reise zur Wandlung wesentlich. Ich versuche, diesen Ablauf dadurch zu vermeiden, daß ich stets soviel wie möglich von meiner Persönlichkeit ehrlich darstelle, ohne dadurch einen zu begrenzten oder zu ausgedehnten Bereich zu erschaffen. Da es in meiner Person noch genügend Bereiche gibt, die geläutert werden müssen, hatte ich schon die peinlichsten Gelegenheiten, mein sich entwickelndes Wesen darzustellen.

In einer Gruppe von reifen und engagierten Individuen, die sich mit dem Übergang in gesteigerte Energieprozesse auskennen, läßt sich die zustande kommende Kraft mit der Gegenwärtigkeit vergleichen, die eine reife spirituelle Arbeit umgibt. Wie ich in meinen Gruppen immer sage, ist die Gegenwart unseres gemeinsamen Kraftfeldes unser Guru. Es kommt aber ein Punkt, wo man zurücktreten und sich eine Zeitlang heraushalten muß; das ist bei fortschreitenden Erforschungen besonders wesentlich. Bei der fortlaufenden Arbeit, die ich gefördert habe, trafen wir uns etwa zweieinhalb bis drei Monate lang wöchentlich und unterbrachen dann zwei Monate lang. Das ließ eine Zeit zur Integration, zur rückblickenden Bewertung und zur Erfahrung anderer Lehrer und anderer Gruppendynamiken. So kam es also zu einem ständigen Wechsel von Menschen an der Peripherie des Geschehens, so wie auch zu einem Kern von Menschen, die in ihrer Sensibilität und Fähigkeit, diese Arbeit zu leisten, tiefer und tiefer gingen. Diese Vermischung neuen und alten Blutes, zusammen mit der Freiheit, Abstand zu nehmen und dann zurückzukommen, ist sehr gesund. Gleichzeitig entwickelten sich aus diesem Kern neue Leiter, und ich war in der Lage, mich anderen Arbeitsgebieten zuzuwenden. Ich halte diese grundlegende Idee des Gleichgewichts – sehr tief zu gehen und dann lockerzulassen und das Bewußtsein andere Bereiche erkunden zu lassen – für so natürlich wie das Atmen, und es zahlt sich in Form von Reife aus und im Aufbau von Persönlichkeiten, die für sich selbst als unabhängige, erwachte Wesen stehen können.

Daß ich in den letzten paar Jahren etwa vierzig Gruppen in Hunderten von Sitzungen in höhere Zustände habe kommen sehen und beobachten konnte, wie sich eine vielschichtige Reife entwickelte, führte mich zu einigen interessanten Überlegungen. Was würde geschehen, wenn unsere größten Denker, Wissenschaftler und Philosophen zusammengebracht würden und zunächst bewußt die gesteigerte Gruppenenergie erweckten, bevor sie sich über ihre Theorien und Papiere austauschen? Das würde bedeuten, daß sie ihre Probleme und Theorien einige Tage lang beiseite ließen und die Kenntnisse einsetzten, die ich und andere Erforscher von transformierenden Gruppenenergien einbringen könnten. In einem gesteigerten Energiezustand verändert sich der gesamte Prozeß der Einsicht und des Verstehens. Und weil in einem solchen Prozeß verschiedene Wirklichkeitsebenen einander gegenübergestellt werden, würde automatisch ein neues Verständnis auftreten.

Was würde geschehen, wenn eingearbeitete Teams aus der Medizin, der Erziehung, aus dem Geschäftsleben und der Industrie lernen würden, ihr Miteinander für die Verbesserung jedes einzelnen einzusetzen? Es drängt sich mir auch auf, darüber nachzudenken, was mit einer Regierung geschehen würde, wenn die Kongreßsitzungen und Abstimmungen mit tieferer Sensibilität und Bewußtheit ablaufen würden; wenn die fehlgeleiteten Egoismen und selbstsüchtigen persönlichen Motive (Wirklichkeiten, die sich aus der Sucht nach Intensität und aus Schutzmechanismen entwickelten) endgültig als natürliche Stufen der individuellen Entwicklung, aber auch als nichtsdestoweniger eng und begrenzend erkannt würden im Verhältnis zu größeren Entwicklungsmöglichkeiten. Was geschähe, wenn wir den tieferen Drang, der Menschheit zu dienen, der ebenfalls in den Seelen unserer Regierenden wohnt, bewußt verstärken würden? Zur Zeit herrscht in der normalen menschlichen Verfassung ein Bewußtseinsmangel gegenüber der eigenen Selbstsüchtigkeit und Abgetrenntheit vor, und leider wird dies durch Gruppenprozesse auch noch vervielfacht. *Wenn man sich auf ein Problem konzentriert, ohne ein tieferes Verständnis der gebündelten Gruppenenergie bewußt einzusetzen, wird das Problem als solches nur verstärkt.* Aber es wird dadurch Intensität aufgebaut, und wir bewegen größere Kräfte (Geld oder Armeen), um das Gefühl zu haben, daß wir etwas tun. Die positive Seite davon ist, daß diese Blindheit natürlich zu derart starken Krisen führen kann, daß der Eintritt in wandelnde Kraftstufen gefördert wird.

Die Schlüsselfaktoren zur Schaffung von wandelnden Erlebnissen bei der Arbeit mit einer Gruppe können auf meinem momentanen Verständnisstand wie folgt zusammengefaßt werden. Notwendig sind:

1. Ein in mehreren Dimensionen erwachtes Individuum, welches anfangs die Gegenwärtigkeit, Weisheit und Erfahrung zur Verfügung stellen kann, um das Miteinander sicher in eine neue Dimension hineinzubewegen. Solche Menschen sind in der Lage, auf einer oder mehreren Ebenen subtiler Aufmerksamkeit wahrzunehmen, und können so den energetischen Prozeß spüren, der in einem einzelnen oder einer Gruppe abläuft. Sie können willentlich ihre eigenen Energieebenen aktivieren und verfeinern, und sie können bestimmte Energiezentren aktivieren. Durch ihre Gegenwart können sie Energie übertragen und dadurch veränderte Bewußtseinszustände bei denjenigen induzieren, die offen dafür sind. Gewöhnlich können sie Energie durch ihre Stimme übertragen und sie können die Gabe haben, Dimensionen auszudrücken, die sich normalerweise dem rationalen Ausdruck entziehen. Sie können gleichzeitig mehrere Bewußtseinsebenen aufrechterhalten und sich in lange Phasen tiefer Konzentration versetzen. Sie sind fähig, loszulassen und sich in kurzer Zeit vollständig zu erholen. Sie sind auch in der Handhabung besonderer Techniken und Werkzeuge begabt, um die Gruppenenergie zu bewegen, etwa in der Handhabung von Übungen zur Kraftaktivierung, von hochintensiven Klängen, medialen Vorgängen und Ritualen. Schließlich müssen sie in der Lage sein, bei allem, was bei einzelnen und in der Gruppe auftritt, persönlich unbeteiligt zu bleiben.

2. *Der Rahmen für die Einleitung des Prozesses.* Lange bevor die Gruppe zusammenkommt, wird der Rahmen gesetzt, und man versetzt sich dabei in die höchste Möglichkeit der Erfahrung und weiht sich ihr. Dieser Vorgang initiiert, was ich nur als eine tiefere Führung oder einen energetischen Zusammenhang bezeichnen kann, der die gesamte Unternehmung umgibt. Damit sich die Erfahrung entfalten kann, müssen alle notwendigen Einzelheiten, ob nun in der Gruppe selbst oder in der Umgebung (Einrichtung, Nahrung und Unterbringung), sich in völligem Einklang mit der Qualität und Absicht dieses größeren Zusammenhangs befinden. Störende Aktivitäten müssen vom Leiter irgendwie bewußt integriert oder, wenn möglich, ausgeschlossen werden.

3. *Ein besonders inspirierender Ort, an welchem die Arbeit stattfinden kann.* Dieser wird zu einem Speicherplatz für die Energie, erhöht das Öffnungspotential und sorgt auch für ein psychisch sicheres Milieu bei den ersten und empfindlichen Stufen der Öffnung.

4. *Tiefe und gereifte Beteiligung bei jedem einzelnen Teilnehmer, um in eine unbegrenzte und offene Betrachtung des Daseins einzutreten, und die Bereitschaft, alte Muster loszulassen.* Das bezieht auch die Fähigkeit mit ein, persönliche Ziele zeitweise beiseite zu lassen und ein Gefühl von Neuheit, Spontaneität und Veränderung in den Vordergrund zu stellen. Entscheidend ist auch die Bereitschaft, emotionale Reaktionen zu beherrschen und Machtkonflikte zu zerstreuen. Jeder einzelne muß willens sein, Vertrauen aufzubringen und zeitweilig philosophische Diskussionen und das Bedürfnis nach intellektuellem Verständnis aufzugeben.

5. *Die Vermittlung eines grundlegenden Wohlgefühls und eines frischen Liebesgefühls, ohne jene schmerzhaften Seiten der Wirklichkeit, die schließlich auch von dieser Liebe umfaßt werden müssen, zu leugnen oder auf die negative Seite abzuschieben.*

6. *Der Faktor X.* Die unmittelbare Erfahrung des Kontakts mit höheren Bewußtseinsdimensionen ist ein entscheidender Teil der Wandlung. Jede Person muß eine direkte Erfahrung in der Berührung vielschichtiger Wirklichkeit machen.

7. *Gnade.*

9.
Nutzung der Gruppenkraft zur Heilung

Mehr als ein Jahr lang unternahm ich eine Erforschung fortgeschrittener Energiearbeit mit Menschen, die eine Konferenz mit mir gemacht hatten. Sie hatten verschiedene Grade feinerer Sensibilität erreicht und konnten ihr Bewußtsein willentlich einer gesteigerten Gruppenkraft um das Thema unbedingter Liebe herum anschließen. Dabei ging es darum, Fähigkeiten darin zu entwickeln, ein gebündeltes Gruppenkraftfeld als psychospirituelle Umgebung bei der Arbeit mit Schwerkranken einzusetzen.

Die »Patienten«, oder besser gesagt Gäste, kamen durch Mund-zu-Mund-Propaganda oder durch Empfehlung von Ärzten und Therapeuten zu uns. Ich lud einen Gast zum Besuch ein, wenn die Forschungsgruppe sich schon über mehrere Wochen hinweg regelmäßig getroffen hatte, wenn ihre innere Dynamik gut ausgewogen war und sie eine verfeinerte Energieladung aufgebaut hatte. Die Gruppe versetzte sich dann in einen gesteigerten Aufnahmezustand und befragte den Gast.

Meistens wurde dieses Interview von mir geleitet, doch ein Einfluß der gesamten Gruppe äußerte sich darin. Es war eine Art intuitiver Tanz, in welchem die Sensibilität für und die Achtung vor dem Gast mit dem Aufbau eines tieferen seelischen Rapportes verbunden wurde. Niemand wurde jemals dazu gezwungen oder gedrängt, mehr mitzuteilen, als was spontan herauskam. Der Einfluß seitens der Gruppe war vielleicht nicht immer hilfreich, war aber selten störend oder verletzend. Das war deshalb möglich, weil jeder Teilnehmer die besondere Energiequalität spüren konnte, die in dieser Sitzung gesetzt wurde.

Mit dem »Setzen« meine ich die Stufe, auf welche die Kraft beim anfänglichen Sammlungsprozeß der Gruppe eingestellt wurde. Es gibt eine erfahrungsmäßige und subjektive Einschätzung der Energiequalität, die sich um einen besonderen Brennpunkt oder eine Absicht herum bildet. Um beurteilen zu können, was das »Setzen der Energie« bedeutet, muß man auf die Absicht achten, mit welcher man eine Tätigkeit beginnt. Wenn jemand etwas sehr Disharmonisches einbringt, kann man sagen, daß es sich phasenverschoben zu der tieferen Ebene verhält, die ursprünglich eingesetzt wurde. Sei es nun positiv oder negativ, es kann auf der anderen Seite eine wertvolle und integrative Hinzufügung sein. Es war die Absicht der Gruppe bei dieser Forschung, eine offene und bedingungsfreie Wertschätzung des Gastes aufrechtzuerhalten und damit eine Kraft bedingungsloser Liebe mitzuteilen, um das höchste Potential dieses Menschen zu unterstützen.

In der zweiten Interaktionsphase legten sich die Gäste auf einen Tisch, und die Gruppe teilte Energie mit ihnen. Das Kraftübertragen bedeutet eine Sammlung im Herzzentrum, ein bewußtes Einstimmen auf das höchste Gefühl von Inspiration und Liebe, und ein Fließenlassen dieses Gefühls durch die Hände und sein ganzes Wesen zum Gast. Wenn man darüber schreibt, wird die Erfahrung leicht herabgewürdigt. Tatsächlich handelt es sich dabei um eine heilige Tätigkeit. Wenn die Gruppe richtig vorbereitet ist, dann wird meiner Erfahrung nach ein solcher Prozeß des Teilens zu einer der wirksamsten Lehrerfahrungen. Sogar diejenigen, die in den anfänglichen Gruppenübungen die Kraft nur sehr schwach erlebt hatten, konnten bei dieser geeinten Gruppentätigkeit eine höhere Dimension tief und unmittelbar erfahren.

Bei einer regelmäßigen Zusammenkunft mit wechselnden Teilnehmern hatte ich stets das heilige Ritual der Mitteilung von Gruppenenergie als Schlußerfahrung gewählt. Auf unbeschreibliche Weise lehrt es die Achtung vor dem Mysterium und der Schönheit der menschlichen Seele. Diese Zusammenkünfte mit wechselnden Teilnehmern ließen jedoch nur die Arbeit mit je einem Gast zu. Eine einzelne Sitzung mit einem Gast dauert im allgemeinen zwei bis vier Stunden. Dann bekam ich eine Gelegenheit, mit einer Gruppe über einen längeren Zeitraum hinweg unter Teilnahme von Dutzenden von Gästen zu arbeiten.

Die Sensibilität für Kräfte und die intuitiven Einsichten in der Gruppe verfeinerten sich sehr. Weil die Gruppe immer aus den gleichen Individuen bestand, wurden die Gäste zum jeweils neuen Faktor, und wir fingen an, feine Unterschiede in der energetischen Zusammensetzung der unterschiedlichen Individuen zu erkennen und zu bemerken, daß verschiedenen Krankheiten bestimmte feine Unterschiede in den tieferen Mustern zugrunde liegen. Jeder Gast beeinflußte die Qualität der Gruppenenergie auf einzigartige Weise. Damit wir nicht wieder in dem Modell von Krankheit und Heilung gefangen werden, sollte ich hier betonen, daß es nicht unsere Hauptabsicht war, die Krankheit zu analysieren oder zu heilen, sondern in den höchstmöglichen Bewußtseinszustand einzutreten (gemessen an der Gegenwärtigkeit von Energie während der Tätigkeit) und dies einfach mit unserem Gast zu teilen. Deshalb wurden die Gäste auch nie als »Patienten« betrachtet, deren Krankheitsabläufe durch uns oder sie selbst zu lösen seien. Statt dessen sahen wir sie als Lehrer, die durch ihre bloße Anwesenheit jedem Anwesenden eine tiefe Erfahrung ermöglichen konnten.

Wenn die Gruppe richtig vorbereitet war, berichteten die Gäste hinterher gewöhnlich den Eindruck, daß sie den Raum nervös betraten und erwartet hatten, 20 Fremde dort anzutreffen. Statt dessen fühlten sie sich, als wäre nur eine Person dort. Meistens berichteten sie auch über ein tiefes Liebesgefühl.

Bei diesen Treffen wurde klar, daß eine Kraft anwesend war, die jeder Besorgnis der Gäste gegenüber wie ein ungewöhnlicher Balsam wirkte, ganz unabhängig von irgendwelchen offenkundigen, äußeren Wechselwirkungen. Das wurde ohne Aufforderung fast einhellig von den Gästen berichtet. Noch interessanter war, daß die Gäste feststellten, wenn sie anfingen über sich selbst zu sprechen, daß sie Dinge mitteilten, von denen sie vorher nicht glaubten, daß sie mit ihrer Krankheit zu tun hatten. Sie waren oft erstaunt, auf diese Weise zu entdecken, daß viele Dinge, die vorher getrennt und verwirrend erschienen, nun plötzlich klar zu sein schienen. Dieses Phänomen der Einsicht und Selbstwertschätzung ist bei der Erforschung der transformierenden Gruppenprozesse üblich und tritt spontan durch die Anwesenheit in einem höheren Energiemilieu auf.

Höhere Bewußtseinsebenen tragen auch Heilungskräfte in sich. Wenn die Gruppenkraft auf bestimmte Bereiche körperlicher Schmerzen gerichtet wurde, konnte die Erleichterung gewöhnlich schon innerhalb von Sekunden oder Minuten erreicht werden, wenn es sich um Schmerzen wie Migräne, Muskelverspannungen oder metastatische Knochenerkrankungen handelte. Nach einiger Zeit besuchten Mitglieder dieser Forschungsgruppe auch Patienten in den Krankenhäusern. Durch Energieübertragungen konnten postoperative Übelkeit und Schmerzen erleichtert werden, und in vielen Fällen wurden weitere Schmerzmittel überflüssig. Bei Patienten, die unter Medikamenteneinfluß standen, brachte der Prozeß der Energiemitteilung gewöhnlich innerhalb weniger Minuten Schlaf. Die auf diese Weise erreichte Schmerzerleichterung blieb im allgemeinen stundenlang, tagelang, sogar wochenlang erhalten. Manchmal konnten auch auf dem Röntgenschirm außergewöhnlich schnelle Knochenheilungen verzeichnet werden. Oft wurden uns Berichte über Besserungen oder den Rückgang von Krankheiten zugestellt. Die meisten Reaktionen waren jedoch subjektiver Natur, und wir machten keine Versuche, die Reaktionen zu quantifizieren oder zu unterscheiden, welche Behandlung welche Ergebnisse gezeitigt hatte. (Viele dieser Menschen wurden gleichzeitig auch anderen medizinischen Behandlungen unterzogen.)

Trotz allem ist die Großartigkeit der Reaktionen und die Tiefe der Erfahrungen – das Öffnen für ein tieferes Wohlbefinden und ein Gefühl, geliebt zu werden, sowie das plötzliche »Wissen« oder »Verstehen«, das während dieser Sitzungen so häufig vorkam – kaum zu beschreiben. Wir Ärzte und Therapeuten, die ein Teil dieser Gruppen waren, hatten in so vielen Jahren unserer herkömmlichen Praxis nie solch großartige Erfahrungen gemacht, die eine derartige Achtung vor dem Leben vermitteln konnten.

Phänomene veränderter Wahrnehmung stellen eine weitere Erlebnisdimension dar, die bei dieser Art der Forschung und bei Wandlungsprozessen im allgemeinen häufig vorkommen. Gäste und Teilnehmer konnten gewöhnlich strahlende Lichter und Farben, Symbole, Kraftsäulen oder -wirbel und Auras sehen, sie hatten das Gefühl, zu schweben oder zu levitieren, hörten ungewöhnliche Klänge oder rochen ungewöhnliche Düfte. Wenn so etwas in einer Gruppe auftritt, ist meine einzige Reaktion, die Echtheit der Erfahrung zu unterstreichen. Es handelt sich dabei um wirkliche Erlebnisse, und ich habe sie selbst oft gehabt, wenn sie auch in den frühen Stadien des Öffnens häufiger waren. Diesen Erfahrungen eine Bedeutung beizumessen, ist eine persönliche Angelegenheit. Ich beobachte sie so bedingungsfrei wie möglich und gehe weiter.

Die körperlichen Reaktionen bei den Gästen – offenbar auf die Energie – umfassen ein weites Spektrum: Veränderungen in der Atmung, vibrierende Gefühle oder Kribbeln, Muskelzittern, stärkere Muskelzusammenziehungen, Schlucken und Darmperistaltik, Weinen und Gefühlslösungen, stark wahrgenommene Temperaturveränderungen usw. Es hat keinen Zweck, hierauf weiter einzugehen, denn wir wissen bereits, daß die Energie eine Brücke zwischen Seele und Körper ist. Aber es ist wichtig zu erwähnen, daß die Häufigkeit dieser Vorkommnisse und die Stärke der körperlichen Reaktionen, besonders auch der emotionalen Lösungen, geringer wird in dem Maße, als die Energie subtiler wird.

Ein weiterer wichtiger Aspekt mit direkten praktischen Auswirkungen ist die Möglichkeit, ziemlich genaue diagnostische Informationen durch eine Wechselwirkung mit dem Kraftfeld zu erhalten, wie sie zuvor bei der Münzsuche beschrieben wurde. Später ließen sich die derart gewonnenen Informationen in der Anamnese des Patienten bestätigen. Sie bezogen sich gewöhnlich auf die Lokalisierung des Krankheitsherdes. Während es eine ziemlich leicht zu erwerbende Fähigkeit ist, ungewöhnliche oder abnorme Energiekonfigurationen zu lokalisieren, ist es schwieriger, die Krankheitsabläufe zu interpretieren (altes oder neues Trauma, gutartig oder bösartig), und dies erfordert weitere Praxis.

Um ein wichtiges Beispiel zu geben: Ich ging einmal daran, das Kraftfeld einer Frau zu untersuchen, die ich noch nie gesehen hatte. Sie war ein Gast bei Dr. William Brugh Joy, der mir das Energiewahrnehmen und -übertragen etwa sechs Monate vorher beigebracht hatte. Am Ende des stillen Ablaufs der Energieabtastung und -übertragung (welchen Dr. Joy in seinem Buch *Der Weg der Erfüllung* wunderbar beschreibt) sprachen wir über die Frau. Ich hatte Störungen im Kraftfeld wahrgenommen und daraus geschlossen, daß sie eine völlige linksseitige Brustamputation gehabt hatte und an zwei Stellen Bauchoperationen. Bei letzteren vermutete ich eine Oopherektomie (Entnahme der Eierstöcke) und eine Adrenalektomie (Entfernung der Adrenalindrüsen). Diese Schlüsse beruhten auf meiner medizinischen Kenntnis, daß die Entfernung dieser Drüsen manchmal zusätzlich zur Behandlung von Brustkrebs durchgeführt wird. Ich war sehr stolz darauf, die drei Hauptbereiche energetischer Störungen mit einer einzigen Diagnose erfaßt zu haben. Da gab es jedoch noch eine vierte Stelle mit einer Energiestörung, die ziemlich andere Eigenschaften hatte. Ich hatte sie über dem linken Knöchel der Frau wahrgenommen. Um diese mit in die Diagnose einzubeziehen, nahm ich an, es müsse sich um einen metastatischen Verlauf handeln. Es stellte sich dann jedoch heraus, daß es sich um eine wiederkehrende Bursitis (Schleimbeutelentzündung) handelte, die die Frau seit mehr als 20 Jahren hatte. Meine medizinische Ausbildung, in welcher ich gelernt hatte, eine einzige Diagnose zu finden, hatte mich zu einer falschen Interpretation verleitet. Die Interpretation der anderen Störungsbereiche war jedoch korrekt. Dieses Erlebnis fand übrigens im Jahre 1975 statt, und ich traf diese Frau kürzlich wieder. Diese einmalige Erfahrung, in der fast kein Wort gesprochen wurde, hatte eine solche Wärme zwischen uns entstehen lassen, daß sie noch nach Jahren vorhanden war.

Hier müßte eine Bemerkung gemacht werden. Ich weiß nicht, ob die Wahrnehmung der Energie die Quelle der Interpretation darstellt oder ob die Informationen auf eine andere Weise erhalten werden (zum Beispiel telepathisch). Wie auch immer das sei, wenn man sich auf eine Ebene erhöhter energetischer Empfindsamkeit begibt und die Suchmethode mit den Händen benutzt, kommen feinere Wahrnehmungen zustande.

Zusätzlich zu dem physischen Diagnoseinhalt erhielten wir häufig auch psychologische Informationen über die Denkweise und Verhaltensmuster, wie auch, und das ist wichtig, ein deutliches Bild von den tieferen seelischen Mustern. In einem gesteigerten Bewußtseinszustand ist es möglich, Informationen direkt zu erhalten, ohne sekundäre Assoziationen zu analytischen oder Verhaltensmodellen und ohne sie aus Bildern rückschließen zu müssen. Natürlich braucht die Entwicklung dieser Fähigkeit Praxis und tiefe Selbsterkenntnis, damit man nicht die eigenen Muster für diejenigen der untersuchten Person hält. Aber die Tatsache, daß eine solche Verfeinerung *möglich* ist und daß die hier besprochene Forschungsmethode die Möglichkeiten erhöht und beschleunigt, deutet auf etwas von großer Wichtigkeit hin: nämlich, daß wir untereinander in genau dieser Weise immer schon in Wechselwirkung stehen. Es legt nahe, daß die unzusammenhängende Weise der meisten menschlichen Beziehungen uns auf ziemlich langsame, eher primitive Formen der Kommunikation festlegt. Mit neuer Einsicht ausgerüstet, erneuert und durch die Kraft der Energieübertragung belebt, schienen manche der Gäste neue Möglichkeiten in ihrem Leben wahrnehmen zu können. Zieht man die Verletzlichkeit in Betracht, die bei einem so intimen Kontakt mit einer großen Gruppe zu erwarten ist, so war die Tiefe des Aneinanderteilhabens bemerkenswert, ich möchte fast sagen wunderbar. Aber aus eigener Erfahrung kann ich sagen, daß es möglich ist, ein Leben, das sich an einer bestimmten Linie entlangbewegt, praktisch in einem Augenblick zu verwandeln. Ich glaube, wir befinden uns an der Schwelle, die Macht der Liebe und der menschlichen Kollektivkräfte in der Anlage und Evolution des Menschen zu entmystifizieren.

Bald wurde auch klar, daß es um so schwerer wurde, die Konzentration der Gruppe auf einem bedingungsfreien Niveau zu halten, je mehr über den Patienten bekannt war, und die Kraft, gesteigerte Energie zu vermitteln, verminderte sich. Alle Vorstellungen, die nicht unmittelbar dem Moment entwuchsen, wurden bald als Verschleierungsweisen gegenüber dem tieferen Wissen erkannt. Auf bestimmte medizinische, psychologische oder spirituelle Modelle festgelegte Therapeuten oder Heiler hatten zunächst häufig die größten Schwierigkeiten, sich auf ein bedingungsfreies Mitteilen einzulassen. Wenn diesen vorgefaßten Ideen (therapeutisch-diagnostischen Belangen) mehr Aufmerksamkeit geschenkt wurde als der direkten Erfahrung des Teilhabens, dann verminderte sich das allgemeine Gefühl des Kräfteaustauschs. Dies galt auch, wenn man auf persönlicher oder emotionaler Ebene sich mit den vom Gast erzählten Erfahrungen identifizierte. Sich auf irgendeine Weise in die Dynamik in der Situation des Gastes hineinziehen zu lassen, behinderte die Fähigkeit, einen bedingungsfreien Zustand zu erreichen und die Kraft der Liebe anzubieten. Auf dieser Betrachtungsebene ist es fatal, wenn man sich auf die Problemebene einläßt. Auf derjenigen Energiestufe im Bewußtsein, wo Probleme gestaltet werden, führen diese einen endlosen Tanz neuer Verbindungen und Interpretationen durch, jedoch ohne Lösung. In einer anderen Dimension löst sich dasselbe Problem automatisch, oder es enthüllt seine Wurzeln und kann so ganz anders angegangen werden, wenn die Energieebene gesteigert ist.

Die Einleitung gesteigerter Energie findet nicht nur von der Gruppe auf den Gast statt, sondern der Gast beeinflußt auch die Gruppe mit seiner oder ihrer energetischen Wirklichkeit. Aber allein durch ihre Anzahl und weil in der Gruppe eine geeinte Absicht vorliegt, ist der Anstoß der Gruppenenergie für den Gast bedeutend größer als der des Gastes für die Gruppe. Nichtsdestoweniger mußten manche Mitglieder der Gruppe, selbst wenn zwischen einem besonderen Gast und der Gruppe keinerlei Worte gewechselt wurden, hinterher Tage an den besonderen psychologisch-energetischen Strukturen arbeiten, die

die Teilhabe mit diesem Gast in ihnen entzündet hatte. Sie konnten sich zum Beispiel in Gefühlen unerklärlicher Traurigkeit, von Machtkämpfen oder der Todesangst wiederfinden und mußten sich durch diese hindurcharbeiten. Es ist, als wäre dies durch das Miteinander in ihnen wachgerufen oder gesät worden. Das mag für jene gefährlich klingen, denen die Übertragungs-Gegenübertragungs-Konzepte der Psychotherapie geläufig sind oder die Idee des Übermittelns von »negativer« Energie vertraut ist, die im spiritualistischen Denken so vorherrscht. Aus einer gewissen Sicht ist es auch gefährlich, aber darin liegt auch tiefgehende Weisheit und die Möglichkeit zu lernen.

Jeder von uns hat unreife Bereiche, in denen wir, bewußt oder nicht, von einer Seite des Lebens zurückschrecken. Anzufangen, die höheren Bewußtseinszustände zu erforschen und naiv davon auszugehen, man könnte ein Heiler werden, ohne diese Bereiche aufzulösen, ist töricht. Bei der Kraftsteigerung in einem Gruppenprozeß oder bei einer jeglichen Energiesteigerungsübung, wie Meditation, wird die Anregung eines solchen Bereichs zu einer Herausforderung, sich zu einer umfassenderen Ebene der Aufmerksamkeit zu erheben. Man kann einen solchen Bereich jedoch nicht suchen und dem Bewußtsein aufzwingen, um damit ein für allemal fertig zu sein. Im Gegenteil, es muß zuerst genügend Liebe und Kraft erzeugt worden sein, bevor dieser Bereich zum Vorschein kommen kann.

Solange wir in dem gesteigerten Bewußtseinszustand bleiben, bieten diese Bereiche kein Problem. Man kann sie untersuchen, ohne daß sie die Seele zu beherrschen vermögen. In gewissem Sinne sind sie dann schon gelöst. Ist man später jedoch wieder im Alltagsbewußtsein, so kann dieser seelische Bereich (Todesangst, Angst vor anderen Wesen oder Bereichen, Angst vor der eigenen Kraft oder vor dem Kontrollverlust) hervortreten und plötzlich Macht über unser Selbstgefühl gewinnen.

Aus der Perspektive einer grundlegenden Erforschung des Bewußtseins bin ich dazu gekommen, eine solche Kraft als ein Zeichen zum Verlangsamen anzusehen, wenn sie in meiner Psyche angeregt wird und sich nicht sofort und leicht auflöst. Sie weist mich darauf hin, nicht tiefer in die ungeformten Dimensionen zu gehen, bis diese Dynamik des Rückzugs und der Bindung von Energien sich aufgelöst hat. Ganz gleich, was unsere Ideen über die Wirklichkeit sind, derart verkrampfte Bereiche zeigen an, daß unser Bild der Wirklichkeit und insbesondere unser Gefühl für den bedingungsfreien Beobachtungspunkt im Bewußtsein weiter reifen müssen. Und es kommt nicht darauf an, ob diese Reifung Stunden, Monate oder Jahre dauert.

Das wandelnde Gruppengeschehen stellt eine der schnelleren Möglichkeiten dar, einen Menschen für neue Bereiche zu öffnen, und ruft eine sofortige Lösung hervor, wenn mit Weisheit und Liebe vorgegangen wird. Die Aufgabe des einzelnen ist es, diese höhere Ebene integrieren und erreichen zu lernen, wenn er sich unabhängig von der lösenden Gegenwart der Gruppe bewegt (oder eines energiesteigernden Lehrers). Eine erhöhte Gegenwärtigkeit ist ein wirkliches Zeichen der Lösung, verglichen mit den Schutzmechanismen des Ichs wie Leugnung und Unterdrückung. Letzteres ermöglicht wohl den Ausschluß des Unerwünschten, aber nur durch ein gleichzeitiges Drosseln des Daseinsgefühls. Es gibt eine Menge spiritueller und psychologischer Kosmologien, die Strukturen herstellen, die nichts weiter sind als sichere Wege, etwas zu etikettieren und auszuschließen. Im Laufe der Geschichte ist die Spiritualität einer der sichersten Wege gewesen, sich vor wirklicher Wandlung zu schützen.

Natürlicherweise sind wir vor der Wirklichkeit durch unser Unterbewußtsein und durch unsere Vorstellungen geschützt, die uns dazu zwingen, in ziemlich engen Dimensionen zu handeln. Die technische Orientierung westlicher Ärzte zum Beispiel und die riesige Menge der zur praktischen Medizinausübung zu erinnernden Informationen dienen auch dazu, ihre Aufmerksamkeit von denjenigen Ebenen der Wechselwirkung zu isolieren, in welchen das Potential für vielschichtige Sensibilität liegt. Der westliche Psychotherapeut ist auf ähnliche Weise abgeschirmt. Die hohe Selbstmordrate unter Ärzten könnte jedoch darauf hindeuten, daß trotz allem ein Induktionsprozeß auf einer höheren Energieebene stattfindet, obwohl sie sich dessen nicht bewußt sind. Es kann durchaus sein, daß Menschen, die sich zu helfenden oder heilenden Berufen hingezogen fühlen, von ihrem Energiekörper her bereits halb durchlässig sind und sehr sensibel und offen für tiefes Teilhaben an anderen.

Beginnen wir einmal die bedingungsfreien Zustände zu verstehen, werden die unbewußten Schutzmechanismen, die unsere Ichstruktur ausmachen, automatisch und absichtlich geschwächt. Auf diese Weise können wir plötzlich Kräfte erfahren oder Bewußtseinsbereiche anregen, die uns vorher völlig verborgen waren. Wenn Ärzte oder Therapeuten, die sich hauptsächlich auf äußere Techniken gestützt hatten, mit solchen Erkundungen beginnen, so stellen sie meist fest, daß ihre alten Puffer nicht mehr funktionieren, und sie beginnen in ihre eigenen Todes-Wiedergeburts-Prozesse einzutreten. Das kann sehr beunruhigend sein, weil es das deutliche Gefühl auslöst, wieder zurückgeworfen worden zu sein, als müßte man wieder von vorne beginnen. Im Zusammenhang eines Wandlungsprozesses ist diese Neuheit und Verletzlichkeit ein Zeichen des Sichöffnens, und Heiler können dazu angeleitet werden, schöpferisch damit umzugehen. Sie können dann beginnen, aufgrund ihrer eigenen Erfahrungen den Zustand der persönlichen Lösung direkt zu erreichen, wo die Schutzmechanismen nicht mehr unbewußt sind und sie die Herrschaft über die tieferen Schichten gewonnen haben.

Fährt man fort, den Eintritt in diese feineren Erfahrungsebenen weiterhin zu vermeiden oder zu blockieren, auch wenn die Begegnungen mit einigen Seiten derselben anfangs unangenehm sein können, so bedeutet das meiner Erfahrung nach, die volle Erbschaft unseres Menschseins abzulehnen. Das heißt nicht, daß solch eine Öffnung nicht sowohl weise als auch relativ sicher durchgeführt werden kann, das kann so sein und sollte es auch. In gewissen Bereichen stärkt uns schon das bloße Berühren, Zulassen und Überschreiten. Wenn gewisse Teilnehmer sich in Gruppenexperimenten auf unerklärliche Weise gezwungen fühlten, Bereiche ihrer Psyche näher zu untersuchen, die sie für bereits gelöst hielten, oder neue Ebenen, deren Existenz sie nie ernsthaft in Erwägung gezogen hätten, so folgte daraus allgemein eine Beschleunigung ihrer Reifung sowie tieferes und echtes Mitgefühl und Weisheit.

Es ist leicht gesagt, daß man psychische Fähigkeiten entwikkeln und eine größere Wirklichkeit wahrnehmen will. Zwei Dinge gehen damit aber einher. Erstens sieht man nicht nur, was man sehen möchte, sondern auch, was man gerade nicht sehen möchte. Es ist notwendig, mit dem gleichen ausgewogenen Gefühl auf beide Seiten zu schauen. Und zweitens muß man, um etwas wahrzunehmen, sich auf die Wirklichkeitsebene begeben, auf welcher die Wahrnehmung erschaffen wird. Derart beeinflußt man in gewissem Grade das, was man wahrnehmen möchte. Man kann folglich hervorrufen, was man will, aber auch, was man nicht will. Das wird im Wandlungsprozeß häufig zur großen Angst – daß man genau das erschafft, wovor man sich am meisten fürchtet.

Es ist wahr, daß bei der Ausweitung des Bewußtseins sich zunächst jene Bereiche zu vergrößern und wirklicher zu werden scheinen, vor denen man Angst hat oder die man zurückweist. Betritt man die feineren Bewußtseinsbereiche mit festgelegten Ideen davon, was richtig oder falsch ist, oder davon, was real ist, so kann das zu ziemlichem Elend führen, bis dieser Zusammenhang verstanden wird und nicht weiter verstärkt werden muß. Wenn man die Furcht überwinden und das Bewußtsein tiefer stärken möchte, ist es wesentlich, eine bedingungsfreie Mitte in der Aufmerksamkeit zu entwickeln, von welcher her alle Erfahrung betrachtet wird, sei sie faßbar oder aus feineren Dimensionen. Nachdem ich nun den Buhmann herausgelassen habe, möchte ich noch einmal betonen, daß die Erforschung solcher Wandlungsvorgänge und die Öffnung des Herzens mit Abstand zu den reichsten und lohnendsten Erfahrungen im Leben zählen.

Wie ich bereits sagte, bildet unser Unterbewußtsein einen natürlichen Schutzschild. Geht die Reise aber tiefer, so wird die bewußte Abschirmung immer wichtiger, zumindest in den ersten entscheidenden Stadien. Darüber möchte ich nicht allzuviel sagen. Oft ist es unsere eigene unangebrachte Motivation, etwa eine Gier nach neuen und außergewöhnlichen Erfahrungen oder die Ungeduld mit unserer eigenen Entwicklungsgeschwindigkeit, die uns in Schwierigkeiten bringt. Darum bildet eine grundlegende, nüchterne Aufrichtigkeit uns selbst gegenüber einen wesentlichen Teil des Schutzes. Ein weiterer Teil desselben besteht darin, daß wir lernen, die Geschwindigkeit unserer Entfaltung durch den Gebrauch von Sex, Nahrung, Übungen, Meditation und Energieteilung mit anderen zu regulieren (wie bereits in Kapitel 4 besprochen wurde).

Ganz gleich, wie viele Energiereserven man hat oder wie ausgeglichen man ist, es gibt bestimmte Energieebenen, die weder der physische noch der psychische Mechanismus lange aushalten kann. Eine Durchlässigkeit gegenüber solchen wahrgenommenen Kräften aufgrund eines tiefen und unbeirrbaren Liebesgefühls – im Gegensatz zur Abschirmung des Bewußtseins zum Beispiel durch das Visualisieren eines umgebenden weißen Lichts – ist meiner Meinung nach eine reife Art des spirituellen Schutzes. Am Anfang kann das Vorstellen der Lichtwand jedoch wichtig sein. Grundsätzlich ist es wichtig, sich ohne Verfolgungswahn mit der Problematik des Schutzes auseinanderzusetzen. Meditieren Sie darüber, und denken Sie darüber nach. Welcher Teil unserer selbst ist stets wirklich rein und unbeeinflußbar? Wer ist der wirkliche Gebieter über unsere Erfahrung? Welche Bestimmung haben wir unserem Leben gegeben? Wo letztendlich ruht in unserem Bewußtsein unser Gefühl für das Universum und für Gott? Ist dieses liebevoll oder zornig? In der Erkenntnis, daß verschiedene Seiten unseres Wesens sich unterschiedlich schnell entwickeln und unterschiedliche Intensitätsebenen aufrechterhalten können, liegt eine grundlegende Weisheit. Für welche Wesensebene also soll der Schild dienen? Gibt es jemals einen Teil in uns, der nicht neu und verletzlich ist und sich nicht entwickelt?

Die Vorstellungen eines Schutzes entwickeln sich zusammen mit der geistigen Reife, womit wirkliche direkte Erfahrung und eine wachsende Bewußtheit gemeint sind. Es gibt da einen wichtigen Gedanken, wenn ich auch weiß, für wie viele er problematisch ist: Ich glaube, daß man immer nur so lange einen ausschließenden Schutzschild braucht, wie unsere Reise durch dualistische Vorstellungen von guten und bösen Kräften begrenzt wird. Meiner Erfahrung nach gibt es eine höhere Ebene als diese, die durch ein reifendes Gefühl der Nichtdualität wahrgenommen wird, jenseits von Zeit und Raum (sei es linear oder im Einsteinschen Sinne), und dafür ist ein wachsendes Gefühl bedingungsfreier Liebe entscheidend.

Die Dynamik der Gruppenenergie mit einem einheitlichen Brennpunkt der höchstmöglichen Bewußtseinsqualität erschafft von Natur aus ein Kraftfeld, das die Kernpunkte der normalen einzelmenschlichen Belange überschreitet. Bereiche der menschlichen Seele, die uns durch normale introspektive Methoden unerreichbar sind (das heißt durch uns allein oder in einer Eins-zu-eins-Beziehung), können in einer Gruppendynamik viel schneller und sicherer erreicht werden. Die gesteigerten Kräfte einer Gruppe lassen eine Atmosphäre des Gelöstseins und der Heilung entstehen, die in viel größere Tiefen vordringt, als würden diese beiden Dinge auf einer niedrigeren Energieebene angestrebt, die für die energetisch ausgeglicheneren Einzeltherapiemethoden typisch ist.

Die in einem Verhältnis von zwei Personen erreichbare Energie ist größer als die für ein einzelnes Individuum erreichbare, jedoch viel geringer als diejenige einer größeren Gruppe. Erinnern wir uns noch an das Konzept, daß die von zwei oder mehr Menschen erweckte Energie dadurch bestimmt ist, worauf die Wechselwirkung gerichtet wird. Konzentriert sich der Therapieverlauf auf den Problembereich, so kann die gesteigerte Kraft den Patienten zeitweilig aus dem Problem herausheben, doch verstärkt sie dasselbe auch beim Therapeuten. Bei meiner Erfahrung in der Arbeit mit schizophrenen und autistischen Jugendlichen war das natürliche Energieniveau dieser gestörten Kinder allgemein höher, was die Schwingung anbetrifft, als dasjenige der Menschen, die ihnen helfen wollten. In einem Eins-zu-eins-

Verhältnis brachten die Kinder den Therapeuten mehr durcheinander, als der Therapeut ausgleichen und beruhigen konnte. Die Kinder strahlten also auf den Therapeuten einen stärkeren Induktionseffekt aus als er auf sie.

Die Lösung oder wenigstens ein möglicher Forschungsansatz lag darin, die Kraft der Therapeuten dadurch zu steigern, daß sie in eine Gruppendynamik gebracht wurden, die zur Beschleunigung ihrer persönlichen Wandlung aufgebaut war. Wenn wir dies im Behandlungszentrum durchführten und die Therapeuten dann zu ihrer Arbeit mit den Kindern zurückkehrten, so berichteten sie von einer bemerkenswert gesteigerten Fähigkeit, sich mit den Kindern zu verständigen und allgemein die Arbeit zu genießen, wo sie früher erschöpft waren und kaum damit fertig wurden.

Auf ähnliche Weise ist es für einen Therapeuten ohne Unterstützung einer Gruppe sehr schwierig, in das Kraftfeld eines Krebskranken direkt einzutreten. Man kann die dem Krebsverlauf zugrundeliegenden Muster nicht in der Tiefe berühren, solange man nicht den Todesbereich im eigenen Bewußtsein, der bei jedem Individuum einzigartig ist, weitgehend gelöst hat. Um den Krebs tiefergehend erforschen zu können, glaube ich, daß wir aufhören müssen, den Krebs als einen Gegner zu sehen; denn was wäre, wenn es sich dabei um einen Wandlungsmechanismus der menschlichen Evolution und nicht um einen Feind handeln würde? In meinem Wachstum als Heiler fing ich an, den Todesbereich in Form des Krebses aufzulösen, als ich schließlich die Idee untersuchte: »Wie kann ich Ja zum Krebs sagen, ohne ihn zu stärken?« Er wurde so zu einem Koan, der mich wandelte, statt zu einem Feind, den ich auslöschen mußte. Um sich dieser Krankheit auf eine neue Weise zu nähern, muß man zu höheren und kollektiven Energieebenen erwacht und aktiviert sein, und das liegt weit jenseits der für das nichterwachte Individuum erreichbaren Energiestufen. Die Lösung kann durchaus auftreten, wenn wir lernen, den Energiezustand bei einem sogenannten Patienten zu erhöhen und zu verfeinern, am deutlichsten jedoch auf einer uns alle umfassenden kollektiven Ebene.

In einem Gruppenzusammenhang, der mit dem Aufrechterhalten eines gesteigerten Kraftfeldes arbeitet, ist vieles möglich, was ein Heiler in der Einzeltherapie nur dann leisten kann, wenn er den Problembereich, mit dem der Patient zu kämpfen hat, bei sich selbst bereits gelöst hat. Die Eigenschaften eines solchen Heilers sind: Er ist zu höheren Energien erwacht, braucht also nicht weiter den stützenden Zusammenhang einer Gruppe, um mit diesen Dimensionen in Kontakt zu bleiben; seine Unbedingtheit reift ständig weiter; er kann seine Kräfte von Augenblick zu Augenblick neu ausgleichen; und er kann jeden Unterdrückungsprozeß unmittelbar wieder auflösen.

Das Gruppenexperiment wurde dann in eine weitere Oktave hineingebracht. Es wurde deutlich, daß das geeinte Gruppenbewußtsein einen Kraftwirbel erzeugen kann, der sowohl die Heilung und das Lernen eines Gastes beschleunigt als auch tiefe Wachstumserlebnisse der Gruppenmitglieder. Außerdem repräsentierten die Gäste bestimmte Bewußtseinsabläufe, die für die Psyche der Gruppenmitglieder eine Herausforderung darstellten. Was würde geschehen, wenn ein Gast nicht ein Schwerkranker war, sondern ein anerkannter und begabter Heiler, Therapeut oder Erzieher? Wir nannten dieses Experiment »Lernen durch Kraftinduktion«, und die Gruppe begann mit führenden Personen aus der Bewußtseinsforschung zu arbeiten. Als Gäste kamen unter anderem Jack Schwartz, Gay Luce, Hal Bailen, M. D., Ellen Margron, Lynn Lumbard, Helen Palmer, Franklin Merrell-Wolff, Justine und Michael Toms, von denen jeder entweder lokal oder national für seine oder ihre Fähigkeit bekannt ist, auf den höheren Ebenen zu arbeiten.

Als Rahmen behielten wir im wesentlichen den gleichen bei wie bei den anderen Gästen. Eine Sitzung begann mit einem sehr laut gespielten Musikstück, währenddessen sich die ganze Gruppe hinlegte und sich völlig in dasselbe hineinfallen ließ. Durch dieses Loslassen begann das Ritual der Verbindung und der Einfügung einzelner Kräfte in die geeintere, stärker zusammenhaltende Dynamik. Dann versetzte sich die Gruppe in eine neutrale, aber höchst empfängliche Haltung. Mit neutral meine ich, daß jede Person die Aufgabe hatte, den Gast als eine Gegenwärtigkeit zu erfahren. Das hebt sich ziemlich von der gewöhnlichen Art ab, mit der Menschen zuhören, wenn sie versuchen, einen Sprecher in ihre Glaubensstrukturen einzufügen, oder bestimmte Fragen beantwortet haben möchten. Der Gast konnte sich frei mitteilen und spontan in jeden beliebigen Bereich wechseln. Ich hoffte darauf, daß sie bei einer sehr gut eingestimmten Zuhörerschaft sich in der Lage fühlen würden, ein gemeinsames Fließen zuzulassen und vielleicht neue Bereiche anzurühren. Danach baten wir die Gäste, eine nicht verbale Phase einzulegen, wobei sie sich auf einen Tisch legen sollten und die darin sehr geübte Gruppe Energie mit ihnen teilen würde.

Der Abend versetzte sowohl den Gast als auch die Gruppe in einen wechselnden Tanz aktiver und empfangender Haltungen. Das gehörte zur Schönheit dieser Forschungen. Es ist erstaunlich, wie selten Lehrer es zulassen können, selbst in einen völlig empfangsbereiten Zustand zu gehen, wenn sie mit dieser Gruppe vorher noch nie gearbeitet haben. Am Ende solcher Sitzungen sagten einige der Gäste, sie wüßten, daß sie in der Lage gewesen seien, in sich selbst tiefe Heilung zu erfahren, daß einige sehr tiefe Muster in ihnen gelöst worden seien. Einige meinten, neue Einstellungen zu den Bewußtseinskräften gewonnen zu haben.

Aus der Sicht der Forschungsgruppe erschien es so, daß diese Gäste eine besondere und verfeinerte Qualität in die allgemeine Energie eingebracht hatten. Der Prozeß des Energieteilens erreichte eine weitere, offenere Qualität. Mehr als andere konnten diese Gäste rückblickend auf die Eigenschaften der erfahrenen Energie auch genaue und ausführliche Hinweise geben. Ohne daß ich die Unterschiede zwischen den begabten Lehrern und den schwerkranken Gästen allzu genau beurteilen möchte, kann man doch sagen, daß die ersteren viel offener waren, empfänglicher und für die energetische Gemeinschaft sensibler. Bedeutende Anteile ihrer Bewußtheit schienen in Dimensionen jenseits des physischen Körpers und ihrer Persönlichkeit zu liegen, während dies bei kranken Individuen weniger der Fall war. Von den

Gruppenmitgliedern selbst sind inzwischen viele selbst Lehrer geworden, die andere Gruppen in die subtile Arbeit einführen, wie es ihrem eigenen besonderen Wesen entspricht. Ich habe keine Zweifel, daß die Gelegenheit, so tiefe Gemeinschaft mit inspirierten Menschen zu erfahren, ihnen auf ihrem eigenen Wege helfen konnte.

Die Erfahrung der energetischen Gemeinschaft ist vielschichtig und ermutigt nicht besonders zur Interpretation dessen, was geschieht. Ein solches Wechselspiel bezieht das ganze Selbst mit ein. Es wird im Körper in machtvollen Kraft- und Wahrnehmungsströmen erlebt sowie in Veränderungen der gesamten Empfindung und der Raum-Zeit-Orientierung. Es ist, als betrete man eine andere Dimension, in welcher das persönliche, beobachtende Bewußtsein unbedeutend wird und am besten keine interpretierende Funktion mehr ausübt. Je tiefer man sich einem unbedingten Gefühl hingibt, um so tiefgehender und erleuchtender werden diese Erfahrungen und um so bewegender und verjüngender für die Person, die als Gast teilnimmt.

Oft wurden Teilnehmer und Gäste in völlig neue Sichtweisen ihrer selbst und ihrer Situation gestürzt, und für manche lief das auf unmittelbare Lebensänderungen hinaus. Man kann nicht, ohne dadurch verwandelt zu werden, aus dem Meer der persönlichen Wirklichkeit in das Geheimnis und die Größe kollektiver Kräfte und den alles durchdringenden Aspekt unseres Wesens hineinspringen. Die ungeheure Energie in solchen Erlebnissen erleichtert das Beiseitelassen persönlicher Sichtweisen sehr, erzwingt es fast. Und aus der Lücke entsteht ein neues Verständnis und ein tiefes Liebesgefühl. Die Tiefe der Einsicht, des Verstehens, die Art und Weise, in welcher die Informationen zugänglich werden, wie auch die beobachteten psychologischen und körperlichen Veränderungen, die durch solche Prozesse hervorgerufen werden, stellen unsere orthodoxen Vorstellungen über das menschliche Wesen in Frage. Das Schöne an der Sache ist, daß diese Erlebnisbereiche für jeden zugänglich sind, der sie mit offenem Herzen erkunden möchte.

10.
Die Illusion der Getrenntheit

Jede Übertreibung rächt sich in der menschlichen Physis.

Walt Whitman

Es tritt eine Vision der Menschheit hervor, die davon ausgeht, daß der menschliche Organismus vielschichtig ist und daß Krankheiten wahrscheinlich innerhalb verschiedener Dimensionen des menschlichen Wesens hervorgerufen werden. Wie wir gesehen haben, steht der physische Körper in einem Verhältnis zu einem weniger dichten, aber dennoch faßbaren Energiekörper. Dieser Energiekörper hat während der menschlichen Geschichte als natürliche Verständigungsbrücke für die Diagnose und Behandlung gedient – zum Beispiel in der Akupunktur und beim Auraheilen – wie auch für ein tieferes Verständnis der aus Krankheiten entstehenden Prozesse. Verschiedene Ebenen dieses Kraftfeldes überlagern sich ständig und scheinen auch jenseits der normalen Zeit und des Raumes wirksam zu sein. Unter diesem Aspekt erscheinen alle menschlichen Wesen in einem Bewußtseinskontinuum geeint. Darauf könnten verschiedene Phänomene wie Telepathie, Präkognition, Telekinese, Ferndiagnose und -heilung usw. beruhen. Auch die moderne Physik bringt uns ein Verständnis dessen näher. Offenbar ist die Wirklichkeit, während sie auf einer Ebene diskret ist, auf einer anderen, ebenso gültigen Ebene ein ununterbrochenes Kontinuum.

Zu Beginn des Jahrhunderts erbrachte eine Versuchsserie Beweise für Erscheinungen, die nicht verstanden werden konnten und im Rahmen der in Form der klassischen Mechanik etablierten Physik auch nicht annehmbar waren. Erst durch Einsteins Relativitätstheorie konnten diese Phänomene in eine gänzlich neue Sichtweise der Beziehung zwischen Materie und Energie integriert werden. Die Grundannahme derselben war, daß bei einer Annäherung an die Lichtgeschwindigkeit Masse und Energie austauschbare Größen werden. Auf diese Weise erscheinen Zeit und Raum, Materie und Energie als Modifikationen einer umfassenderen Dynamik. Keines dieser Konzepte hat unabhängig von den anderen eine Bedeutung. Als diese Beziehung technisch nutzbar gemacht wurde, setzte man ungeheure Energien frei, und das Atomzeitalter wurde geboren.

Eine Art des Bewußtseins (die Newtonsche) paßte sehr gut zu bestimmten Geschehnissen (nämlich zu jenen, bei denen die Geschwindigkeit im Verhältnis zur Lichtgeschwindigkeit sehr gering war und die auf einem sehr niedrigen Energieniveau stattfanden), ein anderes Bewußtsein (einsteinisch) wurde gebraucht, um mit Ereignissen umzugehen, bei denen die gesamte Vorstellung von Raum und Zeit verändert werden mußte und bei welchen gänzlich neue Energiedimensionen eine Rolle spielten.

Nun ein wichtiges Konzept. Beginnen wir mit einer Teildefinition: Von einem gewissen Gesichtspunkt aus reflektiert eine Krankheit innerhalb eines Energiewandlungssystems (oder Bewußtseinszustandes) auf einer besonderen Gleichgewichtsstufe eine Beziehung desselben zu einer Kraft (einem anderen Bewußtseinszustand), welche das vorhandene Gleichgewicht entweder stört oder stark genug ist, um das vorhandene Gleichgewicht zu einem gänzlich neuen Energiewandlungssystem zu heben. Hat sich ein bestimmtes Gleichgewicht einmal eingestellt, so kann die *aufstörende* Kraft eine solche sein, die das Gleichgewicht ursprünglich gefördert hat; dann können wir eine neue Haltung dazu einnehmen oder uns angemessen mit dieser Kraft auseinandersetzen. Wenn diese Kraft das Grundgleichgewicht jedoch verändert (nicht nur aufstört), dann ist es schwer, ihr Wesen zu durchschauen, und wir werden eine Zeitlang durch diese in Frage gestellt oder fallen ihr scheinbar zum Opfer.

In Analogie dazu gibt es gewisse Krankheiten – viele der Infektionskrankheiten –, die wir verstehen können und mit denen wir uns unter Newtonschen Vorstellungen wissenschaftlich auseinandersetzen. Innerhalb unserer derzeitigen biologischen Konzepte und unter Berücksichtigung der Art und Weise, in welcher die Krankheiten in Beziehung zum menschlichen Organismus stehen, erkennen wir nun ihre *störende* Ursache-Wirkung-Beziehung zur menschlichen Gesundheit. Nehmen wir den Fall des *Pneumokokkus,* des Erregers der Lungenentzündung. Wir können ihn unter dem Mikroskop beobachten, in verschiedenen biologischen Zuständen isolieren und das Wachstum dieses Organismus unterbrechen, weil wir seine Unterscheidungsmerkmale hinreichend erkannt haben. Die Gesamtheit unserer kollektiven Evolution hat einen Punkt erreicht, wo eine solche Einsicht möglich wurde. Früher in unserer Geschichte haben diese Krankheiten uns *verändert,* und wir konnten nur die Wirkungen, nicht aber die Ursachen wahrnehmen. Die Ursache, das Bewußtsein, das die Krankheiten entstehen ließ, war uns verborgen. Unser derzeitiges Verständnis der Infektionskrankheiten gleicht sehr dem Newtonschen Denken, welches für niedere Schwingungen passend war, für langsame Geschwindigkeiten und niedere Energiephänomene. Diese Krankheiten sind niederenergetische Krankheiten, sie haben eine langsame Schwingung. Dabei spreche ich nicht von der Pathologie: daß diese Krankheiten niedere Schwingungen haben, bedeutet nicht, daß sie nicht auch zerstörerisch wirken. Vielleicht liegt es an dem extremen Kontrast zwischen den Kräften *unseres* Bewußtseins und denjenigen dieser Wesenheiten, der ihre schnelle Zerstörungskraft ausmacht. Überall, wo starke Kontraste sind, besteht auch die Möglichkeit starker Konflikte. Dank ihrer niederen Energie war jedoch gleichzeitig unsere ziemlich primitive Newtonsche Zugangsweise in der Lage, das Differential zu ergründen und den Ablauf zu beherrschen.

Auf der anderen Seite gibt es Krankheiten wie Krebs, gewisse

Degenerationsprozesse und vielleicht die Krankheiten des Immunsystems, die eine ganz andere Eigenschaft besitzen. Von ihnen können wir sagen, daß sie sich sehr schnell bewegen, daß sie eine hohe Schwingung und viel höhere Energien besitzen. In unserem Beispiel wären wir jetzt in dem Einsteinschen Bereich, in Annäherung an die Lichtgeschwindigkeit, wo sogenannte Materie und sogenannte Energie nur verschiedene Modifikationen der gleichen Erfahrung sind. Diese höher schwingenden Krankheiten befinden sich in Dimensionen, wo das physische Selbst und höhere (gewöhnlich verborgene) Kräfte des Bewußtseins sich in einer feinen Austauschbeziehung befinden. Diese Krankheiten scheinen aus unserem eigenen Bewußtsein hervorzugehen, zumindest auf der Ebene, auf der wir uns zur Zeit erkennen können. Immer noch *verändern* sie uns, das heißt, ihre Unterscheidung von uns selbst ist noch nicht sehr deutlich. Darum können wir ihre Ätiologie auch noch nicht verstehen, und wir können dies vielleicht auch nicht, bis unsere Definition des Lebens sich erweitert. Die genauere Erforschung dieser Vorgänge erfordert einen Wechsel in unserem Bewußtsein, so groß wie derjenige zwischen der klassischen Mechanik und der Quantenphysik.

Bei langsamen Schwingungs- und niederen Energiezuständen erscheint uns unsere abgetrennte menschliche Individualität als wirklich; die Dualität des Ich und Du dominiert unser Bewußtsein. Wenn wir die Welt auf dieser Ebene betrachten, dann neigt unser Denken gewöhnlich dazu, die Krankheitsursache auf lineare, mechanistische und funktionale Weise zu verstehen. Wir suchen nach Erregern, die durch Tröpfcheninfektion, durch Körperkontakt oder durch Wasser oder Nahrung übertragen werden können. Unsere Vorbeugung ist dementsprechend ebenfalls mechanisch – um die Kette auf der Überträger- oder Symptomebene zu unterbrechen. Im Beispiel des Lichts sind wir hier bei der Bewußtseinsweise der »Teilchen«-Erklärung. Für gewisse Erfahrungsstufen ist diese zweifellos gültig. Zu gewissen Zeiten sind wir aber gezwungen, unsere Einschätzung der Wechselwirkungen auszuweiten, sowohl bei uns selbst in bezug auf die Hygiene als auch bei der umfassenden Biosphäre.

Bei schnelleren Schwingungen und höheren Energiestufen des Bewußtseins wird unsere scheinbare Individualität immer mehr zu einer Illusion. Die einander überlagernden Kraftfelder vereinen alles Leben in einem Kontinuum – der »Wellen«-Aspekt in der Lichtanalogie ist ebenfalls ein Kontinuum. Diese hochenergetischen Krankheiten sind degenerativ, bösartig, zu einem großen Anteil nicht vorhersagbar und scheinen mit der Gesamtheit des Lebens zu verschmelzen. Sie sind unglaublich systemgebunden. Sie erteilen uns Lehren über inter- und intrazelluläre Kommunikation, die wir uns nie hätten träumen lassen. Sie scheinen ein Teil von uns zu sein, direkt in unser Bewußtsein verwickelt zu sein, in unsere Gefühle, in unsere sozialen und kulturellen Tätigkeiten. Sie scheinen direkt aus unseren Gedanken hervorzugehen. Vorbeugung und Behandlung werden zum größten Teil noch kaum verstanden, sind symptombezogen und oft ziemlich unwirksam und gefährlich. Die Krankheiten verschlingen enorme Energie und Zeit.

Als wir die Vektoren und Ursachenbeziehung noch nicht verstanden, waren die Behandlungen ebenfalls sehr unwirksam und gefährlich (wie etwa die mittelalterliche Technik des Aderlasses). Heute versuchen wir, den Krebs mit dem gleichen Bewußtsein anzuschauen, mit welchem wir der Lungenentzündung nachgingen. Aber der Unterschied zwischen diesen Krankheiten und dem ihnen zugrundeliegenden Bewußtsein ist ebenso drastisch wie derjenige zwischen der Kraft des Penizillins und der Kraft eines Linearbeschleunigers, der Kraft von Dynamit und derjenigen einer Atombombe. Denn diese Krankheiten erfordern ein hochenergetisches Bewußtsein, das gleichzeitig sowohl die Teilchen wie auch die Wellenstruktur des Daseins erkennen kann.

Normalerweise können wir zu einem Zeitpunkt nur jeweils eine dieser Seinsstrukturen untersuchen, weshalb das Leben uns als paradox erscheint und wir engstirnig werden. Bedenken wir nur, wie lange Einsteins Denken brauchte, um sich durchzusetzen und die einander widersprechenden Daten in Einklang zu bringen, die aus bestimmten Experimenten gewonnen worden waren. Gleichermaßen nahmen wir bislang immer nur an einer menschlichen Erfahrungsweise teil und schlossen die andere dabei aus, leugneten sie sogar. Wir schauen ein Individuum an und bilden Einzelwissenschaften und eine besondere Psychologie, die sich im engen Rahmen der erkennbaren und konditionierten Erscheinungen bewegt, und als Ergebnis nehmen wir nur eine physikalische Wirklichkeit und eine faßbare Persönlichkeit wahr. Auf der anderen Seite konzentrieren wir uns auf den Aspekt des Kontinuums und betrachten solche Phänomene wie geistige Kräfte, Psi-Erscheinungen, Telepathie usw. Aber selbst hier bleiben wir Beobachter, die sich auf einen bestimmten Rahmen von Eindrücken beschränken. Wir sind nicht die lebendige Verkörperung der gleichzeitigen Erfahrung eines tiefer bewußten Daseins. Das würde ein Erwachen zu einer völlig neuen Dimension des Selbst bedeuten.

Zur Zeit ist unsere ganze Kultur in einem Schisma gefangen. Unsere Weltanschauung ist aus relativ niederen Energiezuständen des Bewußtseins hervorgegangen. Sie isoliert uns innerhalb der Teilchenstruktur der Erfahrung. Wir beginnen aber, diese Einschachtelung unseres Daseins aufzulösen, wenn wir die Individualität nur noch als die dominante Erfahrungsinterpretation bei langsamen Vibrationen und niederen Energiezuständen ansehen. Gleichzeitig existieren wir als unpersönliche, nichtphysikalische sich überlagernde Kontinuen von unglaublich hoher Energie und Schwingung. Für Gesundheit und Krankheit hat dies sehr tiefgehende Folgen. Die individuelle Krankheit ist vielleicht nicht allein seine oder ihre, sondern eher eine Manifestation eines Geschehens in der gesamten *Menschheit.* Dies läßt sich anders so ausdrücken, daß die sich überlagernden Bewußtseinskräfte – das uns alle einende Kontinuum – eine Matrix liefern, durch welche die Kräfte der Heilung und der Krankheitsentstehung als übertragbar angesehen werden können.

Das Grundphänomen unserer sich überlagernden Wesenheiten darf nicht länger von unserer Vorstellung der medizinischen Versorgung ferngehalten werden, denn es weist auf die neue

Bewußtseinsebene hin bzw. verkörpert sie eigentlich, die wir verstehen und mit der wir arbeiten müssen, wenn wir der Herausforderung der sich ausbreitenden neoplastischen (neues Wachstums, das heißt: Tumore) Krankheiten gewachsen sein wollen.

Das bringt uns zu der Erkenntnis, daß die Glaubenshaltungen und Lebensweisen eines großen Teils der Menschheit Kräfte zu wechselwirkenden Bewußtseinsfeldern konstellieren, die in der Lage sind, Entsprechungen auf der Gewebsebene des einzelnen hervorzubringen oder wenigstens zu verstärken. Mit anderen Worten, die höher schwingenden Krankheiten bilden eine Reflexion von *Energie*-Mustern eines größeren menschlichen Zusammenhanges und sind nicht einfach Angelegenheiten des individuellen Verhaltens, der individuellen Biologie, der Einwirkung von Giften oder eines noch unerkannten Virus. Es scheint eher, als vergegenwärtigten diese Krankheiten eine Verwirrung der lebensgestaltenden Kräfte. Diese Verwirrung entsteht aus der Fähigkeit der kollektiven menschlichen Psyche, durch eine aus dem Gleichgewicht geratene Glaubenshaltung oder Lebensweise ein solches Potential aufzubauen oder zu beschleunigen. Und dies wiederum verhindert nicht nur, daß der einzelne seine, sondern auch, daß die Menschheit als ganze ihre höchste Möglichkeit erreicht.

Die höherschwingenden Krankheiten haben ihre Wurzeln in den Energiemustern ungelöster, tiefliegender Konflikte zwischen den eingewurzelten Ideen über das Leben und den tieferen Lebenserfahrungen, zwischen unserer tiefsten Beziehung des Zulassens und Empfangens von (Gottes-)Liebe und den allgemeinen dogmatischen Denkweisen aus bestimmten Religionen, zwischen der natürlichen, vielleicht unvermeidlichen Fähigkeit, alle Wesen zu lieben, und den kollektiven Hemmungen aufgrund uralter Vorstellungen über Inzest, Nationalität, Klasse und Rasse, zwischen den Grenzen der in unserer Umwelt vorhandenen Energie und Materie und dem anscheinend unaufhaltsamen Glauben an das Wachstum. Ein Individuum kann so scheinbar in Harmonie mit der äußeren Wirklichkeit leben, auf vielen Schichten aber in einem tiefen, seelischen Konflikt stecken. Jede Bewußtseinsebene trägt verschiedene starke Kräfte in sich, die vielfältige, gewebsgestaltende Strukturen auf unser Wesen übertragen. Der höhere und umfassendere Energiezustand ist jedoch der letztendliche Verstärker alles dessen, was sich manifestieren wird. Wenn wir eine Wahl treffen, die sich mit dieser Energie nicht in Einklang befindet, leben wir in einem Zustand der Kräfteverwirrung. Diese tieferen Konflikte verändern das grundlegende Kraftfeld, und wenn zu ihnen eindringende toxische Belastungen hinzukommen, die direkt auf der Zellebene wirken, kann daraus Krebs hervorgehen.

Ein Mensch, der dem karzinogenen Konflikt auf den feineren Bewußtseinsebenen unterworfen ist, ist sich gewöhnlich seines Anteils an dieser Macht ebensowenig bewußt, wie sich ein Stadtbewohner auch nicht des permanenten niederfrequenten Hintergrundlärms bewußt ist. Wir können dieses Untergrundgeräusch oder das karzinogene Kraftfeld nicht wahrnehmen, ohne es mit der relativen Stille oder Klarheit einer anderen Bewußtseinsebene in Kontrast zu setzen. Der Aufstieg zu einem höheren Bewußtsein wirft den Menschen plötzlich in die Erfahrung vielfältiger Kräfte, die vorher nicht unmittelbar wahrnehmbar waren und jetzt eine lebendige, vibrierende, sinnliche Unterscheidung der feineren gesundheitsfördernden oder -störenden Eigenschaften von Einstellungen, Gedanken und Gefühlen ermöglichen. Damit geht eine allgemeine Verstandesorientierung einher, die im Alltagsbewußtsein einfach nicht existiert. Der Kern aller Heilungsbemühungen auf der Ebene, über die ich spreche, liegt also darin, den Menschen, die Hilfe suchen, zu einem solchen Erwachen zu verhelfen. Auf gewöhnlichen Energieebenen sind solche tieferliegenden Konflikte nicht ersichtlich, und selbst wenn man von einem Medium oder durch eigene Intuition erfährt, wo die Problematik liegt, muß man immer noch den höherenergetischen Zustand erreichen, um den Konflikt zu lösen.

Die Aufgabe des erwachten Menschen ist es, anderen zu zeigen, wie sie ihren Energiezustand verstärken und verfeinern können, und zeitweise ein höheres Energieniveau zu induzieren, in welchem sie bemerken können, daß diese Möglichkeiten wirklich vorhanden sind. Wie wir sahen, ist es bei höheren Energiezuständen eine Frage von Sekunden, Schmerzen und Sorgen zu erleichtern und ein tiefgehendes Gefühl von Frieden und Mitgefühl hervorzurufen. Bei ausgedehntem Kontakt mit denselben kann ein erstaunliches Gefühl der Gesundheit und Kraft entstehen, aber gewöhnlich ist der Induktionseffekt nur ein zeitweiliger. Letztendlich muß jedes Individuum die gleiche Wandlung selbst durchmachen. Das bedeutet in gewissem Sinne, in ein neues Bewußtsein hineinzu*sterben,* schneller als die Krankheit zum physischen Tode führt. Ein neuer Daseinsstrom auf einer höheren Energieebene wird verstärkt, so daß die krankheitsverursachende Kraft dadurch gewandelt wird.

Wir werden weder Fortschritte beim Heilen noch in der Gesundheitsfürsorge machen, wenn wir die allgemeine Wandlung nicht erkennen und schätzenlernen, die durch diese erwachenden Bewußtseinsebenen verkörpert wird. Zunächst liegt diese Wandlung in der Auflösung von Raum und Zeit als Funktionen innerhalb der psychischen Bedürfnisse des persönlichen Selbst. Sie besteht auch in einer Erkenntnis einer Reihe ganz unterschiedlicher lebenbildender Gesetze und Regeln, die im höherschwingenden kollektiven Selbst liegen.

Man kann sagen, daß persönliche psychische Bedürfnisse die Wirklichkeit in viele Einzelteile auseinandernehmen und dabei den einen Augenblick einem Teil des Selbst und den nächsten einem anderen Teil zuordnen. Jede Einteilung der wahrgenommenen Wirklichkeit aufgrund unserer persönlichen Bedürfnisse spiegelt sich auch in der Art und Weise, wie wir unser eigenes Wesen, unseren Körper und seine Funktionen wahrnehmen. Ein weites, offenes Bewußtsein unserer selbst, das eigentlich in einem Kräftekontinuum besteht, wird so durch das persönliche Bewußtsein in wechselnde, vielleicht entgegengesetzte Kräfte aufgespalten, von denen manche unterdrückt und manche verstärkt werden. Genau dieser Prozeß, durch welchen sich jeder von uns definiert, sendet von Augenblick zu Augenblick in einer Art energetischer Ambivalenz Kräfte mit sehr unterschiedlichen Eigenschaften und Intensitäten an die verschiedenen Organe, Gewebe und Körperfunktionen. Diese Neigungen des individuellen Bewußtseins haben ihre Wurzeln – jede auf einer anderen Schwingungsebene – im Überlebenswillen, im Geschlechtstrieb, in emotionalen Bedürfnissen, in Ängsten, in Macht- und Vergnügungslust, in unserem Bedürfnis nach zwischenmenschlicher Verständigung und der Überwindung der Getrenntheit, in Impulsen zu Gebeten, kreativem Ausdruck und Gott. In unserem *kollektiven* Ausdruck können einige dieser Bereiche bis zum Wahnsinn übertrieben oder unterdrückt werden, so daß sie enorme Kräfte erzeugen, die im einzelnen Konflikte und Zerrissenheit hervorrufen.

Es scheint, als versuchte die tiefere Bewußtheit, sich zu einer höheren Ebene zu entwickeln, die alle diese Dimensionen umfaßt und ins Gleichgewicht bringt, wogegen unser persönliches Bewußtsein unter dem Einfluß der kollektiven Muster einen begrenzten oder übertriebenen Ausdruck entwirft. Diese energetischen Double-binds erfahren wir auf der Gewebsebene der Wirklichkeit. Stellen wir uns das Gewebe als eine Wiedergabe dieser widerstreitenden Kräfte vor: Es versucht sich auf einer Ebene durch persönlich oder kollektiv bedingte Muster zu individuieren, während andere Kräfte aus einem unbedingteren Zustand versuchen, universellere Muster auszudrücken.

Wie ich bereits vorher erwähnte, ist die Krebsrate bei Schizophrenen nur ein Viertel so hoch wie im nationalen Durchschnitt. Schizophrenie ist in dem Sinne eine hochenergetische Krankheit, daß die Fähigkeit zusammenbricht, zwischen der persönlichen und universellen Ebene zu unterscheiden. Dieser grenzauflösende Mechanismus sorgt irgendwie für eine ziemliche Immunität dem Krebs gegenüber, wogegen die sogenannte normale Persönlichkeit mit ihrer starren Aufrechterhaltung persönlicher und psychologischer Grenzen vielleicht unbewußt auf der Gewebsebene tiefe energetische Konflikte austrägt. In vielerlei Hinsicht ist das »normale« menschliche Bewußtsein eine Unterdrückung des höherenergetischen Selbst, welche den Kern unserer bösartigen Krankheiten und von vielem mehr darstellt, so nehme ich an.

Wir widersetzen uns Veränderungen, weil wir sie fürchten. Die orthodoxe Medizin gibt gern vor, daß es keinen Energiekörper gäbe, daß die Theorien der Hochenergiephysik irgendwo sonst gültig sind, nicht aber hier im Menschen. Wir glauben immer gern daran, daß ein Virus oder ein Gift schuldig ist und daß wir nur herauszufinden brauchen, wie das funktioniert, um das Problem zu lösen. Das ist aber nur ein kleiner Zipfel der Wahrheit. Dabei werden solche Dinge übersehen wie die Fähigkeit eines jeden Läufers der Weltklasse, die Vierminutenmeile zu durchbrechen. Den meisten von uns ist nicht bewußt, daß sich eine neue Bergsteigergeneration entwickelt hat, die an einem Tag das besteigen kann, was vor zehn Jahren noch zweier Wochen bedurfte, und daß bei nur minimalen Verbesserungen der Ausrüstung heute routinemäßig Gipfel bestiegen werden, die früher als unerreichbar galten. Woran liegt das? Der menschliche Körper hat sich in zehn Jahren nicht so stark verändert, der Unterschied liegt im Bewußtsein.

Wir würden gern weiterhin daran glauben, daß der physische Körper allein durch den Nahrungsstoffwechsel verstärkt wird, daß er fest und absolut ist. Die Gattung Homo sapiens wird jedoch auch durch das Bewußtsein unterstützt, in welchem die Unternehmungen angegangen werden. Unser Wesensausdruck erscheint auf der materiellen und persönlichen Dimension, wird aber gleichzeitig auch durch das, was nicht materiell ist, beeinflußt, durch Kräfte des Individuums und des größeren Kontinuums. Der Unterschied zwischen diesen Ebenen ist, wie beim Teilchen und der Welle, eine bloße *Illusion* der Perspektive, des Bewußtseins, der linearen Kommunikation. Und diese Illusion ist von der jeweiligen Verfeinerung unseres Bewußtseins abhängig. Auch unsere Gewebsstrukturen werden durch Energieströme hervorgebracht und *belebt,* die man nur als kollektiv bezeichnen kann. Jene Kraft, die den Bergsteiger zu Höchstleistungen bringt, die für den Menschen vor wenigen Jahren noch unerreichbar waren, geht aus einem kollektiven Glauben hervor, der sich auf jüngste Errungenschaften gründet.

Wir würden gern weiterhin glauben, daß das menschliche Immunsystem, das nach einer Theorie ständig die Krebszellen bei ihrer Bildung wieder vernichtet, seine Funktion plötzlich eingestellt und die Entwicklung eines Tumors zugelassen hat, daß wir uns nur ein Bild davon zu machen brauchen, warum es nicht mehr arbeitet und wie wir es wieder anregen können. Vielleicht zeigt das menschliche Immunsystem jedoch tatsächlich *keine* Fehlfunktion. Vielleicht ist es einfach nicht fein genug, um die Kraft zu erkennen, mit der es zu tun hat. Wie die Glieder und Lungen eines Läufers vor wenigen Jahrzehnten hat es noch nicht den Anschluß an einen weiteren Bewußtseinszustand gefunden, in welchem die Macht über den Tumorverlauf dem Durchbrechen der Vierminutenmeile gleicht. Zur Zeit wird durch unsere Vorstellung und unseren Zugang zur Krankheit *unser Bewußtsein der Krankheit verstärkt;* und bei den Behandlungen lassen wir uns auf ein Spiel mit dem Feuer ein, im Wettrennen, ob die Krankheit schneller stirbt als das normale Gewebe. All dies geht aus einem verengten Bewußtsein hervor, das nur die Spaltung zwischen normal und krank wahrnehmen kann. Wir haben nicht in Betracht gezogen, daß der Krebs vielleicht keinen Widerstand im Immunsystem findet, weil der Tumor als *Eigengewebe angesehen wird.*

Das Wesen einer gesunden Immunität könnte man dann als ein verfeinertes Unterscheidungsvermögen bezeichnen, welches feine Gegensätze genauer erkennt und auf diese Informationen angemessen reagiert. Wenn wir zwischen der Feinheit unseres Bewußtseins und der besagten Funktion innerhalb unseres Körpers unterscheiden, so befinden wir uns im Irrtum. Nehmen wir an, mit der Bewußtseinserweiterung entstünde auch ein größeres Selbstgefühl, eine verfeinerte Erkenntnis der Kräfte und Energien, die unser Wesen durchdringen und mit ihm in Wechselwirkung stehen, ein Gefühl, das unweigerlich unsere Beziehung zum Leben verändert – dann wird dieses feinere Gefühl auch an der Entwicklung und Verfeinerung des Immunmechanismus teilhaben.

Wir haben Schwierigkeiten damit, das Wesen des Krebses zu erkennen, weil das Bewußtsein, das seine Entwicklung steuert, uns zu ähnlich ist und in uns verborgen ist. Es wird im einzelnen durch die Übertreibungen unserer kollektiven äußeren Psyche unterstützt und verstärkt, die sich in unserer konsensuellen Lebensweise spiegeln. Verschmutzung, die von einem Menschen ausgeht, ist ärgerlich, kollektive Verschmutzung aber ist verheerend und verweist auf dramatische Weise auf die Gleichung zwischen individuellem und kollektivem Bewußtsein im Bereich von Gesundheit und Krankheit.

Vor Jahren stieß ich auf eine Luftaufnahme einer großen Stadt, die mich betroffen machte. Sie zeigte die chaotischen Verstädterungsadern, die sich in die umgebende Landschaft ausgebreitet hatten, und man konnte deutlich die Bereiche abgestorbener Vegetation erkennen, verbrannte Böschungen und die offensichtliche Verfärbung der umgebenden Gewässer. Das Ganze erinnerte mich an ein Photo eines Leberkrebses. Solch ein Vergleich fällt vielleicht noch unter die dichterische Freiheit, aber das Wesen eines Tumors ist hypermetabolisch, es verbraucht eine unverhältnismäßige Menge der vorhandenen Ressourcen und verlangt nach ungehemmtem Wachstum, ohne sich durch eine Erkenntnis des größeren Ganzen in den Organismus einzugliedern. Ist es ein bloßer Zufall, daß die hochtechnisierten Länder, besonders im Westen, ein ähnliches Ethos haben und epidemisches Anwachsen des Krebses?

Wir können nicht immer weiter Lösungen im Hinblick auf individuelle Erkrankungen vorschlagen, wenn wir alle in einem streßerzeugenden, karzinogenen Kollektivbewußtsein schwimmen. Nicht das Ich als Individuum ist es, das Asbest und petrochemische Erzeugnisse in Luft und Wasser bringt, die zu einem Anwachsen von Krebs und anderen Krankheiten führen. Es ist das *Gemeinschafts-Ich*, das dies alles tut, es ist das kollektive Ich des unkontrollierten, unerwachten persönlichen Selbstbewußtseins, das hinter unseren Krankheiten und unserer leidenden

Umwelt steht. Es ist die Illusion unserer Getrenntheit, die uns umbringt.

So tragisch es auch scheint, wir müssen die existierende Krebsepidemie und, in geringerem Maße, die streßbedingten Krankheiten und chronischen Degenerationsprozesse als eine Kraft in der Entwicklung der tieferen menschlichen Seele ansehen. Diese Krankheiten drängen jeden von uns, die Kräfte unseres Kollektivwesens zu erkennen und zu verkörpern, sowohl in einem äußeren Sinne, daß wir die Ressourcen unserer Welt teilen, als auch in einem inneren Sinne, daß wir die verengten Bereiche in den relativen Seinszuständen in den Fluß des größeren Daseins entlassen.

Die kollektiven Bewußtseinsebenen anzuerkennen, bedeutet nicht nur, daß wir anerkennen, daß wir alle eins sind, sondern auch, daß jedes bißchen Nahrung, jeder Gedanke, wenn man es bis zur Wurzel zurückverfolgt, uns mit allem verbindet. Die intellektuelle Würdigung dessen bringt zwar wesentliche Einsichten, doch fehlt ihr die Wandlungskraft, die in der direkten Erfahrung höherer Energiestufen liegt. Aus einer solchen Erfahrung gewinnen wir keine Vorstellungen darüber, wie wir unsere Welt verändern können, sondern viel einfacher eine Einsicht darein, daß unsere Kurzsichtigkeit vorwiegend in den Bewußtseinsebenen liegt, durch welche wir unsere Wirklichkeit festlegen. Wenn wir über diese Kurzsichtigkeit hinausgehen könnten, würde aus uns etwas *anderes,* etwas Experimentelles, Lebendiges und Unmittelbares. Der erste Kontakt mit Energieströmen und der Steigerung feiner Sensibilität wird zu einem Hilfsmittel, das diese neuen Möglichkeiten *andeutet.* Das Erwachen auf den erweiterten Bewußtseinsebenen überschreitet dann aber weit unsere Vorstellungen dessen, was wir zu betreten glauben und wie wir uns selbst und unsere Welt heilen wollten. Es ist radikal, evolutionär. Es geht über die Menschheit hinaus, wie wir sie jetzt kennen und leben.

Wir halten uns in einigen wenigen relativen Bewußtseinsebenen auf, obwohl wir mit unserem ganzen Wesen schon längst mit

Energien anderer Dimensionen in Beziehung stehen. Die Kraft, die wir nun in die wenigen zugelassenen Zonen durchbringen, ist größer, als dieses enge Bewußtsein eingliedern kann. Die Wirklichkeit, auf die wir achten, war niemals dazu gedacht, die ganze Intensität unseres Daseins zu enthalten. Um die volle Intensität zu fassen, muß sich das Spektrum der Wirklichkeit selbst erweitern. Die natürliche fleischliche Existenz kann diese größere Kraft nicht fassen, wenn sie in eine enge, sich erst entwickelnde Facette des lebendigen Selbst entrichtet wird.

Das geleugnete Energiepotential muß seinen entsprechenden Ausdruck in der Materie finden, irgendwo muß es sich ausdrükken. Ich nehme an, die Analogie im Körper ist jetzt klar: Der Tumor ist neues Leben. Er gehört zu uns und gehört *nicht* zu uns. Er wächst schneller, verbraucht mehr, überschreitet die Grenzen. Gleiches geschieht in unserer Welt: Unsere Gesellschaft, unsere Technik, unsere Kultur ist nicht fähig, die in einem vieldimensionalen Bewußtsein wohnende Kraft innerhalb der engen Gesetze und Vorstellungen des Menschen zu halten.

Die Krankheiten, auf die ich mich konzentriert habe, werden, so glaube ich, von höheren Kräften hervorgerufen. Sie erfassen das gesamte System, überschreiten unsere wildesten Vorstellungen, dehnen den menschlichen Körper zu einer lebenden Beziehung aus, die uns alle mehr und mehr einbezieht. Ein höheres Erkenntnisniveau und eine Steigerung der Energie ist erforderlich, um sie zu verstehen und aufzulösen. Nur wenige biologische Kräfte sind so machtvoll schöpferisch wie der Krebs. Das »Werden« eines reifenden Fötus trägt dieses Potential auf natürliche Weise in sich. Aber wo im Spektrum des gewöhnlichen Lebens erlauben wir einer Bewußtseinsqualität mit ähnlicher Kraft, sich zu entwickeln? In solchem Grade können wir uns auf unserem gegenwärtigen Weg, auf dem wir nur das persönliche *Ich, Ich, Ich* füttern, nicht entwickeln oder »werden«. Die Erschöpfung unserer Umweltressourcen enthüllt die Enge unseres Zugangs zu den größeren Kräften, durch welche wir diesem Werden Ausdruck verleihen könnten. Wir leiten zuviel Energie in zu wenige der unzähligen Beziehungen, die als Kanal für unser

Werden dienen könnten, und auf dieser Ebene brennen wir den Rest der Welt aus, wie Krebs in einem Organ den Rest des Körpers ausbrennt. Wir existieren noch in einem verengten, besitzergreifenden und narzißtischen Bereich eines eingeschränkten Spektrums relativer Bewußtseinsebenen.

Aus einer evolutionären Perspektive könnten uns diese Krankheiten auffordern, die Gesamtheit des Bewußtseins selbst zu verstärken: durch einen anderen Energiekörper zu lernen, dessen Kenntnis automatisch unser Verhältnis zur Materie, zum Fleisch und zum Leben selbst verwandelt. Wenn sich das Bewußtsein auf eine vieldimensionale und fließende Sichtweise umstellen kann, warum nicht auch das Fleisch? Vielleicht stellt der Krebs ein frühes Evolutionsexperiment dar, um zu lernen, die physikalische Natur durch eine innere Dynamik zu transmutieren, die genau dem Bewußtsein innewohnt, zu dem wir werden. In der Tat findet bei denjenigen, deren Bewußtsein ausgewogen in neue Energieebenen eingetreten ist, eine fließende Wandlung des Körpers mit erstaunlicher Erweichung und Neuverteilung von Gewebe statt. Bei den meisten Menschen ist es jedoch so, daß einige Ebenen des Selbst genügend Energie für einen Wechsel ansammeln, andere jedoch starr bleiben. Die Steigerung ist nicht harmonisch und wird in ihrem Ausdruck fehlgeleitet zu einem Illusionssystem, einem Machtkampf oder einem Tumor.

Ich sage damit nicht, daß es falsch oder schlecht ist, wie wir sind. Ich sage nur, daß wir uns am Anfang befinden – wir sind ein veränderlicher, vorübergehender Ausdruck des Lebens, nicht der Gipfel der Evolution, sondern bescheidener eine Phase, ein Prozeß, vielleicht ein Katalysator. Und wir werden zu einem größeren Selbst hingezogen. Als Folge der Übertreibung unserer menschlichen Neigungen und der enormen Krisenkräfte, die wir zur Zeit individuell und kollektiv aufbringen können, enthüllt sich durch uns langsam etwas Größeres. Es handelt sich dabei in der Tat um einen ungeheuer schöpferischen Vorgang. Der Krebs ist dabei nur einer der Wachstumsfaktoren, die eine enorme zwingende Kraft zeigen, um die Orientierung des menschlichen Bewußtseins zu verändern. Und ich gehe davon aus, daß die hochenergetischen Krankheiten dies in einer anderen Weise tun, als unsere Schulmedizin oder gängigen holistischen Philosophien es erkennen können.

Auf der Ebene, wo uns diese Erscheinungen herausfordern, glauben wir ganz zu Recht, daß es keine Heiler oder Patienten gibt; niemand von uns ist von den Krankheiten unserer Zeit getrennt. Unsere Heilung ist ein Geschehen, in dem es auf uns alle ankommt, nicht eine Art technische Kriegsführung, die auf einer statischen Sieges- oder Verlusthaltung gegenüber dem Feind, der Krankheit, beruht. Diese Krankheiten erfordern eine neue Art des Daseins, der Beziehung zum Leben durch eine vielschichtige Aufmerksamkeit.

Nachdem wir die Herausforderung auf dieser Ebene begriffen haben, sollten wir ihr angemessen mit großem Mut und großer Liebe gegenübertreten. Die Härten dieser Krankheitsverläufe lassen sich nicht durch äußerliche Veränderungen lösen, wie sie von einem bloß reagierenden, engen persönlichen Bewußtsein vorgestellt werden. Wir sind lange nicht mehr in der Lage, die Herausforderung durch Abwandern zu überwinden, wie in Hungerzeiten, oder durch irgendein anderes umwälzendes äußeres Ereignis und auch nicht durch die Aufhäufung von Geld oder Macht. Unsere Technik, unsere Politik, unser medizinisches System und unser Lebensstil sind dazu angelegt, uns von unseren Ängsten fernzuhalten, uns väterlich vor den wesentlichen Risiken und dem Paradoxon des Daseins zu schützen. Wir haben den Kanal des Werdens verengt und deshalb unsere Alpträume und unseren Krebs geboren. Wollen wir sehen, ob in diesem Geschehen noch eine weitere Botschaft für uns liegt, so müssen wir unsere Bedingtheit in bezug auf das Leben lockern.

Die Vorstellungen der ganzheitlichen Medizin und des New-age-Bewußtseins beginnen erst, die radikale Natur dieser Bewußtseinsveränderung zu reflektieren. Vieles in diesen Bereichen hat immer noch mit »Abwandern« zu tun, findet jetzt aber auf der Ebene mentaler Kräfte statt, wir nennen das nun »Ansichten ändern«. Immer noch versuchen wir, Macht über das auszuüben, was wir nicht mögen. Wir bezeichnen das als positive Affirmationen, doch handelt es sich dabei immer noch um einen Umwälzungsprozeß, an dessen Quelle die Leugnung der radikalen Wahrheit der Wandlung liegt. Wer entscheidet über die »richtige« Ansicht, und wer gibt den besonderen Qualitäten unserer Affirmationen die Kraft? Wir können auf diese Weisen einen ersten Schritt tun und schmerzfrei zu einer neuen Sicht der Welt erhoben werden, das sind aber kurzlebige Flitterwochen. Sobald die wirkliche Wandlung auftritt, wird genau das Selbst in Frage gestellt, das anfangs die Frage stellte, und es wird aufgelöst. Dann gehen wir in eine grundlegende Wandlung hinein.

Auf dieser Ebene haben die tieferen Lebensprobleme eine viel größere spirituelle Bedeutung als die Mehrheit der sogenannten New-age-Konzepte, -Lebensstile und -Prozesse oder auch das ganze Panorama der Techniken zur geistigen Kontrolle und Umprogrammierung. Ich habe das Gefühl, daß die ungeheuren schöpferischen Kräfte in unseren Krankheiten ein viel radikaleres Verständnis erfordern und erzeugen können, Kräfte, die in der Lage sind, Gewebe mit einer Geschwindigkeit zu bilden, die der eines sich entwickelnden Fötus entspricht. Ein solches Verständnis liegt jenseits des verhandelnden und ordnenden Geistes. Gewiß gibt es echte wandelnde Disziplinen, doch diese beanspruchen die völlige Hingabe des ganzen Lebens und erzeugen eine tiefgreifende Umwälzung der alten Psyche, die von einer grundsätzlichen Krise begleitet wird. Ein solches Geschehen muß in einem unbedingten Sinne eine Öffnung des Herzens gegenüber der Ganzheit des Lebens beinhalten.

Wir können nicht nur mit dem Körper oder den Emotionen oder nur mit den interessanten spirituellen und metaphysischen Kosmologien herumspielen und damit zufrieden sein, das als Transformation oder gar ganzheitliche Medizin zu bezeichnen. Ein Wechsel in den Ansichten kann zunächst ein wichtiger Schritt sein, ist aber oft nur eine Platitüde und der Erfahrung nach, die ich bei der Arbeit in diesem Bereich machte, schon selten genug. Menschen können dazu gebracht werden, daß sie Dinge sagen, mit denen sie sich selbst und uns glauben machen, sie hätten die Sache verstanden, wären wirklich gewachsen und hätten sich verändert. Das ist oft aber nur ein Eingriff zum Vorzeigen, ein Umstellen der Einrichtung innerhalb des gleichen Rahmens, eine Neuverteilung der Energie innerhalb des gleichen Musters.

Nur selten kann eine solche Vorgehensweise an die Wurzeln der Wandlung reichen, um den Verlauf reifen zu lassen und zu festigen. Und sie kann auch nicht an die Wurzeln der machtvollen Erzeugung des Krebsverlaufes reichen. Diese Wurzeln liegen in den tiefsten Fasern unserer psychischen Organisation, sowohl individuell als auch kollektiv. Sie liegen nicht nur in der Vergangenheit, sondern reichen auch in die Zukunft, in diejenige Wirklichkeit, zu welcher sie uns führen. Wenn wir uns ihrer Quelle nähern, dann kommt der Moment, wo es für ein Individuum keine Lösung mehr geben kann, wenn es nicht in den Abgrund springt, aus der Identität mit sich selbst heraus in eine andere Ebene, auf welcher wir zeitweise mit allem zu verschmelzen scheinen. Wenn ich *ich* bleibe, dann hat die Krankheit oder das alte Bewußtsein Macht. Ich muß über mich hinausschreiten, um den nächsten Schritt zu tun, wo die Erfahrung, die ich wahrnehme und auf die ich reagiere, die Wirklichkeit dessen überschreitet, was ich stur und blind für mich selbst gehalten habe.

Das alles gilt allgemein für das Wachstum. Die Muster, die wir auf jeder einzelnen Bewußtseinsebene ausleben können, sind unendlich. Wenn wir schließlich feststellen, daß wir die gleiche Dynamik immer wieder wiederholen, und daß das für unser Wohlbefinden gar nicht nötig ist; wenn dies unsere Möglichkeiten in Beziehungen und darin einengt, andere und unsere Welt zu lieben, wenn es Zeit wird, diesen Vorgang zu beobachten und anzufangen, die Energie zurückzuhalten, mit welcher wir normalerweise diese Dynamik verstärken würden, dann schließlich kann das neue Potential zum Vorschein kommen. Dies alles hat vielleicht mit richtig und falsch, positiv und negativ nichts zu tun. Es ist vielleicht einfach die freie Wahl, den Horizont unseres Daseins zu erweitern und dadurch vielleicht wirklich neue Erlebnisebenen zu entdecken. Aus dieser Perspektive ist eine

»gute« Einstellung nicht notwendigerweise eine, in der man sich positiv fühlt (wenn positiv so definiert wird, daß damit etwas anderes »Negatives« zurückgewiesen wird). Ein wirklicher Einstellungswechsel geht aus der direkten Erfahrung in Bereichen hervor, von deren Existenz man vorher nichts gewußt hat; oder man hat sie nur geahnt, aber nie wirklich erfaßt. Dies kann durch die Bereitschaft unterstützt werden, sich vollständiger auf jeden Augenblick einzulassen, und durch die Bereitschaft, neue Erfahrungen zu machen, auch wenn das bedeutet, neu anfangen zu müssen, anstatt nur die Einrichtung der alten Psyche wieder umzustellen. Natürlich ist das nicht leicht.

11.
Die Umwandlung der Medizin

Wie wir gesehen haben, kann hinter den Ereignissen und Einstellungen, die unser Leben auszumachen scheinen, eine andere Wirklichkeit erfahren werden. Eine solche Wirklichkeit direkt zu kennen bedeutet, daß man die genannten Einstellungen und Ereignisse für immer auf andere Weise sehen wird. Aus der Perspektive unserer schulmedizinischen und ganzheitsmedizinischen Tätigkeiten gesehen, muß man sich in diese andere Wirklichkeit einfühlen. Sie liegt hinter dem Augenblick des erstarrten Bewußtseins verborgen, wenn wir aufhören, ein menschliches Wesen zu sehen, und beginnen, eine klinische Untersuchung zu machen. Sie liegt unserer Wissenschaft zugrunde, unseren Informationen, Übungen und dem Gedächtnis, wie auch dem vorgeblichen Wissen, das wir darauf aufbauen. Sie ist da, zwischen der Diagnose oder Interpretation und unserer Annahme über Krankheitsverlauf und -dauer. Sie wartet zwischen unserem Verantwortungsgefühl und dem tatsächlichen Entschluß zu handeln, zwischen der Wahrnehmung des Leidens und dem Bedürfnis, etwas dagegen zu tun. Eine einzige Unterbrechung an einem Punkt, wo wir unserer selbst am wenigsten bewußt sind – weil wir in einer Kette gefangen sind, die so natürlich, so logisch, so zwingend und so *richtig* scheint –, kann uns einer Dimension gegenüberstellen, die derart ehrfurchterregend und wunderbar ist, daß wir nie wieder die gleichen sind.

Sogar in der Schulmedizin weisen Erscheinungen wie die Placebos auf das Vorhandensein einer solchen verborgenen Dimension hin, oder auch die Art und Weise, wie auf gleiche Weise durchgeführte Versuche in einem Institut zu gewissen Ergebnissen führen, im anderen zu völlig unterschiedlichen; oder durch Phänomene der Spontanheilung, die in der seriösen Literatur berichtet werden; auch durch neue Beweise dafür, daß sogenannte »Starkreagierende« sowohl auf Drogen als auch auf Placebos besser ansprechen als sogenannte »Schwachreagierende« (das stellt die Doppelblindversuche in Frage, auf die ein großer Teil der klinischen Medizin aufbaut, wo die Frage des Zusammenhangs zwischen einer Reaktion auf Medikamente und der persönlichen Einstellung nicht in Betracht gezogen wurde); oder auch durch verschiedenartige Reaktionen auf »identische« Therapien bei Patienten mit »derselben« Krankheit.

Das wirft die dringende Frage auf, ob wir die Grundlage unserer Medizin durch Voreingenommenheiten unserer Aufmerksamkeit verzerrt haben. Erzielt eine Institution bessere Resultate, die enthusiastisch über irgendein neues chemotherapeutisches Mittel ist, das sie entwickelt hat, oder eine andere Institution, die vorsichtig, vielleicht skeptisch, versucht, diese Resultate zu wiederholen? Das kollektive seelische Kraftfeld des Enthusiasmus könnte sich auf die Empfänglichkeit eines Organismus ganz anders auswirken als das kollektive Kraftfeld des vorsichtigen Skeptizismus. Ist die biologische Funktion eines Organismus, und deshalb auch seine Physiologie und Biochemie, eine energie- oder zustandsabhängige Funktion? Ändert sie sich mit dem Bewußtsein selbst? Ich würde sagen, ja.

Wir können jahrelang Musik studieren und uns nur mit den Noten beschäftigen, was wir aber hören, was uns in Träumereien, Vorstellungen, Entspannung oder Inspiration versetzt, sind nicht nur die Noten selbst, sondern ebenso auch die Intervalle zwischen ihnen. Vielleicht stellen die Noten nur Ruhepunkte in einer Unendlichkeit des Klanges dar. Wie Einstein zeigen konnte, ist das Intervall größer als das Ereignis. Wenn uns die Studien über zustandsgebundenes Bewußtsein etwas zu sagen haben (erinnern wir uns an das Beispiel der betrunkenen Medizinstudenten), dann könnte es sein, daß Menschen, die in einer Atmosphäre des Wettbewerbs, der Krise und des Stresses gelernt haben, später die gleiche Atmosphäre brauchen (und sie unbewußt fördern), wo immer sie optimalen Einsatz zeigen oder das Gefühl der persönlichen Vollständigkeit erreichen wollen. Diese Ansicht beleuchtet unseren ganzen Zugang zu Krankheit und Gesundheit.

Ist es möglich, daß die Wirklichkeit unserer Krankheiten etwas Relatives ist, daß es im menschlichen Bewußtsein, aus welchem sie hervorgehen, etwas gibt, was wir nicht bemerken? Vielleicht brauchen wir die Krankheiten nicht auf die Weise zu erfahren wie zur Zeit. Und falls nicht, wie ist diese Wirklichkeit dann entstanden und welches ist der notwendige Wechsel, der uns neue Möglichkeiten bietet? Wodurch können wir das anscheinend Zwingende und Unleugbare transmutieren (in seinem Wesen verändern) oder es als eine Bewegung zu einer neuen Dynamik hin wahrnehmen?

In dieser Sichtweise erscheint die Krankheit nicht länger als eine Manifestation bestimmter physiologischer, emotionaler oder mentaler Vorgänge, die so wirksam wie möglich unterdrückt werden müssen, damit man wieder zum früheren Gleichgewichtszustand zurückkehren kann. Höchst sensibel zeigen Krankheiten und Streß die lebendige Schnittstelle zwischen unserem derzeitigen Bewußtseinszustand und jenen strahlenden Kräften, die aus den noch unerkannten Wesensebenen zum Vorschein kommen. Dieses Gleichgewicht besteht zwischen den Dimensionen. Es ist nicht ein Mittelmaß zwischen der richtigen und falschen Lebensweise, zwischen beliebten und unbeliebten Dingen, zwischen einer guten und einer schlechten Ernährung. Es kann als ein Gleichgewichtspunkt bezeichnet werden, der auch Paradoxa zuläßt. Er ist nicht so sehr auf Reaktion und Selbstschutz eingestellt. Es handelt sich um eine Bewußtseinsweise, die sowohl die Rationalität, welche die unendliche Vermehrung des menschlichen Denkens und Materials auf einer Erfahrungsebene gliedert, anerkennt wie auch die vertikale Bewußtseinsbewegung, welche auf die Relativität aller Feststellungen, Prägungen und Ansichten verweist.

Dieser Bewußtseinszustand entspringt keiner kontrollierten

Neutralität oder Gleichgültigkeit, keiner Idee oder Philosophie darüber, daß man bewußt oder gesund sein sollte. Er ist durch das Errichten von Konzepten oder das Verändern von Ansichten nicht zu erreichen. Es handelt sich um einen äußerst lebendigen, aufgeladenen, »energetisierten« Seinszusand, der unser ganzes Selbst als eine neue Wesenheit einbezieht. Diese neue Wesenheit ist grundsätzlich und untrennbar ein Teil von allem und jedem um uns herum. Ich glaube, daß die Medizin in den nächsten zehn Jahren einen Quantensprung machen wird. Wir können dann nicht mehr vom einzelnen Körper reden oder unsere Bemühungen auf ein Individuum allein konzentrieren. Wir müssen von einem kollektiven Körper sprechen, von einem *Gemeinschafts-Ich,* und auf dieser Ebene können wir die Biologie und Medizin als Wissenschaften nicht mehr von den kollektiven Gedanken und vom Konsens der politischen, religiösen und ökonomischen Psyche unserer Zeit trennen.

Wir ergreifen nur selten die Möglichkeit, einen solchen Zustand zu berühren, ganz zu schweigen von der ungeheuren Bedeutung, die er für die Wandlung unseres ganzen Lebens hätte. Nur selten springen wir aus dem Meer des persönlichen Selbstbewußtseins heraus oder, im Falle der Medizin, aus dem Wasser der Diagnose und Behandlung oder den Rollen von Arzt und Patient. Einige tiefere Vorgänge in unserem Bewußtsein fahren fort, unsere Wirklichkeit zu verfestigen und zu stabilisieren. Das Aufrütteln dieses grundlegenden Prozesses ist es, was ein Erwachen für neue Bewußtseinsqualitäten ermöglicht.

Wer von den Schulmedizinern würde glauben, daß die wahrgenommene Wirklichkeit ganz anders wäre, wenn wir direkt mit der Energie, anstatt mit den Inhalten, arbeiten würden? Solange wir uns in der problemlösenden Stufe unseres Bewußtseins befinden, sind wir nicht nur in diesem Meer drinnen, sondern auch von all den Spielräumen, die es bietet, fasziniert. Sie werden zu unserer Wirklichkeit, zu dem Kreuz, das wir tragen müssen, zu unserem Jubel und zu unserem Unglück. *Wir definieren uns durch unsere Probleme.*

Haben Sie jemals innegehalten, um zu bedenken, daß das

Problemlösen vielleicht gar nicht zu einem erfolgreichen Leben gehört, sondern eher eine zwanghafte identitätsschaffende Ichstruktur ist? In einem gewissen Erfahrungsbereich ist diese gewöhnliche Ichstruktur notwendig, stellt aber gleichzeitig eine Behinderung bei der Wahrnehmung einer größeren Realität dar.

Analysen und Interpretationen untermauern diese Situation bloß. Häufig verstärken analytische oder andere Therapiemethoden die Probleme, auf deren Erklärung und Erleichterung sie zielen, indem sie sie wirklicher anstatt relativer machen. Diesen Zugang zum Leben haben Mystiker als »schlafen« bezeichnet. Früher oder später müssen wir den Sprung zu der Annahme wagen, daß Probleme auf Kontraste hindeuten und nichts Absolutes sind, den Sprung zu einer bedingungsfreien Sichtweise, in welcher solche Ereignisse eine bloß vorübergehende Wirklichkeit haben. Ist das einmal geschehen, so verschwinden 90 Prozent unserer Probleme. Die restlichen sind einfach Anregungen zum Wachstum.

Der Intellekt kann diesen Sprung nicht machen, denn er hat keine ursprüngliche Wahrnehmung der Wirklichkeit. Er funktioniert aufgrund des Gedächtnisses, und überall, wo er hinschaut, befindet er sich noch in dem Meer. Der Sprung aus dem Meer heraus bedeutet also nicht eine noch gehobenere Philosophie, sondern eine andere Dimension. Das Wesen dieses Sprunges besteht in einem *Erwachen*, zu dem die Bewußtwerdung eines völlig neuen Energiebereichs gehört. Dabei werden individuelle und kollektive Kraftfelder entdeckt, die den persönlichen Bereich weit überschreiten. Das heißt nicht, der persönliche Bereich sei wertlos. Er hat offensichtlich einen Wert, doch nicht den, den wir dachten.

Stehen sie nur innerhalb ihrer eigenen Dimension in Wechselwirkung, so bewegen sich die persönlichen Bewußtseinsfelder in einem unendlichen und im wesentlichen unveränderlichen Kontinuum. Sie scheinen sich zu verändern, wie sich ein Raum verändert, wenn wir die Einrichtung umstellen. Das Wesen des Raumes bleibt jedoch das gleiche. Um den Raum besser zu verstehen, müssen wir nach dem Haus fragen, dessen Teil er ist, nach dem Wetter in der Gegend, nach der Umgebung und der Freundlichkeit der Nachbarn. Dann bekommen wir eine Vorstellung von der funktionalen Bedeutung des Raumes, weil wir ihn in seinem größeren Zusammenhang sehen.

Will der schöpferische, ursprüngliche Geist die Grundnatur des Raumes wirklich verändern, so muß er entweder draußen nach größeren Kräften suchen, die ihm andere Bedeutung verleihen, oder den Inhalt wirklich umwandeln, zum Beispiel durch das Auseinandernehmen der Einrichtung und indem er daraus eine Art Skulptur formt. Aus der Reaktion meiner Patienten auf meine Analogie konnte ich ersehen, wer sich bald erholen würde und wer sich chronisch mit der Sache herumschlagen mußte. Diejenigen, die glaubten, das Umstellen der Einrichtung würde einen wesentlichen Wechsel bedeuten, hatten eine eher konventionelle Einstellung zum Kranksein und erholten sich meist langsam. Ihr Leben neigte dazu, sich nicht zu ändern und sich zu wiederholen, ihre Krankheiten waren Wiederholungsfälle und chronisch. Diejenigen, die fragten, warum sie in dem Raum seien, die sich vorstellen konnten, die Wände niederzureißen oder anders mit dem ganzen Vorgang umzugehen, schienen sich schneller zu erholen und betrachteten das Ganze als einen vielschichtigen Wachstumsprozeß.

Beim herkömmlichen und oft auch beim ganzheitlichen Heilen geht es oft um das Umstellen der Einrichtung, mit dem Ziel, Unwohlsein zu reduzieren, selten mit der Absicht, die verursachenden Muster aufzulösen, und fast niemals mit einem Gefühl dafür, daß ein grundlegender Wandel möglich sei. Beginnen wir aber, die verschiedenen Schichten des Selbst und die Annahmen über das Leben, die dem Problem zugrunde liegen, freizulegen, dann sehen wir, daß sie universal sind und in der einen oder anderen Form in jedem existieren. Dann sehen wir ein, daß die Themen in der einen oder anderen Fassung unendlich oft wiederkehren werden, bis wir in eine andere Bewußtseinsart einzutreten bereit sind. Wir bleiben aufgrund unserer bloßen Bemühungen festgelegt, mit unseren endlosen Reaktionen zu jonglieren, die wir auf jede scheinbar unannehmbare Erfahrung zeigen. Dadurch kann die rein therapeutische Einstellung ein Problem-Erwiderungs-Muster konstellieren, das einen geschlossenen »Raum« des Bewußtseins stützt, anstatt die Wände niederzureißen oder sie in einem vielschichtigen Zusammenhang zu betrachten. Auf diese Weise können Therapien oder sogar unsere geheiligten medizinischen Eingriffe zur Heilung von Krankheiten und Leidensverminderung bei manchen Menschen Krankheiten hervorrufen. Die kumulative Wirkung von solchen Eingriffen, sei es auch im Namen der Heilung, kann für Einzelpersonen und schließlich auch für die Gesellschaft verheerend sein. Denn sie setzen voraus, daß wir wissen, wohin wir gehen, was Gesundheit ist und was für die Menschheit wichtig ist. – Was wir jedoch nicht wissen.

Die Ergründung dieses Problems führt uns notwendig zu einer Untersuchung der Wirklichkeit selbst. Die Grundannahme, unter der wir mit dem Leben in Beziehung stehen, ist ein Bewußtsein, das auf vielen Ebenen existieren kann. Jedes menschliche Bewußtsein bildet sich eine Art äußere Autorität, einen Schleier oder Vorhang, auf welchem die Wirklichkeit zu erscheinen hat, damit sie in genügendem Kontrast zu einem selbst steht. Es scheint, als wäre die Art und Weise, wie wir die Wirklichkeit erleben, der wahre Bezugspunkt, durch welchen wir uns ins Dasein versetzen. Das ist im Grunde die gleiche Vorstellung, die auch in der metaphysischen Annahme enthalten ist, daß die uns bekannte Wirklichkeit einen Spiegel der inneren Person darstellt. Dieser Schleier ist offenbar relativ und verändert sich mit unserem Wachstum und der Verfeinerung unserer Aufmerksamkeit. Er kann sehr dicht sein und uns eine scharf geschnittene, absolute Welt spiegeln, oder er kann auch sehr durchlässig sein. Wenn wir Bewußtseinsweisen fallenlassen, die zwanghaft nach Erklärungen, Analysen, Vergleichen, Beurteilungen und Verständnis von allem suchen, was wir wahrnehmen, dann wird dieser Schleier dünner und durchsichtiger. Während jeder Schleier dünner wird und schließlich ganz verschwindet, bewegt sich die menschliche Erfahrung zu höheren Energiezuständen. Von dort aus schaut man auf das Dasein in seiner unergründlichen geheimnisvollen Weite.

In unserer Gesellschaft wirken die politischen, verwaltenden und medizinischen Tätigkeiten als eine Fortsetzung des grundlegenden Kräfteverhältnisses, das ich als »Elterndynamik« bezeichnet habe. Aus der Beobachtung von Hunderten von Menschen bei der Arbeit an ihren Wandlungsprozessen ist klargeworden, daß die Eltern-Kind-Struktur die meisten menschlichen Tätigkeiten beherrscht und den Hauptschleier um das Bewußtsein bildet.

Die Elternstruktur filtert die ganze Wirklichkeit unbewußt zu einem Eltern-Kind-Muster. Das beginnt schon, wenn ein Kind langsam ein persönliches Bewußtsein entwickelt und sich von den Eltern unterscheidet. In unserer Wahrnehmung der Wirklichkeit steht stets eine verborgene Autorität über uns, und wir betrachten scheinbar äußere Situationen (die medizinische Welt, die therapeutische Welt, die religiöse Welt) in einem Bewußtsein, wie wir Sicherheit, Antworten und Stabilität von unseren Eltern erwartet haben. Indem wir das tun, legen wir uns selbst aber auf ein Muster fest, in dem wir eine Art Kind sind, das allein deshalb schon nie die Autorität hat, ganz dazusein. Ein Kind ist den Eltern gegenüber immer definiert, definiert niemals eigentlich selbst und hat darum niemals volle Autorität über die sogenannten Probleme. Diesen Schleier der Elterndynamik muß die Medizin durchdringen, um erwachen zu können.

Einer der Gründe, warum ich mit der schulmedizinischen Praxis aufhörte, war, daß ich erkannte, wie sehr ich in eine zwingende Rolle geraten war, die zwar grundlegend gesichert und sehr gut anerkannt war, in der ich aber Eltern spielte, während die Patienten Kinder spielten. Ich hatte darin einen Weg gefunden, mich in der Wirklichkeit gesichert festzusetzen, und obwohl meine Fertigkeiten und mein Wissen zunahmen, wuchs ich in tieferen Schichten nicht mehr. Ansammlung ist auch eine Art von Wachstum, sollte aber nicht mit dem vieldimensionalen Wachstum verwechselt werden. Was die Informationen anging, wuchs ich in der Tat und wurde dichter und gefüllter, sobald ich aber einer seelischen Kraft oder einem Ereignis begegnete, das die Unversehrtheit dieser Wirklichkeit bedrohte, verfiel ich in unerklärliche Angst, in Sorge und in Schutzmechanismen. Zur Sicherheit konnte ich mich in meine Rolle oder mein Lieblingsproblem zurückziehen, aber mit einigem Erstaunen wurde mir schließlich klar, daß ich unbewußt und indirekt die Wirklichkeit der Krankheit verstärkte, wenn ich bei meiner Arbeit als Arzt auch nur im geringsten von Abwehr gegen eine größere Wahrheit und Erfahrungsbreite bestimmt wurde. *Wir verstärken umgekehrt genau die Wirklichkeit, durch welche wir uns selbst als real erfahren.* Die gegenwärtige Wirklichkeit wird durch den kollektiven Ausdruck dessen und andere subtile Mechanismen konstelliert.

Als ich mein Leben nicht mehr gegen echtes Wachstum abzuschirmen hatte, veränderte sich mein ganzes Medizinverständnis und auch meine Rolle als Arzt. Mir wurde klar, daß ich ein Arzt gewesen war, der nur die Möbel verschob, daß ich aber tatsächlich Angst davor hatte, das Zimmer zu verlassen. Ich traf meine Wahl und verließ den herkömmlichen Rahmen. Ich setzte mich dafür ein, das Leben in einem viel umfassenderen Sinn zu erforschen und meiner Arbeit nicht zu gestatten, mich in die Elternstruktur zu zwingen, was die Medizin für mich geworden war. Wenn das unter manchen Umständen auch kaum zu vermeiden ist, so wollte ich die Struktur doch nicht unbewußt noch fördern. Anstatt den Menschen dabei zu helfen, bestimmte Situationen aufrechtzuerhalten oder einzelne zu einer irgendwie idealisierten Lebensweise zu führen, sah ich die wirkliche Herausforderung in jeder Situation darin, zu wesenhafteren Daseinsebenen zu erwachen.

Ich erinnere mich noch daran, wie ich einmal eine Straße entlangfuhr und mir zum ersten Mal mit Staunen und Schrecken deutlich wurde, daß mein Leben absolut mein eigenes sei. Ich mußte lernen, meine Sinne und meinen Körper neu zu koordinieren. Meine ganze Wahrnehmung und die Motivation für jede Handlung – sogar für so alltägliche wie das Einkaufen – hatten auf meiner früheren Beziehung zum Dasein beruht, wie sie durch meine Rolle, meine Gewohnheiten und den täglichen Fluß von Raum und Zeit bestimmt war. Nun mußte ich, als wäre ich in einen neuen Körper geboren worden, nach einer viel umfassenderen Beziehung zum Dasein suchen, auf welcher sich mein neues Leben entfalten könnte. In dem Moment und an der Stelle erkannte ich, warum Menschen solche Angst vor der Veränderung haben und warum wir die Freiheit anbeten. Nichts ist für uns so ehrfurchtgebietend wie wirkliche Freiheit. So ist Gott selbst; doch anstatt das Göttliche direkt und mit ganzem Herzen zu erahnen, kristallisieren wir diese Freiheit immer weiter in bestimmten Verhaltensmustern und psychologischen Bildern, bis wir völlig versteinert sind.

Um uns davon zu lösen, müssen wir einsehen, daß das Individuum durch seine Bewußtseinsstrukturen festgelegt ist. Wir müssen nach dem Energiemilieu suchen, in welchem die eigene individuelle Manifestation sich formt, und auf wirklich originelle und schöpferische Weise mit dem Inhalt unserer Erfahrung arbeiten. Der originelle, ursprüngliche Geist *wechselt* seine Energieebenen und reagiert nicht nur auf die offenbare Wirklichkeit einer gegebenen Energieebene.

Die Vorstellung eines Kräftemilieus (einer Psychosphäre), das zum Individuum gehört und aus welchem das individuelle Bewußtsein und die Ganzheit der wahrgenommenen Realität hervorgehen, unterscheidet sich stark von den konditionierten, psychologischen, sozialen und kulturellen Konzepten und den Verhaltenskonzepten. Unsere Symbole, linguistische und andere, bilden eine Wirklichkeitsebene. Die Energiezustände, aus welchen diese Symbole erwachsen sind, bilden jedoch feinere und eher kausale Ebenen der Erfahrung, denn sie beziehen nicht nur das intellektuelle Vermögen ein, sondern auch den Körper. Wenn wir diesen Erlebnisbereich im Körper lebendig werden lassen und nicht nur in der Vorstellung, dann haben wir den Schlüssel, dann erwachen wir.

Die menschlichen Kräfte und die radikalen Wirklichkeiten der Wandlung, die im Berühren der höheren Bewußtseinszustände liegen, philosophisch zu begreifen, ist nicht das gleiche wie die eigentliche Erfahrung eines solchen Vorgangs. Zu *sagen,* daß es eine Energie gibt, die im »Herzen« erwacht, ist nicht das gleiche wie der Wirbelsturm von Emotionen, Ängsten, Fragen, Empfindungen und zahllosen Veränderungen, die geschehen, wenn diese Energie tatsächlich erwacht. Aber zu oft beruhigen wir uns mit den bloßen Konzepten und flüchten vor jeder Möglichkeit, den Zustand wirklich zu erreichen.

Wir müssen verstehen, daß diese neuen Bereiche nicht nur hinzugefügt werden, sondern daß sie das gesamte Gewebe der Erfahrung verändern. Das Betreten dieses Neulandes geschieht im Zusammenhang mit dem Auflösen der bewußten Mechanismen, die definieren müssen, vergleichen, verstehen, kurz, die im weitesten Sinne unser psychologisches Territorium verteidigen. Man könnte besser von einem *Prozeß des Neulernens oder des Entlernens* sprechen. Darum kann solche Konferenzarbeit zu einer der tiefsten Erfahrungen im Leben werden, aber auch zu einer der schwierigsten.

In unserem herkömmlichen pädagogischen Rahmen vertiefende Möglichkeiten herauszubringen, erscheint mir zur Zeit als nicht realistisch. Die allgemeine Trägheit der herkömmlichen Welt wirkt sich in ihrem Widerstand gegen grundlegende Änderungen so stark aus, daß sie uns zu einer Polarisierung oder Aufsplitterung unserer Psyche verleitet. Wir sagen uns immer wieder, daß diese Dinge hier religiös und spirituell sind und jene Dinge dort wissenschaftlich; daß diese Dinge für das innere Leben sind und jene dort für die äußere Welt. Menschen, die den innerseelischen Kampf beginnen, um diesen Zwiespalt zu einer lebendigen Einheit zu führen, entdecken sehr schnell, wie subtil und tiefgehend die Herausforderung ist, sich auch nur eine Bewußtseinsstufe hinauf zu bewegen. Solch ein Wachstum kann man niemandem aufdrängen. Niemandem kann man fruchtbar eine höhere Wirklichkeit anbieten, wenn er nicht dazu bereit ist. Ob er sich dieser Bereitschaft nun bewußt sei oder auch nicht. Auch wenn wir es gut meinen, wenn wir versuchen, die Energie eines angeblich höheren Bewußtseins anderen aufzudrängen, rufen wir damit wieder eine deutliche Polarisierung hervor. »Mein Weg ist besser als deiner« verweist auf ein missionierendes und unerwachtes Bewußtsein, auch wenn es selbst glaubt, eine höhere Dimension geschaut zu haben, und diese Gabe der Welt vermitteln möchte. Das führt jedoch nicht zu einer Wandlung auf der energetischen Ebene.

Das erwachte Bewußtsein erkennt sich selbst als eine Gegenwärtigkeit, die ständig von einer vieldimensionalen Wirklichkeit energetisch durchdrungen wird und so auf natürliche Weise »das Potential zum Aufstieg zu höheren Energiezuständen aktiviert«. Diese Wechselwirkungsebene ist universal, obwohl nur wenige hinreichend erwacht sind, um daran mit mehr als einem minimalen Aufmerksamkeitsgrad teilzunehmen. Aus dieser Perspektive – ob nun in den existierenden Institutionen eine neue Erziehungsmethode möglich wird oder nicht – ist es doch wichtig, zu verstehen, daß wir durch Neigungen festgelegt sind und uns innerhalb von verborgenen und universellen Kräften entwikkeln, wie etwa der Elternstruktur, selbst wenn wir uns ihrer nicht bewußt sind.

Unsere augenblickliche Art, das Leben durch vorhandene Erziehungssysteme zu untersuchen, ist in einem Meer egoistischer Bestrebungen eingesperrt, die das Selbstbewußtsein nicht als einen bewußten Vorgang anerkennen wollen. Besonders in der Medizin ist das einschränkend, ja verheerend, da sie im menschlichen Leben eine solch einzigartige Stellung einnimmt. Die Medizin steht an der Grenzlinie zwischen Leben und Tod, zwischen dem Rationalen und dem Nichtrationalen, zwischen der Kontrolle und ihrem Verlust, zwischen der Form und der Formlosigkeit. Die Medizin kann und muß der natürliche Ort sein, wo Wissenschaft und Mystik miteinander verschmelzen.

Jahrhundertelang sind Wissenschaft und Spiritualität im Streit gelegen. Die Wissenschaftler widersetzten sich der tieferen Weisheit in den Aussagen der Mystiker, weil deren Behauptungen wissenschaftlich anscheinend nicht zu beweisen waren, obwohl mystische Erkenntnisse oft zur Geburt einer neuen wissenschaftlichen Forschungs- und Entwicklungsrichtung führten. Auf der anderen Seite stellt die Spiritualität oft eine Flucht vor der Vernunft und der Verantwortlichkeit dar. Sie wird oft auf Erfahrungen oder Wunder aufgebaut, die vermutlich die Wirklichkeit, an welche der Spiritualist dann glaubt, nicht logisch oder natürlich einbegreifen. Tatsächlich haben aber die mystischen Erlebnisse und ihre spirituellen und religiösen Ableger im Wesen mit der Qualität des Bewußtseins zu tun.

Religiosität ist der Raum zwischen den Noten. Sie ist damit beschäftigt, Kriterien für die Navigation außerhalb der gestalteten Bereiche zu setzen. Die Wissenschaft auf der anderen Seite studiert die Noten, die Ereignisse an sich. Aber wie ich zu zeigen versuchte, erfordert die Untersuchung solcher Ereignisse gleichzeitig eine Wahrnehmung der Bewußtseinsqualität, in welcher die Ereignisse zustande gekommen sind. Daher können die mystischen Dimensionen vor jeder Belastung durch Dogmen, Traditionen und lächerliche Kosmologien in ihrem wesentlichen und höheren Sinne niemals von der Wissenschaft getrennt werden (wie uns die moderne Physik immer deutlicher zeigt). Sie bilden zwei Seiten ein und derselben Münze. Wir können eine tiefgehende Verfeinerung der durchgehenden Gegenwärtigkeit unseres Wesens nicht vom wissenschaftlichen Geschehen trennen. Das bedeutet für mich wahre Spiritualität.

Was der Medizin fehlt, ist eine Wissenschaft des Kontaktes im grundlegenden und bedingungsfreiesten Sinne. Die medizinische Ausbildung und Praxis verfolgt immer noch allein die Teile, die sie berühren und messen kann, wie die Blinden in der Fabel mit dem Elefanten*. Die Medizin fährt fort, ihre technischen Fähigkeiten auszudifferenzieren, bleibt aber aus der Sicht einer höheren Weisheit ziemlich unreif. Sie ist noch nicht in der Lage, eine Gestalt zu erarbeiten, in welcher das bereits Bekannte durch einen Wechsel in der Aufmerksamkeit neue Bedeutung be-

* Sechs Blinde wollten einen Elefanten »sehen« und wurden zu einem hingeführt. Der erste ging zu einer Seite und sagte daraufhin: »Oh, ein Elefant ist wie eine Wand.« Ein anderer befühlte den Rüssel und sagte, er sei wie eine Schlange. Wieder ein anderer befühlte den Stoßzahn und sagte: »Er ist lang und scharf wie ein Speer.« Jeder der Männer nahm einen anderen Teil des Elefanten wahr, jedoch konnte keiner den ganzen »sehen«.

kommt. Sie untersucht ihre Motive nicht ausreichend, um die verborgenen Kräfte zu entdecken, die uns auf dem gegenwärtigen Weg antreiben. Sie zieht tatsächlich nicht in Erwägung, daß der mächtigste Placebo-Effekt derjenige ist, der vom Bewußtsein des einzelnen Praktikers selber ausgeht.

Eine Veränderung wird notwendig, eine bewußte Schwächung der gewöhnlichen icherhaltenden intellektuellen und technischen Zugänge zum Leben, um die numinosen Kräfte einzuladen, die dem Menschsein einen größeren Zusammenhang verleihen. Es wird Zeit, daß wir die Suche nach dem tieferen Selbst als einen unabtrennbaren Teil bei der Reifung des modernen Heilers unterstützen.

Dieses Potential kann unter bestimmten Umständen durch einen geschickten Führer leicht zum Vorschein gebracht werden, und das zeigt, daß es zumindest für jene verfügbar ist, die spüren, daß die Zeit für einen nächsten Schritt gekommen ist. Die Fähigkeit, verschiedene Gruppen von Fremden zu Erfahrungen zu führen, die eine höhere Bewußtseinsebene beleuchten, ist innerhalb meiner Arbeit mit viel höherer Signifikanz »wissenschaftlich« reproduzierbar, als dies die Wahrnehmungs- und Heilungskräfte sind, die sonst durch Gruppen oder begabte Individuen gezeigt werden. Das weist deutlich darauf hin, daß uns eine ganz andere Art des Lernens, der Verständigung und des Wissens zur Verfügung stünde. Wie wir sahen, führt sie zu direkten klinischen und therapeutischen Anwendungen und weitreichenden Folgerungen in bezug auf die Suche nach der Natur des Menschen. Es legt nahe, daß der Zusammenhang, in welchen wir unsere Untersuchung der Phänomene von Gesundheit und Krankheit eingliedern können, nicht ausschließlich im individuellen Erleben, sondern gleichzeitig auch im kollektiven Bewußtsein und im Kraftfeld liegt, in dem die Untersuchung geführt wird. Nur wenn wir uns damit auseinandersetzen, was der Wechsel der Energieebenen in unserem individuellen und kollektiven Bewußtsein bedeutet, werden wir die Begrenztheit unserer ganzen gegenwärtigen Vorstellungen von wissenschaftlichen und sozialen Erkenntnissen und besonders auch von Gesundheit und Krankheit wahrnehmen.

Sich auf einen solchen Vorgang des Entlernens einzulassen, macht das zeitweise Aufgeben der gewohnten Lern- und Wissensmethoden notwendig. Es setzt voraus, daß wir die Begrenzung einsehen, die in einer weiteren Informationsanhäufung aufgrund unserer momentanen Untersuchungsmethoden liegt. Es könnte auch der Art und Weise, wie wir messen und im existierenden System Erfolge erzielen, entgegengesetzt scheinen. Man muß in der Tat die normalen Neigungen loslassen, bis wir auf einer anderen Ebene feststellen können, daß sie ichbewahrende Mechanismen sind, die unser Gefühl von Raum und Zeit und Dasein in bestimmter Weise fixieren. Wir wagen dabei den Eintritt in Bereiche der Nichtrationalität, die ich lieber als *neue* Rationalität bezeichne. Eine Umgebung aus Vertrauen, Annehmen und Inspiration fördert diesen Prozeß, ja, sie können nicht einmal voneinander getrennt werden.

Die beteiligten Disziplinen würden dabei keine Anhäufung und Speicherung von Daten darstellen, sondern die Vorbereitung eines Geistes, durch welchen die Daten eine neue und freie Bedeutung annehmen können. Eine neue Art des inneren Gleichgewichts wird gefunden, und dann entdeckt und erweckt man zuvor verborgene Kräfte im Bewußtsein. Die Anregung dieser Kräfte beginnt, das Selbst zu wandeln, während sie unser Bewußtsein reifen lassen. Wir brauchen dazu eine Umgebung, die die Vieldimensionalität des menschlichen Wesens tatsächlich achtet, ganz gleich, welche Ebene des relativen Wissens gerade beherrscht wird. Eine solche Umgebung wurde früher als eine *spirituelle* oder *religiöse* bezeichnet. Ich möchte sie jedoch lieber als eine Umgebung bezeichnen, in der der Versuch unternommen wird, uns stärker in unserem vollen Potential zu bewegen.

Das Dasein ist ganzheitlich. Einfach dazusein – unsere eigentliche Existenz – liegt jenseits unseres Begreifens. Aus einer solchen Perspektive erscheint das gewöhnliche Bewußtsein als verengt, wie ein Pferd mit Scheuklappen. Wir können aber die Ansätze dessen erspüren, was es bedeuten würde, Teil eines gewaltigen Versuches zu sein. Schauen wir uns zum Beispiel einmal die Begrenzungen unseres gewöhnlichen Zeitrahmens an. Wir denken in Begriffen der unmittelbaren Vergangenheit oder Zukunft. Historiker und weise Männer haben im Laufe der Jahrhunderte über einen etwas größeren Zeitrahmen berichtet. Im Körper eines jeden von uns befinden sich Systeme, deren Bezugsrahmen Hunderte oder Tausende von Generationen umfaßt. Innerhalb von 70 Jahren werden etwa 200 neue Generationen roter Blutkörperchen die Reise durch unsere Gefäßstraßen beginnen. Würde unser Körper versuchen, die Aktivitäten dieser Zellen aufgrund von Informationen der momentanen Generation zu verändern, so kämen wir in Schwierigkeiten. Was wäre, wenn diese Generation krank aussieht oder sich von der vorigen unterscheidet? Merzen wir sie dann aus?

Zum Glück berücksichtigt unser Körper, was die Gesundheit angeht, einen größeren Zusammenhang und verläßt sich bei Änderungsvorgängen auf eine weitere Perspektive. Der Körper ist weise genug, auf offenbare Veränderungen innerhalb einer Zellengeneration nicht zu stark zu reagieren, weil sich schließlich ein natürliches Gleichgewicht einstellen wird, das die ganzen 200 Generationen umfaßt. Wie aber sieht es mit unserer Medizin aus? Es ist ja möglich, daß es Krankheiten gibt, die die Menschheit innerhalb eines viel weiteren Zeitrahmens verändern als nur der Lebenszeit eines einzelnen. Was geschieht, wenn wir uns in diesen Vorgang einmischen, weil wir uns mit einigen inneren Zwängen nicht hinreichend auseinandergesetzt haben, wie etwa dem Glauben daran, daß jede Krankheit unser Gegner ist und geheilt oder gemildert werden sollte? Ich habe eine ganze medizinische Ausbildung durchlaufen, in der auch nicht ein einziger Augenblick der Untersuchung des »Bewußtseins« der Medizin gewidmet wurde.

Welchen Kräften muß man unmittelbar entgegenwirken, und welche müssen in einem größeren Zusammenhang gesehen werden? Für das Individuum zum Beispiel ist der sinnliche und emotionale Rahmen sehr eng. Einiges fühlt sich *jetzt* gut oder schlecht an, wir mögen es, oder wir mögen es nicht. Es wäre ungesund, unsere Einstellungen und Reaktionen von diesem

Zeitrahmen bestimmen zu lassen. Die emotionale Willkür der halbwüchsigen Bewußtseinskomponenten weicht einer Reife, in welcher die unmittelbaren Vorlieben und Abneigungen nicht länger vorherrschend sind.

Verschiedene Teile der menschlichen Psyche entwickeln sich auf verschieden schnelle Weise und stellen unterschiedliche Anforderungen an das Leben. Die Körperbeherrschung wird schon von Teenagern erreicht (man beachte nur das Durchschnittsalter von olympischen Sportlern), während die Gefühlsbeherrschung länger braucht und sogar bei Erwachsenen selten ist.

Doch wie sieht das mit der geistigen und intellektuellen Reife aus, wie auch mit dem Geheimnis der Macht, ganz zu schweigen von der ästhetischen und intuitiven Komponente unserer Seele? Wir sind nicht nur eine Person. Es läßt sich erlernen, in der Stimmqualität eines Menschen das Wechseln zwischen verschiedenen Bewußtseinsebenen sogar innerhalb eines einzelnen Satzes wahrzunehmen. Wir sind zu sehr unterschiedlichen Sichtweisen und Verhaltensweisen fähig, je nachdem, welche Facette des Bewußtseins im Moment vorherrschend ist. Schon die elementare Psychologie erkennt, daß eine Überbetonung bestimmter seelischer Seiten, wie etwa intellektuelle oder emotionale Kontrolle, durch das Unterdrücken von Gefühlen und Sensibilität zu einem unausgewogenen Individuum führt, das zu verschiedenen psychischen und physischen Erkrankungen neigt. Es gibt aber auch eine Weisheit, die anerkennt, daß es natürlich und gesund ist, die eine oder andere Grundkomponente zu erkunden, während andere während jener natürlichen Entwicklungsphase scheinbar ausgeschlossen bleiben.

Unterschiedliche Seiten eines sich entwickelnden Bewußtseins werden während verschiedener Entfaltungsphasen betont, und die gereiften Bewußtseinsenergien werden schließlich mit dem ganzen Wesen in Ausgleich gebracht. Dieses umfassende Gleichgewicht bestimmt letztlich die Gesundheit. Während der natürlichen Kreisläufe, durch welche die eine oder andere Komponente zum Vorschein gebracht wird, brauchen wir einen Überblick über den Wandlungsvorgang: wir müssen ein Gefühl für die höchste Möglichkeit des reifen Individuums besitzen. Wir können die Wiederholung bestimmter Muster zulassen, wenn wir uns darüber im klaren sind, daß ein solcher notwendiger Kreislauf schließlich zu der höchsten Erfüllung des ganzen Selbst führt. Und Kreisläufe, die keine Entwicklung und keinen Ausdruck der vollen Möglichkeit zulassen, werden als solche erkannt und dadurch automatisch zu einem größeren Potential in Beziehung gesetzt. Man kann sich vorstellen, daß mit jedem Kreislauf der Entfaltungsprozeß tiefer integriert wird, so daß ein Bewußtseinsbereich, der zuvor zu unreif war, mit den gesteigerten Kräften der Bewußtseinswandlung umzugehen, nun hervortreten und bereichert und vollendet werden kann. Wir wachsen als eine Ganzheit, auch wenn wir stufenweise zu wachsen scheinen und uns auf manchen Stufen festfahren können. Jede erzwungene oder bleibende Aufsplitterung dieser Ganzheit wird schließlich zu einem Bruch der Integrität und auf diese Weise zur Krankheit führen.

Treten wir von unseren persönlichen Ängsten und Sorgen um die Gesundheit und Krankheit zurück und ziehen in Erwägung, daß die Menschheit als ganze ein Entwicklungsmuster besitzen könnte, das dem der Einzelperson ähnelt. Eine solche Perspektive kann hilfreich sein, wenn wir den einzigartigen Ausdruck verschiedener Kulturen, Gesellschaften und Rassen auf unserem Planeten heutzutage betrachten. Einige erscheinen rückständig, während andere weit fortgeschritten erscheinen. Manche reagieren auf natürliche Belastungen unglaublich stoisch, während andere leidenschaftlich oder sentimental reagieren. Wir sehen den jugendlichen Idealismus junger Staaten, den vorsichtigen Traditionalismus älterer Staaten. Wir können beobachten, wie die Länder der dritten Welt versuchen »aufzuholen«, indem sie den Materialismus der technisch entwickelten Nationen nachahmen. Wir sehen, wie das gleiche Muster immer wieder wiederholt wird, Jahrhundert auf Jahrundert, während eine aufsteigende Nation oder Kultur nach der anderen versucht, ihre Werte den anderen aufzuzwingen, als hätten Macht und Herrschaft zu einer bestimmten Zeit irgend etwas mit inneren Werten zu tun.

Es gibt einfach keine übergeordnete Perspektive, die die natürlichen und höchst veränderlichen Entwicklungsfolgen der Menschheit als ganzer berücksichtigt. Doch sollten wir besser anfangen, darüber nachzudenken, und mehr, als nur darüber nachzudenken. Diesen Überblick müssen wir in uns selber finden, dies ist der Weg des Herzens.

Aus der Perspektive der Gesundheit gesehen, öffnen sich damit einige faszinierende neue Überlegungen. Zum einen ist unsere momentane Einschätzung der Krankheitsepidemiologie kurzsichtig. Wir verzeichnen den Verlauf des Auftretens von Krankheiten in seinen demographischen und geographischen Unterschieden über die Nationen und die Erde, doch selten betrachten wir diese Erscheinungen aus einem Überblick des sich entwickelnden menschlichen Bewußtseins. Wir haben uns völlig auf die Entdeckung von Ursache- und Wirkungsbeziehungen fixiert, auf physikalische oder psychologische Erreger wie Bakterien oder Streß. Wenn nun aber die Integrität des Individuums als nicht getrennt von allen anderen Bereichen der ganzen menschlichen Erfahrung angesehen werden muß?

Das begrenzte Ursache-Wirkung-Modell kann zu wenige Phänomene erklären. Zum Beispiel ist in den Vereinigten Staaten die Krebsrate bei kleinen Kindern bei Weißen viel höher als bei Schwarzen. Generell ist das Krebsvorkommen bei Schwarzen niedriger als bei Weißen, wenn Schwarze jedoch Krebs bekommen, haben sie statistisch eine geringere Erholungs- und Überlebensrate. Der Grund dafür ist nicht klar. Wir könnten an eine genetische Ursache denken, wenn wir aber die Unfalltodesrate bei jungen Schwarzen und Weißen vergleichen, so ist auch diese wieder bei letzteren höher. Vielleicht müssen wir dies aus der Perspektive der Energie oder Wandlung betrachten. Ich gehe davon aus, daß es natürliche Ausgleichskräfte gibt, die jede Entwicklungsrichtung beschneiden, wenn sie sich in einem bestimmten Bereich der Population oder einer Kultur oder Nation ausdrückt, wie dies auch beim Individuum der Fall ist. Es ist möglich, daß bestimmte Krankheitsvorgänge ein Ungleichgewicht in einer sich entwickelnden Komponente spiegeln, sagen wir einer sozioökonomischen Gruppe oder einer Rasse, relativ zum *Ganzen*. Auf diese Weise wird ein bestimmter Strom der Menschheit in einem bestimmten Ausdruck entweder beschleunigt oder verlangsamt. Auf diese Weise können wir Krankheit unter einer evolutionären Perspektive verstehen, die die sozialen, ökonomischen, politischen, spirituellen und anderen kulturellen Kräfte alle in einem großen Zusammenhang umfaßt, dessen Bezugspunkt die fortschreitende energetische Wandlung der ganzen Menschheit ist.

Gibt es denn eine Facette menschlichen Ausdrucks, die unterdrückt werden, eine andere Facette, die betont werden kann, ohne daß sich eine Wellenfront des Ungleichgewichts aufbaut, die sich durch das Ganze hindurch fortsetzt und allmählich versucht, ein neues Gleichgewicht herauszubilden? Könnte eine solche Wellenfront nicht in den wachsenden Fällen von Krebs, Immunsystemerkrankungen und anderen modernen Krankheiten bestehen? Was geschieht denn im Körper, wenn ein Zelltyp sich nicht mehr an die natürlichen Begrenzungen hält, die durch eine tiefere Weisheit in bezug auf das Ganze geboten sind? Was geschieht, wenn ein Zelltyp dazu gezwungen wird, ein anderer zu werden oder Kräfte zu bewegen, mit denen er bislang noch nicht umgehen kann? Die Antwort auf diese Frage könnte als eine Metapher der Krebsentstehung angesehen werden. Können wir davon ausgehen, daß zwischen den Kräften der persönlichen Gesundheit und denen der allgemeinen menschlichen Entwicklung eine Gleichung besteht?

Wenn wir bedenken, daß die Krankheits- und Gesundheitsmuster einer bestimmten menschlichen Generation völlig in das Menschheitsganze integriert sind und daß die medizinische Beachtung momentaner Reaktionen und Belange an eine 200-Generationen-Perspektive angepaßt werden müßte, dann schrickt der Geist vor der ehrfurchtgebietenden Größe der Vorstellung zurück. Wir müssen anfangen, nach einer anderen Bewußtseinsqualität jenseits unserer persönlichen Bedürfnisse zu suchen, wenn wir der gesundheitlichen Herausforderung unserer Zeit gewachsen sein wollen. Jeder von uns ist für das Ganze verantwortlich, nicht nur für den Bereich unserer direkten Tätigkeiten, sondern auch in der Ganzheit unseres Daseins. Eine solche Feststellung muß jedoch auch die besonderen Perspektiven beachten, die andere zu den gleichen Problemen aufzeigen werden. Auf diese Weise kann Ganzheit nie anders als in einer tiefen Hingabe an die bedingungslose Liebe bestehen.

Die Medizin kann diese sehr reale Möglichkeit nicht anerkennen und trotzdem auf ihrem derzeitigen Weg bleiben, und das gleiche gilt für die Gesellschaft als ganze. Was aber, wenn der Krebs eine derjenigen Krankheiten ist, die diesen Wechsel zu fördern suchen, und gleichzeitig als eine Kraft gesehen werden muß, die sich über eine Spanne vieler Generationen erstreckt? Der Krebs zwingt uns, menschliche Handlungen unter dem Blickwinkel mehrerer Generationen zu untersuchen, wenn zum Beispiel DES*-Gebrauch in der nächsten Generation zu Krebs führt. Wenn wir den durch DES erzeugten Krebs verstehen und letztendlich heilen wollen, dann können wir nicht nur aufhören, DES zu benutzen. Welches Bewußtsein brachte uns dazu, diese chemische Substanz zu benutzen? Welche grundlegenden Annahmen über die Wirklichkeit führten dazu, nach dieser Droge zu suchen und sie schließlich anzuwenden?

Nicht nur das medizinische Establishment, sondern auch alle Benutzer dieser Droge müßten sich diese Frage stellen. Wenn wir nicht auf diese Weise darüber nachdenken, was hindert uns dann, das gleiche Muster mit Hunderten von anderen Chemikalien oder sonstigen technischen »Fortschritten« zu wiederholen? Wir müssen unsere enge selbstsüchtige Genuß-sofort-Haltung und auch unsere zwanghafte Hilfsbereitschaft gründlicher in Frage stellen. Die menschliche Gesundheit wird aus einem Gleichgewicht vieler feiner, aber dennoch starker Kräfte gebildet, die aus mehreren Bewußtseinsschichten hervorgehen, von denen jede innerhalb unterschiedlicher Zeitrahmen arbeitet, deren Ausdruck sowohl individuell als auch kollektiv sein kann.

* DES bedeutet Diäthylstilbesterol. Man gab es Frauen, um die Schwangerschaftssymptomatik, etwa die morgendliche Übelkeit, zu vermindern.

Wir sind deshalb alle zu direkten Erfahrungen aufgefordert, zu der Schwingung, Qualität, Poesie, zu dem Zusammenhang, der uns dabei hilft, diese relative Sichtweise zu überwinden. Und wir können nicht wissen, wohin es uns führen wird. Wir müssen die Regeln einer weisen Unterscheidungskraft von neuem lernen und nicht aus den alten Schichten heraus projizieren. Aus diesem Grunde ist eine echte Wandlung in der Tat langsam, selbst aus der Perspektive mehrerer Generationen. Wir müssen bereit sein, ganz von neuem anzufangen. Für unser normales Bewußtsein ist das riskant, paradox, manchmal sogar gefährlich. Denn wo können wir letztlich unseren Fuß hinsetzen und sagen »Dies ist wirklich«? Plötzlich erkennen wir den großen Zusammenhang, die Perspektive der 200 Generationen, und alles wird subjektiv, vergänglich und mehrdeutig. Es ist wie das Paradoxon des Lichts, welches in einer dualen Wirklichkeit zu existieren oder ihr zu gehorchen scheint: In einer Wirklichkeitsauffassung sprechen wir von diskreten Quanten, einheitlichen Partikeln; in der anderen Auffassung handelt es sich um eine ununterbrochene Welle, ein Kontinuum. *Das Paradoxon liegt nur in unserer Wahrnehmung.* Wenn wir uns zu einer höheren Ebene erheben, wird es vom Bewußtsein selbst, in unserem Dasein und unserem Erleben, aufgehoben.

12. Aufstieg zu einer gemeinsamen Wandlung

Die ganze menschliche Geschichte hindurch haben spirituell und energetisch weit entwickelte Männer und Frauen die Notwendigkeit betont, die persönlichen Grundbedürfnisse nach Nahrung, Vergnügen, Macht usw. zu disziplinieren. Ihnen war klargeworden, daß Energie, die in jenen Dimensionen ausgedrückt wird, wo solche Bedürfnisse wohnen, ziemlich niedrige Schwingungen besitzt. Eine Wirklichkeit wird gebildet, in welcher eine Trennung zwischen dem Selbst und anderen besteht, zwischen dem, was mein Ich ist, und dem, was anders ist. Bei derart niederen Energien ist der Zeitrahmen sehr eng und die Zukunft eine Projektion der Grundbedürfnisse. Die Vergangenheit ist nur eine Art und Weise, unsere heutigen Gedanken und Gefühle zu rechtfertigen. In dieser Hinsicht sagte man, die Menschheit würde im Normalbewußtsein schlafen. Die Zukunft ist selten mehr als die verlängerte Projektion des Gedächtnisses. Die Menschen können sich nicht direkt eine neue Zukunft vorstellen, denn sie befindet sich nicht in ihrem Gedächtnis, und deshalb geraten sie ab einem bestimmten Punkt auf dem Lebensrad in einen Kreislauf wie bei einem wiederkehrenden Traum.

Denken Sie einen Augenblick lang darüber nach. Wenn ein Freund nicht rechtzeitig angekommen ist, wenn ein Kind zu spät aus der Schule kommt, wenn sich jemand nicht so verhält, wie wir es erwarteten, dann lassen wir sofort die Liste unserer Ängste durch unser Bewußtsein laufen. Wenn die Wirtschaft abwärts tendiert und Unbequemlichkeiten anstatt Bequemlichkeiten im Anzuge sind, dann wird das nie als »natürlich« angesehen.

Unwohlsein ist nicht richtig! Der linear ausgerichtete Geist kann die natürlichen Rhythmen und Kreisläufe nicht verstehen, die alles Dasein durchdringen. Er legt die Wirklichkeit nach dem Gedächtnis gemäß den herrschenden Ebenen des Bewußtseins aus (grundlegendes, psycho-sexuelles, psycho-emotionales Überleben). Der verspätete Freund ist im Verkehrsstau steckengeblieben, hat einen Unfall gehabt, will Sie nicht sehen oder Schlimmeres. Der Freund hat nie ein wunderbares Buch gefunden und sich in tiefe Einsichten versenkt, hat keinen großartigen Tagtraum gehabt oder eine Segnung mit Energie, welche die Zeit unwichtig gemacht hat. Wir haben gar keine Zukunft, wir haben nur eine tote Vergangenheit, die bedrohlich vor uns lauert, die auf unserem selbstgemachten Bildschirm erscheint. Und aus diesen wiederkehrenden unbewußten Mechanismen des Ichs bauen wir unser Leben auf. Und als Gesellschaft bauen wir daraus unsere Institutionen auf, unsere medizinischen Versorgungssysteme oder auch unsere militärischen und politischen Systeme. Und diese kulturellen Gestalten werden nun zu gigantischen, Resonanz erzeugenden Mitteln, die unser Energiesystem beeinflussen, unsere Wahrnehmung, die Gedanken, den Fluß der Lebenskraft und die Gesundheit eines jeden lebenden Wesens.

Und wer wäre daran unschuldig? Wer ist daran nicht mitbeteiligt? Ich frage mich selbst: »Welcher Teil in mir möchte auf irgendeinen Feind dort drüben Raketen abschießen?« Selbst wenn wir niemals Krieg führen, fragen wir uns selbst wirklich, welche Bestimmung wir unserem Leben gegeben haben und was die Folgen daraus sind? Zunächst erscheint das völlig verrückt: Verhaltensweisen aus unserer Vergangenheit als Dinosaurier. Doch nein, ich erkenne: Habe ich nicht selbst Modellpanzer gebaut und Spielzeugraketen auf Karten- oder Plastikhäuser geworfen? Wollte ich nicht die Jungs von der anderen Schule fertigmachen? Gab es nicht eine Zeit, als es sehr wichtig war, besser als sie zu sein, Anerkennung für meine Fähigkeiten, meinen Mut, meine Intelligenz, meine Meinungen zu bekommen? Ja, auch ich habe an unserem anscheinenden Wahnsinn teilgenommen und werde das auf einer bestimmten Ebene auch immer tun. Aber ich war nur ein Kind, kaum ein Teenager, als diese Ethik bestimmte, wie ich die Wirklichkeit wahrnahm und mein Leben lebte. Die meisten von uns sind aber immer noch auf dieser Entwicklungsstufe gefangen und bauen unsere Welt von dorther auf.

Es scheint, als würden ihr Körper und ihr Ich auf Kosten einer größeren Vision reifen. Ab einem gewissen Punkt vergißt das Bewußtsein seine Herkunft aus einem weiten, numinosen und undifferenzierten Seinszustand. Wenn es ein persönliches Selbstbewußtsein erreicht hat, könnte es umkehren und sich auf eine zutiefst wesenhafte Weise mit den geistigen Wurzeln wieder vereinigen. Statt dessen aber fährt es fort, immer mehr Kraft in eine Seinsebene zu leiten. Es hört auf, vieldimensional zu wachsen.

Ein hochgebildetes und technisch versiertes Individuum, das von einer grundlegend verengten Seele geleitet wird, das in einem Ich wurzelt, in Grundbedürfnissen, in unreifen Machtansprüchen und in einem Gefühl der Getrenntheit, kann gefährlich und wahrhaft tragisch sein. Solche Menschen erkennen ihre Welt nicht als nur zwei- oder dreidimensional innerhalb einer sich entwickelnden Folge, die auch weitere Dimensionen beinhaltet, in denen sich das Dasein verwirklichen kann. Sie sehen nicht, daß jeder Bewußtseinszustand sich zu einem anderen verändern kann, daß sogar unsere tiefsten Vorurteile zur Liebe gewandelt werden können.

Im menschlichen Bereich sind es meist diejenigen, die ihre Macht und Gefühlsintensität entwickeln wollen, die uns anführen, so wie uns die rauheren und härteren Emotionen am stärksten in unserem Wohlsein bestimmen und uns psychologisch führen. Bei der großen Mehrheit der Menschen bewirkt Angst viel mehr als Liebe. Das gilt wenigstens so lange, bis wir in den direkten Segen einer höheren Dimension kommen und schließlich eine neue Reise beginnen.

Aus der Perspektive höherer Dimensionen spiegelt unser Verhalten, gleich welche Ebene wir untersuchen wollen, natürliche Stadien eines Entwicklungsvorganges, in welchem wir uns von dem undifferenzierten Zustand eines kindlichen Bewußtseins zu einer funktionalen Persönlichkeit entwickeln. Wenn dieser Prozeß fortschreitet, müssen wir dieselbe in eine erweiterte Persönlichkeit auflösen, ein kosmisches Ich, in welchem sich ausdrückt, was ich als »Gegenwärtigkeit« und »Liebe« bezeichnet habe. In der ersten Phase lernt das Bewußtsein den Körper zu bewohnen und verschiedene Tätigkeiten zu beherrschen, von den einfachen wie Gehen bis zu den sehr komplexen aufsteigend, in welchen sich die wachsenden Ordnungs- und Beziehungsebenen widerspiegeln, die von ihrer Funktion her die Bedürfnisse des Individuums weit übersteigen. In diesem Geschehen wird das Ich geformt. In der zweiten Phase beginnt eine Wandlung, und die Kräfte eines größeren und numinosen Selbst werden angeregt, während die persönlichen Belange in den Hintergrund treten.

Wir können aus diesem Überblick erkennen, daß unser sogenanntes Ich und der sogenannte Körper nicht getrennt sind. Eines Tages dämmerte mir, daß der Grund dafür, daß ein menschliches Kind bei der Geburt nicht die Bewegungen koordinieren und gehen kann, obwohl es offenbar die Kraft dazu hat, darin liegt, daß sein Ich noch nicht hinreichend individuiert ist. Ein menschliches Kind wird ohne Beherrschung des Selbstbewußtseins geboren und kann sich selbst deshalb zunächst nicht hinreichend von der Umgebung unterscheiden, um die Feststellung zu treffen: »Dies bin ich, und dies bin nicht ich.« Das ist jedoch notwendig, um ein selbstbewußtes Ich aufzubauen. Das Ich entwickelt sich zu dem, was wir als menschlich bezeichnen, wenn es lernt, den Körper zu beherrschen und sich zu höheren menschlichen Funktionen wie der Sprache erhebt. Da das Selbstbewußtsein im Körper wohnt, nimmt das Dasein eine persönliche Wirklichkeit an. Wenn wir entdecken, daß ein seelisches oder emotionales Trauma zu einer bestimmten Prägung des Ichs führt, die schließlich eine Krankheit erzeugen kann, so betrachten wir dabei das gewöhnliche oder niederenergetische Bewußtsein. Das wenige, was wir über den Körper wissen, steht wahrscheinlich in direktem Verhältnis zur momentanen menschlichen Bewußtseinsebene. Wer höhere Bewußtseinsebenen zur Verfügung hat, zeigt im allgemeinen auch eine größere Beherrschung der Körperfunktionen, wenn er will. Seine persönliche Wirklichkeit ist jedoch vielschichtig und weniger personengebunden.

Später im Wandlungsprozeß, besonders nach dem Erwachen höherer Energien, beginnt das Überschreiten des Ichs als faßbarem Körper. Mit der Lösung dieses ursprünglichen Energiemusters, in welchem sich das persönliche Ich gebildet hat, treten neue Energie- und Wahrnehmungsebenen auf, und der Körper wird weit, kollektiv und energetisch. Auf dieser Ebene wird die Täuschung in jedem Versuch deutlich, ein Ich von einem Nicht-Ich zu unterscheiden, und das betrifft auch den Körper. Vielleicht ist das der Grund dafür, daß alle großen mystischen Lehren betonen, daß wir unsere Identifizierung mit dem Körper aufgeben müssen, um transzendente Stadien zu betreten (jenseits des Ichs). Ich würde das umkehren und sagen, daß die Relativität des Körpers offenbar wird, wenn wir ein höheres Bewußtsein erlangt haben. Wir verachten den Körper nicht, sondern erkennen, daß keine Facette des Daseins von seinem Energiemuster getrennt sein kann.

Das »Individuum« ist also, wie ich bereits sagte, ein Energiespektrum, welches persönliche Einzeleigenschaften umfaßt und auch solche, die Teil eines größeren Kontinuums sind, das die Menschheit und mehr einschließt. In dieser Hinsicht ist der Körper niemals unser eigener, sondern gehört uns allen, und das kann auch von Krankheiten gesagt werden. Wir alle haben Teil an dem Vorgang, der bestimmte Krankheiten herausbildet und ins Dasein bringt. Der menschliche Körper ist ein perfekter Spiegel der kollektiven Bewußtseinsebenen, unsere Krankheiten sagen viel über unser kollektives Selbst aus.

Unser Bezug zum Leben und zueinander würde sich völlig verändern, wenn wir nur dieses tiefgehende Aneinanderteilhaben und die Einheit erkennen könnten. Es sollte keine Angst erzeugen, zu bemerken, wie unser alles durchdringendes Dasein uns sogar in den Krankheiten verbindet; wir sollten uns im Gegenteil erhoben fühlen und von Staunen und Ehrfurcht erfüllt sein. Im wahrsten Sinne sind wir der Hüter unseres Bruders. Jeder von uns hat einen Kain in sich, ein persönliches Ich-Selbst, das die umfassende Harmonie nicht bemerkt und den Abel der numinosen Einheit mordet. Dies tun wir, um uns zu entwickeln und die Welt zu beherrschen. Später wird dann durch »Adam und Eva« unseres tieferen Wesens ein neuer Abel hervorgebracht. Es ist möglich, daß durch Krankheiten, durch die starken von ihnen erzeugten Kräfte und die Zerstörung des persönlichen Selbst ein neuer Abel in den Blick kommt.

Lassen Sie mich ein Beispiel dafür geben, wie im Verlauf des Sterbens ein solches Verständnis hervortreten kann und wie insbesondere eine Frau lernte, dies für sich selber wahrzunehmen. Sie berichtete mir von ihrer ungeheuren Wut, wenn sie die Menschen in ihren Autos beobachtete, die an den Ampeln anhielten und ihren Geschäften nachgingen, ohne überhaupt Notiz von ihr zu nehmen. »Wissen die denn nicht, daß ich gerade sterbe«, sagte sie sich innerlich. Damit zog sie sich in einen Knoten der Wut zurück, und es fiel ihr schwer, einen Überblick über ihre Gefühle zu gewinnen. Aber auf irgendeine Weise spürte sie, daß die Wut eine unangemessene Reaktion war, eine innere Fehlübersetzung. Als Therapeutin war sie weise genug, es nicht zu unterdrücken, wußte jedoch selber nicht, wie sie es verwandeln oder dessen tiefere Bedeutung erkennen könnte. Gewiß, wenn der Ärger nicht zugelassen wird, dann wird die Energie unterdrückt, die ihn erzeugt, und kann schließlich zerstörerisch wirken. Auch der »ausgedrückte« Ärger ist eine bloße Katharsis der Energie, in gewissem Sinne ein Kurzschluß oder eine Unterdrückung höherer Möglichkeiten.

Ich wies sie darauf hin, daß die tieferen, sich entwickelnden Muster ihrer Kräfte (ihrer Seele), die sie angeleitet hatten, eine Therapeutin zu werden, genau wüßten, was die Wut ihr mitteilen wollte. Die Krankheit hatte sie tiefer in ihren inneren Daseinsstrom gestoßen. Sie war offener und sensibler als je zuvor, und auf dieser Ebene drückte sie eine grundlegende Wahrheit aus: »Wissen sie denn nicht, daß ich an einem Geschehen sterbe, an dem die ganze Menschheit teilhat? Wissen sie denn nicht, daß ich an einem Ausdruck von uns allen teilhabe, nicht nur in mir selbst fehlerhaft bin und daß es eines Zusammenwirkens von uns allen bedarf, um mich zu heilen, um uns alle zu heilen? Was tun sie aber? Schlafend ihren Geschäften nachgehen! Könnten sie nicht ein wenig bewußter werden und verstehen, daß wir uns unserer Ganzheit jeden Augenblick öffnen können, genau jetzt?«

Wenn die Menschen draußen nur einen Augenblick lang für ihre tiefere Energie zugänglich wären, wenn sie sich ihrer eigenen Seelen bewußt wären, dann hätten sie für diese Frau sensibel sein können. Sie hätten nicht unbedingt von ihrer Krankheit wissen müssen, sondern nur irgendwie die gegenseitige Teilnahme an einem tieferen Ruf zur Wirklichkeit zu empfinden brauchen. Auf dieser gemeinsamen Reise hätten sie unterschwellig eine Resonanz erzeugt, ihren Einsatz mitgeteilt, vielleicht ein wenig Anerkennung gezeigt. Vielleicht hätten sie beim Vorbeifahren einfach kurz aufgeschaut, in einem Moment stillen Erkennens ihre Augen gefunden. Solche kurzen, aber wesentlichen telepathischen Verbindungen geschehen vielen Menschen, die empfindsamer geworden sind, wenn sie sich durch die Welt bewegen.

Ihre Erfahrung war keineswegs unangemessen. Sie erahnte darin eine tiefere Einsicht, obwohl sie sie zu jener Zeit noch nicht auf reife Weise ausdrücken konnte. Wie oft geht uns das so: Wir halten eine bestimmte Reaktion für real, anstatt zu erkennen, daß sie nur das Beste ist, was wir in diesem Augenblick tun können, um eine tiefere Erkenntnisweise in unser Bewußtsein zu übersetzen. Ihre Erfahrung bildete den Teil einer schöpferischen Kraft, die ihr half, sich zu einer Ebene der Einheit zu erheben, und die gleichzeitig eine Energieintensität ausstrahlte, die sie als Wut verkannte.

Sie brauchte eine Weile, um das zu verstehen, dann verlagerte sich ihre Energie: *Es war nur ihr Gefühl der Trennung, das ihre*

Kraft auf der Ebene der Wut festhielt. Sie verband sich tiefer mit ihrem eigenen ewigen Wesen, und sie wußte deutlicher als je zuvor, was schon immer die Bestimmung ihres Lebens gewesen war. Die Wut verschwand und wurde zu einer Gegenwärtigkeit und einer Kraft, durch welche sie ihrer Familie und ihren Freunden eine tiefe Lehre über das Sterben erteilen konnte. Jeder von uns könnte mit dem Wesen der Seele mitfühlen, die ein solches Muster erzeugen und solche Schmerzen in die menschliche Dimension hineintragen kann, so daß wir unser Bewußtsein kräftigen und lernen können, sei es auch nur für einen Moment, unser göttliches Wesen tiefer zu achten.

Es ist möglich, die Aufteilung des Bewußtseins und die Trennung von höheren Kräften (worin meiner Ansicht nach die Wurzel der Krebsentstehung liegt) zu erkennen und zu überwinden, wenn wir uns zu einer höheren Ebene des kollektiven Kräftegleichgewichts erheben. Die Vorgänge, die uns jetzt so sehr herauszufordern scheinen, könnten dann so wenig bedrohlich sein wie heute eine vorübergehende Erkältung.

Wir könnten uns klarmachen, daß das Potential zur Entstehung einer Krankheit darin liegt, daß auf irgendeiner Entwicklungsstufe des Bewußtseins das Gleichgewicht zwischen den selbsterhaltenden und selbstüberwindenden Kräften gestört wird. Ich glaube, daß der Krebs auf einer kollektiven Ebene eine Übertreibung der selbsterhaltenden Kräfte repräsentiert, eine Art Starre, die uns von unserem göttlichen Wesen trennt. Unbewußt grenzen wir höhere Kräfte auf einen engen Ausdrucksbereich ein und zwingen sie deshalb zu einem fehlgeleiteten Ausdruck.

Manche Menschen werden in ihrem Leben wirklich spirituell, zum Teil, weil andere Lebensebenen (zum Beispiel die sexuelle) für sie zu schwierig oder nicht erfüllend sind. Wenn das Leben sie aber spontan höheren Energieebenen aussetzt, jenseits derer, die ihnen bewußt waren, dann kann sich ein sehr ausgewogener Ausdruck dieser Kräfte zeigen, nicht nur in wirklicher geistiger Reife, sondern auch in der Verstärkung von hochenergetischen Krankheiten auf genau der Ebene (Becken), wo sie am starrsten und am stärksten vom Ich beherrscht waren. (Es ist interessant festzustellen, daß Nonnen ein sehr hohes Auftreten von Brust- und Gebärmutterkrebs haben.) Dieser Bereich ist dann am wenigsten der Eingliederung in höhere Energien zugänglich. Es ist der Ort im Bewußtsein, wo sich das verdrängte Nein am hartnäckigsten hält. Wenn Individuen versuchen, diesen Vorgang rückgängig zu machen, dann haben sie es nicht nur mit ihren eigenen energetischen Neigungen zu tun, sondern auch mit den kollektiven Übertreibungen der gleichen Neigungen und den sich verstärkenden kollektiven Kräften. Auf einer bestimmten Energieebene hätte dieses Muster vielleicht ganz harmlos ausgelebt werden können. Bei höheren Energien sind wir aber gezwungen, es aufzulösen. So wird das Bewußtsein verfeinert.

Ich meine all dieses Gesagte nur als Gedankenanregung, ich verstehe es nicht als eine absolute Formel. Ich bin eigentlich eher daran interessiert, Räume in unserer Aufmerksamkeit zu eröffnen, als rein logische Argumente zu entwickeln. Wenn Sie diese Einsichten fruchtbar einsetzen wollen, können Sie damit anfangen, eine Liste der Verhaltensweisen, Einstellungen und Lebenshaltungen aufzustellen, die jenen Teil Ihrer Seele bezeichnen, der zur Selbstdefinition, Sicherheit und Vorhersagbarkeit neigt. Versuchen Sie dann, den Teil des Selbst zu erspüren, der beweglich, wachsend, sich ausdehnend, geheimnisvoll, unerkennbar und nicht rational ist. Wenn dies jedoch zu einer intellektuellen Übung wird, hat es wenig Wert. Lernen Sie statt dessen, die energetischen Eigenschaften dieser einzelnen Neigungen zu identifizieren und die beiden Arten energetischer Dimensionen direkt in ihrem Wesen zu integrieren.

Tritt eine Einsicht auf, so muß man bereit sein, mit ihr zu leben. Ich erinnere mich noch an den unheimlichen Augenblick, als ich den Gedanken hatte: »Wer hat denn gesagt, daß du für immer ein Arzt sein wirst?« Dieser Gedanke ließ mich einen Blick auf den ungestalteten Hintergrund werfen. Da wurde mir klar, wie viele Vorannahmen ich über das Leben hatte und wieviel Freiheit wir wirklich haben. Plötzlich sah ich, daß das Arztsein nur eine künstliche Rolle ist, und ich wußte, daß ich diese Rolle eines Tages fallenlassen und mich der Freiheit öffnen müßte. Eineinhalb Jahre später tat ich es. Unbedingtheit bringt automatisch diese Integration des Hintergrundes und des Vordergrundes des Daseins zustande; und aus dieser Verschmelzung geht bedingungslose Liebe hervor, wenn sie mit ausreichender Energie verwirklicht wird. Wir müssen uns deshalb darauf konzentrieren, diese bedingungsfreie Bewußtseinsqualität zu entwickeln, welche in der Lage ist, die höheren Kräfte auf allen Ebenen des Selbst zu integrieren.

Wir glauben zu wissen, was wir sind, aber wir können die tieferen Kräfte nicht kennen, die unser Verhalten vorschreiben, bis die Begrenzungen des energetischen Wesens aufgelöst und wir zu höheren Kräften erwacht sind. Dann können wir zum ersten Mal wirklich einschätzen, wie unser Ich aufgebaut ist, wie es uns dient und wie wir durch es hindurch zu einer größeren Wirklichkeit fortschreiten können. Nichts ist demütigender als ein solcher Auflösungsprozeß. Wenn man einmal gesehen hat, was es kostet, auch nur die nächste Stufe der Bewußtseinserweiterung zu entdecken, dann wird man kein Urteil mehr über jene fällen wollen, die aus welchen Gründen auch immer diese nächste Möglichkeit noch nicht gesehen haben und deshalb gezwungen sind, in einer durch niedrigere Stufen festgelegten Wirklichkeit zu leben.

In unserer ersten Lebensphase repräsentieren die biologischen Eltern das Überleben, die Nahrung, das Vergnügen, die Wärme und fast unendliche Faszinationsmöglichkeiten. Diese Beziehung stellt das erste und vorrangige Kraftfeld dar, aus welchem wir anfangen, unsere einzigartige Persönlichkeit zu entfalten. Auch wenn es später so aussieht, als hätten wir unsere Eltern überwunden, so ist das doch nicht der Fall. Wir erweitern unser Selbstgefühl mit der gleichen Dynamik in die Welt hinein, mit welcher wir uns unseren Eltern gegenüber entwickelt haben. Auf diese Weise wird der als unterlegen charakterisierte Energiezustand unserer Wirklichkeit zu den Eltern unseres Erwachsenenlebens. Durch genau die Muster und Vorstellungen, in die hinein unser Leben gesetzt wurde, werden wir unsichtbar gelenkt, genährt und in Raum und Zeit ausgerichtet. Und jede Ebene dieser Beziehung innerhalb unseres Bewußtheit ist durch Energien gebunden und festgelegt. Darüber hinauszuwachsen und für Kräfte einer höheren Bewußtheit zugänglich zu werden, kann psychisch ebenso radikal wirken, wie es für ein Kind ist, von der Mutter verlassen zu werden und auf die Umarmung anderer Eltern zu warten.

Aber wir gelangen nicht in diesen höheren Zustand, indem wir unsere Elternkonflikte bearbeiten, wenn dies auch ein wichtiger Anfang ist. Die gleiche Dynamik legt das Selbst nämlich in der Beziehung zu jeder Erfahrung fest; und die Art, wie wir zur gesamten Wirklichkeit stehen, bildet unsere wahren Eltern. Diese Energieform und diese Wirklichkeit sind zu überwinden und nicht nur die daraus folgenden Vorstellungen, Reaktionen, Erfüllungen, Konflikte oder Leiden. Wenn wir über die Energiestufe der normalen persönlichen Bewußtheit hinausgehen, fürchten wir das endgültige Verlassen unserer gewohnten Wirklichkeit. Wir haben noch nicht erkannt, daß das Dasein selbst unsere neue Mutter sein wird und daß ihre Umarmung – auch wenn sie das Ende des vorherigen Bewußtseins zu sein scheint – in uns eine neue und tiefere Liebe erweckt, als irgendein normales Elternpaar einem Kind geben kann. Es handelt sich um eine tiefere Beziehung, als unsere illusionäre Einbeziehung in eine verengte Wirklichkeit für das weltliche Ich sein kann. Im Innersten ihres Herzens ist sie eine mystische Erfahrung, die sich den Worten entzieht.

Warum haben wir diese große Angst vor tieferen Wandlungen? Warum wird uns die einfachste aller Einsichten nicht bewußt – daß nämlich die Zukunft im Wesen unerkennbar bleiben muß? Jede Handlung, die die Zukunft sichern soll, die fixiert und unveränderlich ist, führt bei einer Einzelperson oder in einer Kultur letztlich zur Zerstörung.

Die Antwort liegt in unserer starken Verdrängung des Todes. Nicht des körperlichen Todes am Ende unserer Reise, nicht diesen fürchten wir. Es geht vielmehr um die Auflösung des niederenergetischen Selbst, welches zum »Körper« unseres Daseins geworden ist. Wir fürchten sein Verschmelzen mit dem größeren Selbst. »Laß mich klein und einzigartig und als eine Welt für mich«, diese Einstellung bestimmt unbewußt die Kinetik im persönlichen Selbstbewußtsein. Dem gewöhnlichen Bewußtsein ist das neue Potential unbegreifbar. Es wird nur als Bedrohung, als Tod, als erschreckender Kontrollverlust wahrgenommen. Wir schrecken vor der Ungeheuerlichkeit zurück, vor welcher wir bedeutungslos werden.

Mit der Verdrängung des Todes geht auch die Verdrängung Gottes einher. Selbst unser Gott wird zu einer Vorstellung, zu einem Idol. Wir haben eine Vorstellung von etwas weit außerhalb von uns selbst, weit jenseits der Welt, in welcher wir leben, so daß wir nicht sehen können, daß es die ganze Zeit in uns ist, in allem, was wir wahrnehmen und tun. Um zu beginnen, Gott zu erkennen, müssen wir anfangen, bewußt uns selbst zu ersterben.

Der Bewußtseinswandel, der uns das enthüllt, ist gar nicht so groß, wie wir glauben; es bedarf aber ungeheurer Energie, um ihn zu veranlassen. Die Herausforderung liegt also darin, unsere Bewußtseinskraft zu steigern. Um dies zu tun, müssen wir erkennen, wie die Psyche normalerweise Kräfte einsetzt oder zerstreut (– wie wir unser Leben leben). Wir müssen aber auch diejenigen Mechanismen erkennen, durch die wir ständig durch verschiedene Bewußtseinsfunktionen und -dimensionen Energie sammeln und steigern können.

Das Bild dissipativer Strukturen kann als ein teilweises Modell des Wandlungsprozesses hilfreich sein, besonders als ein Modell der erwachenden Erfahrung an derjenigen Stelle, wo wir zu einer neuen Ebene springen. Es gibt zum Beispiel bestimmte Flüssigkeiten, die bei Erhitzung ein geometrisches Muster ähnlich einem Käsekästchenfeld bilden. Diese spezielle Flüssigkeit wird das Muster innerhalb eines bestimmten Energiebereichs aufweisen. Verringern wir die Hitze, so wird das Kreuzmuster schwächer, verstärken wir die Hitze, so wird es deutlicher. Man kann sagen, daß das System einen bestimmten Energieumfang durch dieses Muster verteilt. Wird jedoch zuviel Energie zugeführt (die

Hitze zu groß), so bricht das System zusammen. Im Fall dieser Flüssigkeit tritt etwas Interessantes auf. Wenn sie die maximale Energieebene erreicht hat, die sie über das Kreuzmuster verteilen kann, taucht plötzlich ein neues Muster auf, ein System fortlaufender Wirbel. Dieses neue Muster kann viel größere Energie umsetzen als das vorige. Während das Kreuzmuster rechtwinklig ist und sich aus getrennten und einzelnen, sich überschneidenden Linien aufbaut, ist das neue Muster unendlich. Interessanterweise wird das Quadrat in der Metaphysik häufig dem persönlichen Selbstbewußtsein zugeordnet, während der Kreis (oder in diesem Fall die Kringel, die den Mustern der druidischen oder ägyptischen Ornamente ähneln), ein ewiges Bewußtsein symbolisieren.

Wenn wir uns dieses Modell anschauen, so sehen wir, daß das Verstärken der Hitze (Energiesteigerung) die wesentliche erste Phase bildet. Bei dem Erlebnis der menschlichen Wandlung kann die Steigerung der Energie auf viele Weisen auftreten. Es gibt die *Einsamkeit* oder jene Verhaltensweise, die bewußt unternommen wird, um die normalerweise durch träge Geselligkeit zerstreute Energie zu sammeln. Es gibt das *Fasten,* durch welches die normalerweise zur körperlichen Nahrungsumsetzung verwendete Energie für andere seelische Prozesse verfügbar gemacht wird. Es gibt die *Meditation,* die bewußte Verinnerlichung psychischer Kräfte. Es gibt die *direkte Induktion,* die in der Nähe von sehr energiereichen Individuen entsteht. Es gibt die *spontane Gnade* und am häufigsten von allen die *Krise.*

Zunächst führt die Energiesteigerung zu einer Intensivierung der alten Muster, die immer extremer werden. Sogar ruhende Muster treten jetzt hervor, wenn alle Ichkräfte eingesetzt werden, um die alte Selbstdefinition aufrechtzuerhalten. Während dies geschieht, können wir nicht wissen, wie das neue Potential sein wird, ganz gleich was wir von jenen hören, die den Übergang bereits vollzogen haben. Die alte Psyche filtert sofort, was sie wahrnimmt, und übersetzt es in etwas dem Grundzustand Vergleichbares, wozu auch ihr Konzept des nächsten Schrittes gehört. Deswegen schrecken so viele Menschen wiederholt vor der Annäherung an das Tor zurück, vor dem Moment der Leere, wo die alte psychische Struktur nicht mehr die Kontrolle hat.

Es ist entscheidend, diesen Vorgang beobachten zu können, weil wir sonst weder die Verstärkung und den Streß des Grundmusters, noch das tiefere Bewußtsein erkennen, worin sich der Wandel ausdrückt. Ohne Wachheit besteht eine Neigung, innerhalb dieses Vorganges festgelegt zu bleiben und vor der Möglichkeit des Erwachens auf einer neuen Bewußtseinsebene umzudrehen, anstatt zu lernen, die Hitze noch mehr aufzudrehen und tiefer zu gehen. Aus Gründen, die niemand wirklich kennt, die aber irgendwie mit der Liebe und Kraft zu tun haben, die einen innerlich motivieren, schaffen es manche Menschen schließlich, sich in die Leere und eine völlig neue Dimension fallen zu lassen.

Langt man auf dieser neuen Ebene an, so ist der Vorgang des Erwachens längst noch nicht abgeschlossen. Die Herausforderung zu einer Neustabilisierung wird sogar noch größer, denn das menschliche System ist keine einfache Flüssigkeit. Das neue Bewußtsein muß in eine ausgewogene Lebenssituation eingegliedert werden, und das kann sich als ebenso schwierig erweisen wie der anfängliche Prozeß des tiefen Loslassens. Das neue Bewußtsein muß von Augenblick zu Augenblick gemeistert werden, denn im Verhältnis zum vorigen Zustand ist es sehr groß, und wir sind Geschöpfe aus unglaublich komplexen Beziehungen, die die Summe unserer Erfahrungen bilden. Während das Bewußtsein vorher ein rechteckiges, abgetrenntes Selbst war, ist nun das von Augenblick zu Augenblick entstehende Daseinsgefühl ein lebendiger Zusammenhang weiter Verflechtungen, in welchen ein viel größerer Anteil der Psychosphäre zu der Erfahrung beiträgt, die wir als Ich bezeichnen.

In diesem Stadium muß die ungeheure, ruhende persönliche Macht, die für die meisten von uns so angsterregend ist und deshalb unterdrückt wird, hervortreten, um die Meisterung all dessen zu ermöglichen. Die Mechanismen des alten Selbst sind zu schwach, um die Herausbildung des neuen Selbst zustande zu bringen. In der Tat muß die Liebe sehr groß sein, um diese Kräfte in ihren Dienst zu stellen, Kräfte, die ohne ein erweitertes Bewußtsein und Liebe gewaltsam und möglicherweise sehr zerstörerisch wären. Immer wieder kommen Menschen zu mir, die einem Pfad der Wandlung gefolgt sind und, als sie sich öffneten, von den Kräften, die ihnen begegneten, überwältigt wurden, wie auch von ihrer äußerst vertieften Sensibilität. Viele Menschen beginnen mit einem romantischen Traum einer neuen Welt und eines neuen Selbst. Aber darin liegt eine Verleugung ihrer eigenen persönlichen Macht im ursprünglichen Sinne, ganz zu schweigen von der direkten Zurückweisung der verborgenen Ungeheuer in der kollektiven Psyche, die diese unterdrückten Kräfte verkörpern. Sie träumen dann, von Monstern, Drachen, Verbrechern und anderen Symbolen der ursprünglichen, unkontrollierten Kräfte verfolgt zu werden. Sie sehen nicht ein, daß darin notwendige integrierende Kräfte versuchen, sie zu erreichen, sondern bekommen noch mehr Angst vor der Wandlung. Nach dem Erwachen muß aber genau diese Kraft mit Weisheit und Achtung gezähmt werden, damit sie die ungeheure Erweiterung begrüßt und als eine bindende Gegenkraft zur Manifestation des Lebens in dieser neuen Bewußtheit wirkt.

Wenn ein Individuum beginnt, höhere Kräfte zu sammeln, tritt ein wiederholtes Energiemuster auf. Und dieses gleiche Muster sehen wir, wenn die Menschheit als ganze beginnt, ihre Energie zu steigern. Wir verstärken wiederholt die alten energiezerstreuenden Mechanismen, während wir Kräfte sammeln, die uns zu der Schwelle führen können, wo ein neues Kräftesystem auftauchen kann (welches eine höhere Oktave des Daseins darstellt, die mit dieser gesteigerten Energie ausgewogen umgehen kann). Die Energie wendet sich zurück und wird zu einer selbstfestlegenden Prägung. Wir begegnen dann einer gesteigerten Betonung von Lebensgrundlagen wie der Sicherheit, Sexualität, Familie und anderen persönlichen Mustern. Die Kräfte neigen sich denselben zu, weil sie diejenigen Zustände in unserem Alltagsbewußtsein darstellen, in welchen wir gewöhnlich mit den größten Energiemengen umgehen können. Oder die Energie drückt sich als eine

Verstärkung und Anziehungskraft gerade derjenigen Dinge aus, von denen man versucht, sich zu befreien. Mit dem Entschluß, frei zu werden, beginnen wir schon, Kraft für die Wandlung zu sammeln. Aber wir können nicht immer weiter die alten, energiezerstreuenden Verhaltensweisen verstärken. Ab einem bestimmten Punkt müssen wir zu einer neuen Lebensweise übergehen, die im wesentlichen unbekannt ist. Sonst wird die verstärkte Energie immer wieder durch die gleichen Kanäle ausgedrückt, jedoch mit ungeheuer erhöhter Intensität. Soviel Energie es auch zu brauchen scheint, unserem Ärger, der Wut, Frustration und Angst Ausdruck zu verleihen, so ist es doch immer noch weniger, als wir brauchen, um uns harmonisch in eine neue Wandlung zu finden. Unbedingte Liebe ist ein solcher höherer Energiezustand. Meiner Erfahrung nach ist es eindeutig, daß man weniger Energie braucht, um Angst zu haben, zu hassen oder zurückzuweisen, vielleicht sogar um Krebs zu erzeugen, als sich auf bedingungslose Liebe einzulassen und sie zu verwirklichen. Wenn wir uns an ein Energieniveau annähern, das nötig ist, um ein Erwachen des Bewußtseins auszulösen, drückt sich dies häufig als höchstes Potential von Selbstsucht und Gewalt aus, wenn nicht eine tiefe Hingabe an einen bedingungsfreien Seinszustand vorhanden ist.

Die Menschheit hat sich mit der Verleugnung des Todes und dem Verlust Gottes oder der Idealisierung Gottes ein Gefängnis geschaffen, in welchem unser eingeengtes Bewußtsein mit wachsender Komplexität und Intensität herumspringt. Das klingt vielleicht wie eine bedeutungslose Abstraktion, trifft jedoch den Kern der Sache. Wir haben nichts, wo wir Ruhe finden können, keine wirkliche Wahrnehmung des Verschmelzens und Sichvermischens, nichts, worin wir eine neue integrierende Basis unserer eigenen oder der kollektiven Wandlung finden können. Wie können wir weiterkommen, wenn wir nicht hinreichend loslassen können, um eine Beziehung zu einer weiteren Wirklichkeit zu erahnen, die zutiefst liebevoll und harmonisch ist? Statt dessen haben wir so viele Möglichkeiten geschaffen, zu verhandeln, zu argumentieren, zu feilschen, haben wir so viele Vorstellungen, Philosophien und Kosmologien zu überprüfen und zu rechtfertigen.

Filter auf Filter legt sich zwischen uns und jede unmittelbare Seinserfahrung, das kann ich bei meiner Arbeit ständig beobachten. Ärzte beispielsweise haben einen Filter, daß sich alles, was sie lernen, in direkte praktische Anwendungen umsetzen lassen müßte. Sehen sie keine unmittelbare Nützlichkeit, so machen sich viele sofort zu und begrenzen sich damit selbst. Das gleiche betrifft die sogenannten Sucher. Immer wieder kommt die Frage, Bitte oder Forderung: »Sage mir, wie ich das machen soll.« Befriedigt man die eine Frage, kommt die nächste. Dieses Mal ist es der Filter der Autorität-die-ihnen-gerade-etwas-erklärt-hat. Dann kommt die rebellische Antwort: All die gespeicherten Autoritäten werden vorgebracht, um das, was sie gerade gehört haben, zu erörtern und darüber zu streiten. Es gibt jedoch einen Ort, wo alle Bedingungen zusammenfließen, wo wir alle demütig und vereint werden, jenseits aller Unterscheidungen, philosophischer oder theologischer Bedingtheiten. Eine echte Wandlung wird Sie völlig umkrempeln, bevor Sie bei einer neuen Ganzheit anlangen. Die direkte Verwirklichung dieses Einheitszustands kommt sehr selten vor, so sehr schrecken wir davor zurück, uns dem hinzugeben, es zu entdecken und die damit verbundenen Energien zu tragen.

Immer noch kämpfen wir »heilige« Kriege, bei welchen der wahre Gott ein Bewußtseinszustand ist, in dem wir schwimmen und von dem wir abhängig sind. Und immer noch evozieren wir auf primitive Weise unseren abstrakten Gott für *unsere* Angelegenheit gegen diejenige eines anderen. Das war immer das Kennzeichen des menschlichen Durchschnittsgeistes und wird es immer sein: die Götzenverehrung und der Mangel an Erkenntnis. Aus solchem Bewußtsein geborene Liebe ist bedingt und oft mörderisch. Sie wendet sich auf sich selbst zurück und gerät in Wettstreit mit ihrer eigenen Energie, was zu fürchterlichen Krisen, Kriegen oder Krankheiten führt. Doch erreichen gerade in dieser Zeit die Menschen einzeln und gemeinsam das Potential für einen Energiegebrauch, der über unseren gewöhnlichen minimalen Gebrauch weit hinausgeht. Und das rettet uns aus unserem offenbaren Wahnsinn. Ich glaube, daß aufgrund eben dieses Prozesses immer höhere Energien auftreten, um die Form zu beleben. Durch genau diesen Vorgang also wird die Menschheit den Sprung zu einem neuen Potential schaffen, so bedauerlich es aus einer gewissen Perspektive auch erscheinen mag. Denn wo sonst als in Kriegen haben große Menschenmassen an gesteigerter Kollektivenergie teilgenommen? Wo sonst als bei der Armee haben normale Menschen in großen Zahlen die Macht von Gruppenritualen erfahren und die Kraft, die daraus entsteht, sich selbst beiseite zu lassen und einer höheren Autorität zu gehorchen? Und wo sonst, als mitten in Krankheiten, haben so viele Menschen die unglaubliche Intensität kennengelernt, die den Prozeß des Lebens und Todes umgibt, den Zusammenbruch der angewöhnten Lebensmuster und die unglaublich feine Beziehung zwischen Körper und Geist?

Natürlich gibt es noch eine andere Gelegenheit neben der Krise und der Todesangst, wo wir lernen, unsere Möglichkeiten auszuweiten und höhere Bewußtseinszustände zu erfahren, nämlich im Bereich der persönlichen Liebe. In den Augenblikken der Verliebtheit bekommen wir einen kleinen Geschmack des großen Segens. Wenn wir hier auf den passenden Partner treffen, erfahren wir die höhere Kraft – die Liebe –, wo wir uns jedesmal selbst überschreiten, wenn wir uns mit mehr als uns selbst verbinden. Es ist nur ein Vorgeschmack, aber genug, um zum hohen Lied der Menschheit geworden zu sein.

Bei alledem handelt es sich um die natürlichen, instinktiven, physischen, sinnlichen und emotionalen Kanäle, durch welche die Psyche der nichterwachten Menschheit ihre Seinskraft verstärkt und manchmal unglaublich intensiviert. Man kann sie unter dem Gesichtspunkt zweier Abläufe betrachten, die ich als den *Verschmelzungszustand* und den *Spaltungszustand* bezeichne. Der Vorgang der Verschmelzung wird durch den Energiezuwachs verdeutlicht, wenn zwei Menschen sich verlieben. Der Spaltungsprozeß auf der gleichen Ebene wird durch Trennung oder Scheidung und die starken dadurch heraufgerufenen

Kräfte bezeichnet. Wir steigern unsere Kräfte durch diese Dynamik der Verschmelzung und Spaltung mittels positiver oder negativer Krisenträger. Dieser Vorgang ist auf einer anderen Ebene bei jeder selbstgesteuerten absichtlichen Tätigkeit sichtbar, mit der etwas beherrscht, gewonnen oder erreicht werden soll (die Verschmelzung mit einem Ziel, Bild oder einer Vorstellung), wodurch automatisch ein Kraftfluß hervorgerufen wird. Ähnlich erzeugt die Frustration, das Versagen oder der Zusammenbruch einer solchen Bemühung wiederum enorme Krisenenergien (Spaltungsprozeß). Die Mehrheit der Menschen definiert und motiviert sich selbst durch irgendeine Form der Krise. Die meisten von uns sammeln auf diese Weise ihre Kräfte und berühren dabei tiefere Quellen.

Die gleichen Kräfte können durch Rituale verstärkt, intensiviert oder verfeinert werden. Gewöhnlich erkennen wir Rituale nicht als solche, etwa beim Arzttermin, bei der Arbeit eines Operationsteams, beim Marschieren, Demonstrieren, Tanzen, Fußballspielen oder Militär. Und eine solche rituelle Tätigkeit kann zur Intensivierung von Energie für jeden beliebigen Zweck eingesetzt werden. Ob wir einen solchen Zweck als gut oder schlecht bezeichnen, wird von zwei wesentlichen Dingen bestimmt: durch die dahinterstehende Motivation und durch den Bewußtseinszustand, dem diese Kräfte schließlich gewidmet werden. Die Energie an sich selbst ist neutral. Es liegt an uns, wie wir sie sammeln oder empfangen, wie wir sie festhalten oder durch uns fließen lassen, wohin wir sie fließen lassen oder wie wir sie abgeben; dadurch wird bestimmt, was sie erzeugt. Ein solches Verständnis und die Feinheit, mit welcher wir als vieldimensionale Energieumwandler wirken können, wird immer von unserer Bewußtseinsebene abhängen. Auch Individuen mit erwachtem Bewußtsein benutzen die Krisen, doch tun sie es bewußt, und zusätzlich haben sie über andere Dimensionen direkte Zugänge zur Energie, ohne die Krisen verstärken zu müssen.

Bei der Mehrheit der Menschen ist unbewußt der Krisenmodus für die Intensivierung von Energie zuständig. Das ist völlig natürlich, und ich fürchte, so wird es bleiben, bis wir dadurch genügend Kräfte gesammelt haben, um uns zu einer anderen Ebene zu erheben. Aber es könnte sehr knapp werden. Wenn wir auf unserem momentanen Stand der technischen Möglichkeiten unbewußt fortfahren, den Krisenmodus einzusetzen, selbst wenn er ein natürlicher Weg zur Steigerung der seelischen Intensität ist, kann er uns zur Selbstvernichtung führen. Das fordert uns heraus, neue Wege zu finden, die Energie in unserem Wesen auszudrücken oder die alte Methode zu benutzen und die Folgen zu akzeptieren. Die lange Tradition transformativer spiritueller Praktiken und die Tatsache des Erwachens weisen deutlich genug darauf hin, daß andere Wege existieren.

Ich glaube nicht, daß die Inspirationen der großen geistigen Lehrer uns jemals Grenzen setzen sollten, außer um uns zu helfen, mehr Kraft zu sammeln, um uns zu unserem höchsten Potential zu steigern. Verständlicherweise jedoch hat die unwissende Menschheit diese Leitlinien als Gebote und Gesetze mißdeutet, anstatt sie als Hinweise dafür zu sehen, wie man dem Leben gegenübertreten könnte, wenn man mit höheren Dimensionen in Berührung ist. Derweil gibt es die Wahrheit des Erwachens überall, und sie spiegelt sich in allem, wenn wir nur lernen, darauf zu achten.

Es ist nicht leicht, uns von unserem engen Unbewußten zu befreien. Doch können wir sanft dazu hingeführt werden, und bei meiner Arbeit ist eines der Schlüsselerlebnisse, wenn Menschen den Kraftfluß durch ihren Körper direkt spüren können und die Energiemuster um ihre Körper herum oder um den von anderen. Wenn Menschen die Großartigkeit des alles durchdringenden und uns alle vereinenden Kraftfeldes direkt wahrnehmen, durch Gefühle und Empfindungen gewirbelt werden, die sie nie zuvor erlebt haben, wenn sie eine Art der Liebe spüren, die anders ist als jede bekannte, dann werden sie allmählich bereit, sich von der Besessenheit von einem niederenergetischen Selbst zu befreien. Wenn wir also wollen, können wir unser Leben auf die wunderbare Öffnung des Herzens vorbereiten. Die Gesamtheit dieses Geschehens ist die Wandlung.

13.
Vom Ich zum Wir

»Hier ist die Gefahr einer Sonderpartei aufgrund von persönlichen und selbstsüchtigen Interessen. Solche Parteiungen, die ausschließend sind und nicht für alle Raum haben, die einen Teil der Menschen verdammen müssen, um die übrigen zusammenzuscharen, entstehen aus niedrigen Motiven und führen daher auf die Dauer zu Beschämung.

Hexagramm 13, Tung Jen
Gemeinschaft mit Menschen
I Ging oder Buch der Wandlungen
Ausgabe Richard Wilhelm

In unserer Welt herrscht eine Epidemie hochenergetischer Krankheiten, außerdem nehmen die Spiritualität und Psychologien des Human Potential, die sich bemühen, unser Bewußtsein zu steigern, ungeheuer zu. Hängen diese Erscheinungen zusammen? Ich bin sicher, daß dies der Fall ist. Wie wir sahen, könnten die hochenergetischen Krankheiten die Folge eines Kraftfeldes sein, das in unser arrogantes Selbstbewußtsein eindringt. Sie scheinen uns von außen zu befallen, doch stellen sie eine Spiegelung der Integrität des Lebensganzen dar, einer Integrität, die wir unbewußt und bewußt vergewaltigen, allein indem wir Angst haben, mehr davon zu erleben. Ich glaube, daß das Vordringen des Spirituellen einen weiteren Flügel dieses Impulses darstellt, die Dimensionen des Selbst jenseits der persönlichen Bereiche zu erkennen, von welchen wir besessen sind. Krankheiten und auch spirituelles Erwachen fordern das gleiche: eine Brücke zwischen individuellem und kollektivem Bewußtsein, das Erwachen des *Ich zum Wir*.

Wir glaubten immer, der Zusammenbruch einer Struktur würde im Chaos enden. Wir glaubten immer, eine Vermischung unserer spirituellen und intuitiven Dimensionen mit unserer Wissenschaft oder Politik würde in einem Verfall der Wissenschaft und Rationalität oder im Chaos enden. Wir glaubten immer, wir müßten kämpfen, um »unsere« Perspektive, »unsere« Wirklichkeit, »unsere« Territorien aufrechtzuerhalten. Neuere physikalische Untersuchungen über das Phänomen dissipativer Strukturen deuten darauf hin, daß die Struktur eines Energienutzungssystems zusammenbricht, wenn sie die durchfließenden Kräfte nicht mehr halten kann, und daß diese dann durch eine subtilere Struktur ersetzt wird.

Meine Erfahrungen in der Beobachtung von Wandlungen bei Hunderten von Menschen bestätigen mir, daß die menschliche Seele sich in einem Geschehen wandelt, für welches das Bild der Energieverteilungsstrukturen eine gültige, wenn auch begrenzte Analogie bildet. Es *gibt* ein anderes, subtileres Muster, welches auftritt, wenn wir den Sprung wagen. Wenn genügend Energie hervorgebracht wird und wenn diese Energie eine innere Integrität besitzt, in welcher das ganze Spektrum des Menschseins beachtet und umfaßt werden kann, ist es der niederenergetischen Wirklichkeit möglich, sich zu entspannen und die Erfahrung einer neuen Zugangsweise zum Dasein zuzulassen. Unsere gröberen Bewußtseinsbereiche können in Sicherheit zusammenbrechen und durch feinere Bewußtseinsebenen ersetzt werden, die größere Kräfte zu bewältigen und auszustrahlen vermögen. Es wird zwar Krisen und starke Belastungen geben, doch werden diese zum erwachenden Bewußtsein gehören. Darin liegt die wunderbarste, schwierigste, gnadenvollste und schöpferischste Möglichkeit für die Menschheit.

In jeder Umgebung und auf jeder Ebene menschlicher Entfaltung müssen die energetischen Bewußtseinsabläufe entdeckt und untersucht werden. In gewissem Sinne ist jede menschliche

Tätigkeit ein Ritual, wenn wir das Ritual als einen Anrufungs- oder Erweckungsvorgang definieren, der eine entsprechende Energie- und Seinsqualität verbreitet, die der größeren Seinsquelle entstammt. Meistens betrachten wir unsere eigenen Tätigkeiten nicht als Rituale und halten nur jene Handlung für ein Ritual, welche bewußt eine ganz bestimmte Art heiliger Kraft beschwört, um einen Kontrast zu unserem profanen Leben zu schaffen. Für das erwachte Bewußtsein aber ist jede Handlung ein Ritual und in gewissem Sinne heilig, denn sie erweckt und benutzt die tieferen energetischen Abläufe. Der Geist, in welchem wir unsere Handlungen durchführen, verengt oder erweitert, verfeinert oder vergröbert dieses tiefere Gefühl des Lebendigseins. Es gibt immer einen größeren energetischen Zusammenhang, welcher die Kräfte, die unsere normalen Erlebnisebenen und Rituale regieren, erhellen und auf sie ausstrahlen kann.

Wir wissen in bezug auf unseren Körper gewöhnlich nicht wirklich, warum eine bestimmte Zelle sich schließlich als Leberzelle manifestiert, während eine andere zu einer Muskel- oder Nervenzelle wird. Aber wir entwickeln uns durch diesen Prozeß einer wesensmäßigen Differenzierung innerhalb eines gleichfalls wesenhaften vereinigenden Zusammenhanges zu menschlichen Wesen. Erst wenn die Integrität dieses Zusammenhanges vergewaltigt wird, wenn eine Zellgruppe irgendwie entscheidet, daß sie mehr von der verfügbaren Nahrung will oder lieber eine ganz andere Rolle spielen möchte, erst dann tritt als Auswirkung ein Krebs auf. Ebenso wenig verstehen wir die analoge Erscheinung menschlicher Differenzierung und Individuation. Wir geben den verschiedenen Menschengruppen, die eine besondere Art haben, die größeren Menschheitskräfte auszudrücken und einzusetzen, in denen sich Menschen der gleichen Ritualform angeschlossen haben, unterschiedliche Namen. Die einen fahren unsere Lastwagen, reparieren unsere Schiffe, bauen unsere Nahrung an, andere heilen unsere Körper, verteidigen unsere Territorien: aus irgendeinem Grund kommen Menschen mit bestimmten inneren Qualitäten zusammen, um dem Leben auf ihre besondere Weise zu dienen. Wer aber will die unzähligen Impulse erklären, die eine Seele zu einer bestimmten Eigenschaft bringen, die sie eine bestimmte Rolle innerhalb eines bestimmten Wirklichkeitsbereichs spielen lassen, nicht eine andere Rolle in einem anderen Bereich? Gleich wo und wie wir zusammenkommen, wir haben immer die Freiheit, unser einzigartiges Dasein in relativer Vereinzelung, in relativer Festlegung der Rolle, religiösen Sekte oder Nation zu erfüllen, oder mit einer bewußten Anerkenntnis der wesentlichen Kräfte, die uns alle verbinden. Ohne diese tiefere Anerkenntnis können die Bereiche mit der größten Angst und mit der größten Macht auf Kosten des Ganzen einen Anteil definieren. Das führt dann zu einem unausgewogenen Fluß der Mittel, zu Intensitätsmustern, zu Krankheit und Krieg.

Ohne tieferes Bewußtsein ist dies vielleicht der beste Weg. Vielleicht laden wir uns auf diese Weise mit einer gewaltigen kollektiven Energieladung für die Möglichkeit einer universellen Veränderung auf. Es gibt jedoch keine Versicherung dafür, daß ein System, das den Energiefluß bis zum Punkt maximaler Zerstreuung steigert, sich wirklich zu einem höheren Ausdruck neu strukturieren wird, den wir erkennen können. Sammeln wir tatsächlich Kräfte für einen größeren kollektiven Bewußtseinswandel, was ich glaube, so können wir eine grundlegende Weisheit nicht übersehen. Durch meine Erfahrungen mit tieferen Bewußtseinsdimensionen ist mir klargeworden, daß die Ehrlichkeit und Reinheit der Motivation, zusammen mit dem Festhalten an dem höchsten Potential, das wir begreifen können, Einfluß darauf hat, wo wir schließlich ankommen, oder wenigstens auf die Art, wie wir reagieren und unser neues Bewußtsein einzugliedern beginnen. Der Hintergrund, auf welchem wir unsere Wesenskräfte beim Durchgang durch den Sprung der Transformation ausdrücken können, sollte durch eine Ahnung der höchsten vereinenden Zusammenhänge, der höchsten Liebe gebildet werden; sonst kann das Ergebnis ein System niederer Energie sein, ein schwer gezeichneter oder amputierter Körper, ein psychotischer Geist oder eine Person, die nur noch auf die sichersten, am stärksten konditionierten und instinktiven menschlichen Seiten Wert legt, oder eine verstreute oder gar ausgelöschte Kultur.

Im Jahre 900 n. Chr. verschwand die gesamte Maya-Kultur innerhalb von weniger als einer Generation. Sie soll fast zwei Millionen Menschen umfaßt haben, welche die Umlaufzeiten der Venus und des Mars berechnen konnten, die einen 365tägigen Kalender, basierend auf dem Erdumlauf um die Sonne, schufen und eine Reihe großartiger Pyramiden bauten, während Europa sich noch im finsteren Mittelalter befand. Nur verstreute Dörfer blieben übrig, die auf einer viel einfacheren, landwirtschaftlichen Gesellschaftsstufe existierten. Niemand weiß, warum oder wie das geschehen konnte. Doch vielleicht handelte es sich um eine schöpferische Evolution, vielleicht war die Zerstreuung einer geschlossenen Gesellschaft in anscheinend primitivere Einheiten kein Rückschritt, vielleicht ist die äußere Entwicklung einer Kultur mit all ihrer technischen Entwicklung und Raffinesse kein tieferer Maßstab für einen Wachstumsprozeß. Vielleicht ging von den Überlebenden eine feinere Energiequalität aus, und vielleicht waren sie in der Lage, die Wirklichkeit auf feinere Weise zu verwandeln; vielleicht lag in ihrer einfacheren Kultur eine größere Liebe. Wenn wir versuchen, für den ganzen Planeten als einer einzigen Lebensform Liebe zu empfinden, dann finden wir uns häufig beim Studium der sogenannten Primitiven und ihrer Überlieferung wieder. Und schließlich, falls es uns wirklich um die Wahrheit geht, wissen wir nicht, wohin die Menschheit geht und was letztlich das Beste für sie ist.

Auf jeden Fall sammeln wir ständig das Potential an, ein tieferes menschliches, vielleicht auch übermenschliches Kräftereservoir zu berühren. Die Frage ist jedoch, ob wir uns dies unmittelbar bewußt machen können? Muß dieser Prozeß weiterhin unbewußt ausgedrückt werden, durch Gewohnheiten und wiederholte Abhängigkeiten gegenüber bestimmten Intensitätsebenen, durch schwere Krankheitsepidemien, soziale Unruhe und Konflikte?

Nirgendwo ist die Liebe in ihrer ursprünglichen und offenen Art erlaubt, die das ganze Spektrum der menschlichen Verschiedenheit achtet, statt dessen machen wir Eroberungen und unterdrücken. Dies tun wir innerpsychisch mit unseren eigenen Ängsten und Impulsen (wobei die stärksten und destruktivsten zur Zeit die Verdrängungen des Todes und Gottes sind), und wir tun dies kollektiv in den schrecklichen Übertreibungen unserer unbewußten individuellen Neigungen. Die Frucht dieser Handlungen ist eine Kraft, die später aufgewogen werden muß, um ein Gleichgewicht herzustellen. Das ist keine Frage von gut oder schlecht, von richtig oder falsch, ich rede dabei nicht über die sozialen oder politischen Probleme des Menschen. Diese hängen immer von der untersuchenden Bewußtseinsebene ab und werden dies auch weiterhin tun. Ich spreche von der Energie und davon, wie sie durch das Bewußtsein verwandelt wird. Am wichtigsten ist jedoch das Finden eines Mittelpunktes (der bedingungslosen Liebe), durch den wir anfangen können, unsere zwanghafte Identifizierung mit dem engen Daseinsbereich aufzubrechen.

Ohne bedingungsfreie Liebe gibt es nichts Ursprüngliches. Ohne diesen Bezug auf und die Hingabe an den bedingungslosen Zustand, der unser konditioniertes Bewußtsein überschreitet, reicht keine Hoffnung, keine Besorgtheit und keine Rechtschaffenheit aus. Wenn wir den Sprung nicht schaffen, dann wiederholen wir in unserem Leben immer wieder jedes Abhängigkeitsmuster unserer eigenen unterdrückten Bestandteile und das riesige Reservoir der tieferen Muster, die im kollektiven Unbewußten verborgen sind. Der Witz ist, daß wir in unserer Arroganz glauben, wir hätten uns für die Liebe entschieden, doch habe ich den Verdacht, die Evolution selbst ist es, die diese Wahl für uns getroffen hat.

Wenn wir ein Gefühl bedingungsloser Liebe zulassen, werden wir in Dimensionen der Vieldeutigkeit und Unsicherheit gewirbelt, wir müssen ein feines Unterscheidungsvermögen erwerben, immer wieder von neuem unsere relative Verengung auf eine persönliche, narzißtische Sichtweise lösen und auf diese

Weise Wahrhaftigkeit, Demut und Mitgefühl lernen. Das ist ein innerer Weg. Der erste Geschmack dessen kann uns durch einen Lehrer vermittelt werden, der als eine katalysierende und neugliedernde Gegenwart auch gewisse praktische Reflexionen und Übungen anbieten kann. Meistens kommt der erste Geschmack durch eine Krise, etwa eine Krankheit. Doch schließlich wird deutlich, daß es sich dabei um ein Gemeinschaftsgeschehen handelt.

Darin sind wir alle vereint, und die mächtigste Methode, diesen Ablauf in uns zu vertiefen, besteht darin, uns zu Experimenten in gemeinsamer Einigung und Steigerung zu verbinden. Dies verstärkt die größten Energien mehr als alles andere und sät die Saat der Zerstörung und des Wachstums, aus welcher das neue Bewußtsein geboren wird. Ganz gleich, zu welch höheren Zielen uns Sinn und Zweck, Ziel und Erfolg, Recht und Stolz zu bewegen scheinen, sie wirken auch als offenbare oder subtile Mechanismen der Selbstdefinition oder als Schutzmechanismen gegenüber einem erfüllteren Seinszustand.

Dieses tiefere Dasein anzurühren, bedeutet eine radikale Umwertung aller richtunggebenden Kräfte der Seele. Nun werden die Dinge undeutlicher. Es gibt einen Ort, den wir als Herz bezeichnen, und hier entdecken wir eine neue Beziehung zum Leben. Dabei handelt es sich nicht um eine neue Vorstellung, gut zu sein, eine richtige Art und Weise für das sich »entwickelnde« menschliche Wesen, zu leben. Vielmehr handelt es sich um eine ungeheure Steigerung der Kräfte, die eine große Erhöhung der Sensibilität mit sich bringt und große Stärke und Reife erfordert, um sie zu beherrschen, sei es auch nur in geringem, begrenztem Sinne. Wir müssen von neuem lernen, mit den Kräften unseres Daseins umzugehen. Es ist, als müßten wir das Laufen neu erlernen. Selbst ein kurzes Erlebnis in dieser Dimension kann unser Bewußtsein radikal verändern. Berühren wir diese Bewußtseinsbereiche regelmäßig, so kann sich der Körper so stark verändern, daß es naiv von der Medizin wäre, wenn sie nur noch biologische Abläufe beobachten würde, ohne die mächtigen Bewußtseinskräfte zu beachten, innerhalb welcher sie sich bewegen.

Es scheint, als kämen die Entdeckungen, die schließlich unsere gesundheitlichen Probleme heilen oder meistern, aus unserer Wissenschaft. Wie jedoch Newton aus dem kollektiven Wissensreservoir seiner Zeit und Einstein aus demjenigen der seinigen schöpften, so gehen alle großen Entdeckungen irgendeiner Zeit aus den Kollektivkräften hervor, von denen sie sich befreien wollen, werden von diesen definiert und geprüft. Immer mehr Menschen berühren bedingungsfreie Bewußtseinsebenen, nehmen Kraftfelder direkt wahr und können auf ihren feineren Seinsebenen in bewußte Wechselwirkung mit diesen treten, und das führt uns zu Potentialen, die wir noch nicht begreifen können.

Wir müssen bereit sein, diese Möglichkeit auszuleben. Es ist eine Neuentdeckung. Was würde es bedeuten, als Arzt offen für die Schmerzen zu sein und Mitgefühl mit menschlichem Leiden zu haben und das zu einem Strahlen umzuwandeln, anstatt sich hinter Techniken zu verbergen? Was würde es bedeuten, gleichzeitig technisch versiert und auch energetisch und bewußt bei jeder Arbeit anwesend zu sein, die wir unternehmen? Was würde es bedeuten, zu wissen, daß unsere Ausbildung in irgendeinem Bereich nicht mehr als eine notwendige Vorbereitung und ein Gerüst ist, um als ein feinerer Mittler der Bedürfnisse einer Wesenheit oder Kraft zu wirken, die wir niemals völlig verstehen werden und der gegenüber wir immer nur vorübergehende Diener sein können? Was bedeutete es, wie eine Tür zwischen Leben und Tod zu stehen, zwischen Form und Gestaltlosigkeit, und auf diese Weise Kräfte aus einer anderen Dimension auf unsere Wirklichkeitsebene zu übertragen, selbst wenn wir die Willkürlichkeit unserer Handlungen durchschauen? Zu wissen, daß die für die Übertragung eingesetzten Formen, obwohl sie von der Erfahrung als ganzer nicht trennbar sind, in sich wenig oder keinen Wert haben? Was würde es bedeuten, zu erkennen, daß der energetische Wechsel, den unsere Probleme, wie zum Beispiel unsere Krankheiten, von uns fordern, für viele Menschen schwieriger durchzuführen ist, als den Krankheiten oder Problemen ihren Lauf zu lassen? Es könnte der Menschheit auf dieser

Entwicklungsstufe leichter fallen, oder vielleicht sagt man besser für sie natürlicher sein, sich in eine Massenvernichtung zu stürzen, anstatt einen Weg zu finden, wie wir zusammenleben können.

In beiden Fällen müssen wir unser Leben geben, um es herauszufinden. Und das könnte durchaus auch durch eine tiefere Öffnung und ein bewußtes Aufnehmen der höheren Kräfte geschehen, wo immer wir auch im Leben stehen.

Ich glaube, wir befinden uns an der Schwelle dessen, was ich als Kollektivierung des Geistes bezeichne. Das gesamte persönliche Bewußtsein wird überschritten, und ein Bewußtsein bereitet sich vor, das mit viel stärkeren Kräften umgehen kann, welches seine innere Verbundenheit mit der ganzen Menschheit unmittelbar erfährt, so daß es als Einheit innerhalb der großen Ganzheit funktionieren kann. Als Arzt habe ich vielleicht zehntausend einzelne Patienten gesehen. Als ich die Arbeit ließ und das Erwachen der höheren Kräfte erfuhr, fing ich an, Gruppenbewußtsein zu erforschen. In den vergangenen fünf Jahren habe ich Hunderte von Gruppensitzungen durchgeführt, worin wir die Fähigkeit zeigen konnten, Menschen zeitweise auf Ebenen mit telepathischem und energetischem Kontakt zu bringen. Nur wenige Menschen können die gebündelten Kräfte von 20 oder 30 Personen lange aushalten: sie müssen dann in einen tiefen Prozeß der Neugewichtung und Neuordung eintreten, der ihr ganzes Leben einbezieht. Der Versuch geht jedoch schon mit viel größeren Gruppen weiter. Dabei sind die auftretenden Kräfte im Vergleich zu den Energien des einzelnen oder der Familie astronomisch hoch. Um ein Gleichgewicht und eine sichere Eingliederung dieser Kräfte zu ermöglichen, wird eine wesentliche Verwirklichkung erfordert: die bedingungslose Liebe.

Epilog

Die wirkliche Gemeinschaft der Menschen muß aufgrund einer kosmischen Anteilnahme zustande kommen.

I Ging
Ausgabe R. Wilhelm

Vor Jahren wurde ich zu einer Sitzung mit einem Medium eingeladen, von dem man sagte, es sei ein äußerst begabter Kanal über das Ausdrucksmittel des automatischen Schreibens. Sie besaß beeindruckende telepathische Fähigkeiten, und ich war Zeuge, wie sie Menschen bestimmte Sätze in Büchern finden ließ in einer Wohnung, die sie das erste Mal besuchte. Diese Sätze gaben genau passende Antworten auf die Fragen der Leute. Die Erfahrung war faszinierend, aber beunruhigend. Sie sprach von Erdbeben, Fluten, Wirtschaftskrisen, alles Voraussagen, die zu jener Zeit gängig waren. Sie drängte die Menschen dazu auszuwandern, ihre Häuser zu verkaufen. Sie deutete auf ihre Ängste und Unzulänglichkeiten (ich könnte fast sagen, sie spielte damit). Während der ganzen Angelegenheit spürte ich einen tiefen, pulsierenden, unangenehmen Druck in meinem Solarplexus. Ich achtete auf meine eigenen Ängste und Urteile und akzeptierte schließlich, daß die Energie, die kanalisiert wurde, vom Solarplexus ausging und daß nichts zu tun war, als bei ihr zu bleiben.

Schließlich bat ich darum, eine Frage stellen zu dürfen. Sie bat mich darum, die Frage telepathisch zu stellen; es war das erste

Mal, daß sie diese Möglichkeit anbot. Innerlich fragte ich, wie das Wesen unserer Verständigung sein würde, wenn wir die auf dem Solarplexus empfangene Energie auf die Herzebene verlegten? Ihr Stift tanzte, und die Antwort lautete: »Sie wäre telepathisch«. Ich fragte, ob eine zweite Frage zugelassen sei, und als sie zustimmte, fragte ich innerlich, welche Bedeutung die von ihr durchgegebenen Inhalte bekämen, wenn wir uns kollektiv zur Herzebene erheben würden. Ihre Hand schrieb, und der Vorlesende gab wieder: »Es gäbe keine«. Ich war beeindruckt.

Dann beschrieb ich den anderen Gästen die Fragen, welche beantwortet worden waren. Während ich sprach, konnte ich spüren, wie die Energie sich im Raum änderte. Als ich zur Beschreibung der zweiten Frage und ihrer Antwort kam, hob sich der gesamte Raum zur Herzebene. In genau diesem Moment sprang die Frau von ihrem Stuhl auf und schrie, daß er sich in eine Kommode verwandelt hätte. Den ganzen übrigen Abend hindurch war sie ziemlich verstört, manchmal völlig von Sinnen, und sie brachte uns dauernd damit in Verlegenheit, daß sie auf Antworten bestand, die angeblich in Büchern sein sollten, die jedoch nicht die genannte Anzahl von Seiten hatten.

Diese Geschichte erzähle ich aus mehreren Gründen. Es macht mich besorgt, wie leicht Menschen ihre eigene Mitte verlassen und die Wirklichkeit eines anderen übernehmen, wenn sie eindrucksvollen Psi-Talenten gegenüberstehen, besonders wenn eine Manipulation persönlicher und kollektiver Ängste mit im Spiel ist. Wir können dadurch in eine Spirale der Angst und Reaktion eintreten, die unsere größere Übersicht verschleiert und eine Dynamik erschafft, die schließlich genau das erfüllt, was zunächst nur eine vorübergehende Möglichkeit war. Wie ich schon andeutete, könnte es genau das sein, was wir unwissentlich durch unsere problemorientierte Politik, Wirtschaft und medizinische Vorhersage und Gesprächsführung tun.

Gewöhnlich ist die Möglichkeit, durch Macht und Angst manipulierbar zu sein, eine Folge mangelnder Einsicht in uns selbst. Es geht dabei nicht nur um gültige Informationen. Die Informationen eines Mediums können durchaus einige Wahrheiten enthalten. Das entscheidende Problem ist, ob man die Bewußtseinsebene wahrnimmt, auf welcher das Treffen stattfindet. Die Informationsebene könnte nämlich die Problemebene sein, auf der unbewußt eine absolute Realität vorausgesetzt wird (oder eine bequemere Realität), anstelle eines wechselnden und sich entfaltenden Geschehens. Wenn man seine Mitte in einer umfassenderen Einschätzung des Lebens aufrechterhält, wird das Problem auf natürliche Weise verwandelt.

Noch etwas anderes, sehr Wichtiges wurde mir durch dieses Erlebnis deutlich. Für die psychische Integrität einer anderen Bewußtseinsebene kann der Wechsel zur Herzebene eine dunkle und zerstörerische Kraft darstellen. Ich machte mir Gedanken über das Unbehagen, das der Energiewechsel bei dem Medium ausgelöst hatte. Die Kraft, mit der sie vor wenigen Augenblicken noch mit solcher zwingenden Macht arbeiten konnte, funktionierte nach dem Wechsel zum Herzen nicht mehr. Ein Zustand, der für eine Person natürlich ist, kann für eine andere zerstörerisch sein. Diese Erfahrung zeigt auch, wie leicht man einen Bewußtseinswandel, der umgestaltet, erahnen und dann als einen äußeren Aufruhr und als Katastrophe darstellen kann, wenn man diesen Wandel nicht zuvor innerhalb der eigenen Person vollzogen hat. Für das Medium vollzog sich genau der Aufruhr, den sie vorhergesagt hatte, beim Wechsel der Energie als ein psychischer Prozeß. Wenn wir immer mehr am Rande der Formlosigkeit forschen und Informationen aus vielen Dimensionen zusammentragen, dann müssen wir unterscheiden lernen, was Weisheit ist. Dafür müssen wir zunächst unser Selbst erkennen.

Beim Berühren höherer Bewußtseinszustände stoße ich wiederholt auf die Neigung, ein *deshalb* hinzuzufügen: »Deshalb sollte ich dies tun, oder mich so und so verhalten ...« Ich beginne jedoch, eine Welt zu erfahren, die kein Deshalb enthält, keine Rationalisierung des Daseins. Das fühlt sich wie ein Auflösungsprozeß an. Gleichzeitig wird dadurch jedoch etwas anderes enthüllt, eine Gegenwärtigkeit, eine Lebendigkeit. Zuzeiten fühle ich mich wie ein lebendes Experiment, wie der Tiegel eines Alchimisten, in welchem sich ein wunderbares, manchmal auch schmerzhaftes Geheimnis entfaltet. Auf der einen Seite ist dies mühelos, auf der anderen müssen bestimmte Muster des Ichs immer wieder aufgegeben werden. Auf eines dieser Muster können wir alle achten: die Neigung, frühe oder simplifizierende Lösungen zu suchen für Zustände der Unkenntnis oder des Paradoxons. Am Rande der Gestaltlosigkeit zu leben, ist unbequem, je länger wir aber in einem Bewußtsein der Ungewißheit verweilen können, desto tiefer wird die Lösung, wenn sie eintritt. In der Praxis ist dies eine der größten Herausforderungen bei der Erforschung des Wandlungsprozesses: sich in das Geschehen fallen zu lassen, aber nicht die Energie kurzzuschließen und sich auf einer verfrühten Lösung auszuruhen. Um an dieser Grenze verweilen zu können, müssen wir vieles beiseite lassen, was wir gerne glaubten oder sein wollten. Ich wollte niemals »normal« sein, aber mit jedem neuen Tag bildet eine wachsende Einfachheit meine Zuflucht und meine Freude, denn hier ist die Gnade am gegenwärtigsten.

In der Intensität und Unmittelbarkeit der frühen Stadien konnte ich mein eigenes Erwachen nicht verstehen. Als der Prozeß weiterging und ich ihn auch in anderen entzündet sah, konnte ich ihn im Laufe der Zeit als eine wunderbare, natürliche Entwicklung sehen. Ich glaube, wir stehen am Rande einer tiefgehenden Möglichkeit, das Leben neu zu sehen. Ich glaube, daß sich eine Medizin und eine Psychologie entwickeln werden, die eine umfassende, verzweigte und sich entwickelnde Ganzheit anerkennen und ihr zu dienen versuchen. Immer weniger nehme ich Krankheit und Verzweiflung wahr, statt dessen sehe ich Liebe, die sich entfaltet.

Zum Abschluß meines Manuskriptes konsultierte ich das I Ging als einen Spiegel meiner Schreibbemühungen. Wenn ich über die Weisheit des I Ging nachdenke, dann beeindruckt mich die Beobachtung, daß von den 64 möglichen Hexagrammen nur zwei Bilder etwas darstellen, das menschlichen Ursprungs ist. Alle anderen stammen aus der Natur (Berge, Seen, Wind, Donner, usw.). Diese beiden vom Menschen erzeugten Bilder sind der Brunnen und der Kessel.

Der Brunnen symbolisiert das grundlegende Erbe der ganzen Menschheit. Wir alle müssen Wasser empfangen und Nahrung, und dieses universelle Bedürfnis spiegelt sich in allen menschlichen Tätigkeiten. Es eint uns, setzt uns aber auch oft Grenzen. Im Kessel wird etwas wahrgenommen, das unsere grundlegende physische und kulturelle Erbschaft überschreitet. Er ist Symbol für einen Versuch, der zu einer höheren Menschlichkeit führt. Zu diesem Zweck müssen wir einen großen Teil der uns gewährten Sicherheit und Nahrung diesem umgestaltenden Kessel überlassen. Das ist eine bewußte Tat, für die es keine Garantien, keine Versicherung gibt.

Für mich ist die Erde selbst ein Kessel. Eine ankommende Energiewellenfront nach der anderen nehme ich wahr, die uns alle verwandelt. Und ich sehe voraus, daß dies sich jetzt intensivieren wird, zumindest fühlt es sich so an. Wo aus dem Kessel nur begrenzte Weisheit geboren wird, führen diese Wellenfronten zu Polarisierungen und Konfrontationen. Die Reise des Herzens ist eine innere Versöhnung dieser Kräfte.

Ich bin jedoch nicht so naiv zu glauben, daß wir diese Weisheit der inneren Wandlung in nächster Zeit auf eine hinreichend universelle Ebene bringen können, um mit den Machtkämpfen und äußeren Krisen fertig zu sein. Die Krise selbst liegt im Wesen des Kessels. Aber ich fühle mich auch in keiner Weise gedrängt. Das Gefühl der Unmittelbarkeit, das die Öffnung zu universelleren Bewußtseinsebenen begleitet, vermittelt uns leicht den Eindruck, daß das neue Bewußtsein überall geboren wird, und wir neigen dann sehr zur Eile und dazu, nach mehr zu drängen. Außerdem scheinen die Gefahrenzonen deutlicher hervorzutreten. Ich bin aber der Meinung, daß die derart entstehende Dringlichkeit selbst eine Stufe der Öffnung darstellt. In gewisser Hinsicht liegen das Erwachen und die Gefahren im Leben selbst. Ich wäre vorsichtig damit, die Motivation zu tieferen Erkundungen mit einem Gefühl der Dringlichkeit zu verwechseln. Dies zu tun, würde das Erwachen zu etwas stets noch Kommendem machen, es wäre nie hier und jetzt – und dadurch würden die Probleme ebenfalls verstärkt.

Für mich liegt die Hauptanregung im sich entfaltenden Geschehen selbst und in einem inspirierten Grundgefühl. Ich brauche mich nur auf meine eigene Wandlung einzustimmen, um von dem Staunen über die unglaublichen Möglichkeiten erfüllt zu sein, die in uns allen wohnen. Wie weit können wir angesichts unserer angeborenen Gaben und Begrenzungen gehen, um eine neue Lebendigkeit zu erschaffen? Täglich in der unmittelbaren Erfahrung eines höheren Bewußtseins miteinander zu leben, das begeistert mich. Und ich lade Sie ein, sich auf die Herausforderung und die Freude Ihres eigenen Erwachens einzulassen.

Autor

1976 gab Dr. Richard Moss seine Arztpraxis auf und wandte sich von der Naturwissenschaft ab, um sich mit ganzer Kraft der spirituellen Suche zu verschreiben. Durch seine rege Seminartätigkeit ist er inzwischen über die Grenzen Amerikas hinaus als begabter und erfahrener Bewußtseinslehrer anerkannt. Seit 1984 steht er in Lone Pine/Kalifornien der Three Mountain Foundation vor, welche die Organisation seiner Workshops und den Vertrieb seiner Bücher und Kassetten betreibt.

Richard Moss ist bereits mit zwei Büchern im deutschsprachigen Raum vertreten: »Krankheit – Tor zur Wandlung« (1988) und »Der schwarze Schmetterling« (1989).